Ellen Stubbe
Engel zwischen lautem Markt und leisem Reden

Ellen Stubbe

Engel
zwischen lautem Markt
und leisem Reden

THEOLOGISCHER VERLAG ZÜRICH

Die Deutsche Bibliothek – CIP-Einheitsaufnahme

Stubbe, Ellen:
Engel zwischen lautem Markt und leisem Reden /
Ellen Stubbe. – Zürich : Theol. Verl., 1999
ISBN 3-290-17209-0

© 1999 Theologischer Verlag Zürich
Umschlagbild und Umschlaggestaltung:
Franziska Kerf, Hohenwestedt
Druck: Gulde-Druck GmbH, Tübingen

INHALTSVERZEICHNIS

VORWORT

Plötzlich sind sie wieder da: die Engel. Seit die Jahrtausendwende in unser Blickfeld rückte, begannen plötzlich immer mehr Menschen, von Engeln zu reden und sich für sie zu interessieren. Buchveröffentlichungen über Engel erscheinen seit einigen Jahren gehäuft und in sich überschlagendem Tempo. Allein dieser Umstand markiert eine Wandlung zeitgenössischen religiösen Erlebens, die aufhorchen läßt. Könnte es vielleicht gelingen, zu einem tieferen Verständnis dieser Entwicklung zu gelangen? Warum werden Engel mit einem Mal so wichtig? Was finden Menschen in postmoderner Zeit an ihnen? Was bieten sie nicht zuletzt gläubigen Christinnen und Christen, das ihnen Theologie und praktizierte Kirchenfrömmigkeit nicht zu bieten haben?

Denn das fällt auf: je mehr Engel in Kunst, Literatur und Lyrik, aber auch im Film, in der Werbung und in der Pop-Musik eine Rolle spielen, desto mehr geraten Zeitgenossen, die sich für vernunftorientiert und «aufgeklärt» halten, in Verlegenheit, desto ratloser werden Pfarrerinnen und Pfarrer, die sich in den Kirchen plötzlich vor der Aufgabe sehen, in Seelsorge, Religionsunterricht und Predigt auf das Phänomen zu reagieren. Und desto deutlicher tritt schließlich das Schweigen der Universitätstheologie zu den Engeln zu Tage. Bis auf einige Zeitschriftenartikel und kurze Abhandlungen gibt es seit Jahrzehnten kaum nennenswerte theologische Beiträge über Engel. Wir können feststellen, daß die protestantische Theologie des 20. Jahrhunderts mit Ausnahme des Schweizer Theologen Karl Barth die Engel zwar nicht ganz übersieht, ihnen insgesamt aber nur geringe Bedeutung beimißt.

Stattdessen berichten zunehmend mehr Menschen von individuellen, persönlichen Engelerlebnissen. Engel tauchen generell überall dort auf, wo nicht einfach Fakten verhandelt werden, sondern wo es um innere Bilder oder um «Vorstellungen» geht. All diese zeitgenössischen Engel sind in der Regel etwas höchst Individuelles. Manchmal stellt sich sogar die Frage, was denn diese so ganz unterschiedlichen Engel eigentlich noch verbindet. Engel in der bildenden Kunst, Literatur und Lyrik machen einen sehr persönlichen Eindruck; wer einen Engel «erschafft», der gestaltet und zeigt etwas von sich selbst. Wer von Engelerfahrungen spricht, offenbart etwas sehr Intimes.

Ein nicht zu unterschätzender Markt hat inzwischen darauf reagiert: Vom Geist des New Age geprägte Esoterik-Angebote in Gestalt von Büchern oder Veranstaltungen und sogar Engelläden reagieren auf eine Bedarfslücke, die wahrzunehmen die Kirchen sich noch schwer tun. Eine veränderte Art der Religiosität präsentiert sich in Gestalt vielfältigen Engelglaubens. Sie meidet die kirchliche Wirklichkeit oder streift sie allenfalls. Christinnen und Christen sind irritiert. Sie erinnern sich an die Bibel, in der von einer Vielzahl von Engeln berichtet wird. Ob Weihnachten, Ostern oder Himmelfahrt – von Engeln können Menschen auch heute noch hören, wenn sie einen Gottesdienst besuchen. Haben die biblischen Engel etwas zu tun mit den zeitgenössischen, bisweilen geradezu bizarr anmutenden Engeln? Sind die vielfältigen, esoterisch geprägten Angebote, mit Engeln in Kontakt zu treten, mit den biblischen Engeln vereinbar? Macht es Sinn, sich auf derartige Angebote einzulassen? Und wenn ja, nach welchen Kriterien läßt sich hier die Spreu vom Weizen trennen? Wie können wir mit dieser Unsicherheit umgehen? Wie läßt sich dieser Herausforderung begegnen? Wie können wir uns diesen «Engel-Boom» vor der Jahrtausendwende erklären? Haben wir in den Kirchen vielleicht einfach etwas versäumt?

Nachdem 1995 meine Praktisch-theologische Habilitationsschrift unter dem Titel «Die Wirklichkeit der Engel in Literatur, Kunst und Religion» erschienen war, konnte ich vielfältige Erfahrungen mit dem Interesse gerade von Nichttheologinnen und -theologen an der Frage nach der besonderen Wirklichkeit der Engel sammeln. Ich hörte persönliche Lebensgeschichten, die ohne das Deutungsmuster «Engel» nicht in ihrer ganzen Dichte und Erlebnistiefe benennbar wären, und ich stieß auf ein – für ein theologisches Habilitationsthema ungewöhnliches – Interesse in der theologischen Laienschaft.

Immer mehr Menschen suchen nach Unterscheidungsmöglichkeiten im unüberschaubaren Material. Diese können aber nur auf Grund eines theoretischen Zugangs zum Thema entwickelt werden. Daher wurde «Die Wirklichkeit der Engel» auch von Nichttheologinnen und -theologen wahrgenommen und gelesen, zwangsläufig jedoch nur selektiv. Dies waren deutliche Hinweise auf den Bedarf an einem zeitgenössischen Zugang oder einer Deutung der Engel für theologische Laien, und so entstand die Idee, zentrale Inhalte und Ergebnisse der veröffentlichten Habilitationsschrift völlig neu darzustellen in einer leichter verständlichen Fassung, die keine Fachkenntnisse voraussetzt. Um die Lektüre nicht durch viele Fußnoten zu belasten, habe ich die wissenschaftlichen Schriften anderer Autorinnen und Autoren, deren Gedanken in diesem Buch verarbeitet wurden, zwar weitgehend im Text erwähnt, die Quellen der Zitate aber nicht einzeln nachgewiesen. Sämtliche Bücher und Aufsätze, auf die ich zurückgreife, sind jedoch in dem ausführlichen Literaturverzeichnis zu finden.

Mit der Herausgabe dieses zweiten Buches über Engel verbindet sich die Hoffnung, meine religionspsychologischen Überlegungen zu einem Verständnis zeitgenössischer Engelvorstellungen und -erlebnisse weiteren Kreisen zugänglich zu machen. Wer sich explizit wissenschaftlich mit der Thematik auseinandersetzen möchte, sei weiterhin an den – inzwischen zwar vergriffenen, jedoch in Fachbibliotheken vorhandenen – Band «Die Wirklichkeit der Engel in Kunst, Literatur und Religion» sowie auf das Literaturverzeichnis im Anhang verwiesen.

Dieses Buch hat also seine Geschichte. Die ersten Jahre der Beschäftigung mit den Engeln fallen in meine Hamburger Zeit als Hochschulassistentin am Seminar für Praktische Theologie seit 1989. Professor Wulf-Volker Lindner hat in vielen Gesprächen die Entwicklung einer Theorie über Entstehung und Gestaltung der zeitgenössischen Engelvorstellungen sowie die Erarbeitung eines religionspsychologischen Zugangs zur Bedeutung der Engel im Selbstwerdungsprozeß begleitet. Die Offenheit der Leitung des Theologischen Verlags Zürich hat mich ermutigt, nun in Zürich ein zweites Buch über die Engel speziell für Laien vorzulegen. So danke ich Katja Pfäffli, daß sie diesem Band den Weg zu den Leserinnen und Lesern ebnet, – und für viel Geduld in Fragen der Gestaltung. Wolfgang Kasprzik hat als Lektor mit ungewöhnlichem Interesse und Einfühlungsvermögen in die Thematik den Entstehungsprozeß des Textes mit Anregungen, Ideen und einer besonderen Art der Kooperationsbereitschaft gefördert. Brigit Bürgin und Martin Kraft verstanden es, mit Akribie Korrektur zu lesen. Unvergessen bleibt eine lange Zürcher Nacht mit Kirsten Fehrs und Franziska Kerf, in der die Idee für die Einbandgestaltung entstand. Franziska Kerf ist es gelungen, zu bebildern, was nicht leicht in Worte zu fassen ist: die richtige Relation zwischen Engel und Teddy. Und der Teddy sollte doch auch lebendig und zerknautscht aussehen – wie ein echtes Übergangsobjekt – bravo, Franziska! Dorothée Boehlke ließ sich bei der typographischen Endgestaltung des Einbands weder durch Engelflügel noch durch immer neue Änderungswünsche entmutigen. Réka Nagy hat mir in den letzten Monaten der Entstehung dieses Buches mit mancher Arbeit Kopf und Schreibtisch freigehalten. Ihnen allen habe ich sehr herzlich zu danken. – Das Jahrzehnt der theoretischen Beschäftigung mit Engeln war auch ein Jahrzehnt der ganz persönlichen Engel. Über die läßt sich freilich nur «*sehr* leise reden». Ihre Namen finden sich zwischen den Zeilen. Engelerfahrungen bringen uns immer in Berührung mit der Gottesfrage. Mit den Worten eines chinesischen Christen, die das zum Ausdruck bringen, möchte ich dieses Buch in die Hände meiner Leserinnen und Leser geben:

> *Ich sagte zu dem Engel,*
> *der an der Tür des Jahres stand:*
> *«Gib mir ein Licht, daß ich sicher*
> *in das Unbekannte schreiten möge»,*
> *und er antwortete: «gehe hinaus in die Dunkelheit*
> *und lege deine Hand in die Hand Gottes.*
> *Das wird für dich besser sein als ein Licht*
> *und sicherer als ein bekannter Weg».*

Zürich, im September 1999   Ellen Stubbe

I. Religionspsychologie der Engel

Sind Engel zu irgendetwas gut? Wieso gelten sie der christlichen Tradition als «Boten Gottes»? Können Engel den Menschen bei der Bewältigung der Realität helfen? An diesen Fragen orientiert sich das vorliegende Buch. Eine Reihe von Beispielen soll verdeutlichen, wie gerade dort, wo das Leben schwer zu bewältigen und krisenhaft in Frage gestellt ist, also bei Trennung oder Verlust, in Krieg und Bedrohung, Engel helfen, mit der persönlichen Lebenssituation so umzugehen, daß Zukunft sich neu erschließt. Die Gewißheit ihrer Nähe oder ihres Wirkens befähigt Menschen, sich ihrer selbst zu vergewissern oder mehr sie selbst zu werden. Und genau darin liegt die Kraft der Realitätsbewältigung. Diese Bedeutung der Engel aufzuzeigen, ist ein Hauptanliegen der vorliegenden Abhandlung.

Im Gegensatz zu diesem Verstehensansatz, den ich im Folgenden ausführen möchte, verstärken gegenwärtig zahllose Publikationen über Engel eher den Verdacht, wenn Engel thematisiert werden, handle es sich entweder um die Kunde von einer «anderen Welt», illusionär und weltabgewandt ausgestaltet, oder aber um einen Blick in esoterisch verschlossene Innenwelten einiger etwas merkwürdiger Einzelgänger. Mit Realität und Realitätssinn oder gar Realitätsbewältigung haben diese Engel in der Regel nichts zu tun.

Das vorliegende Buch soll zwei Kernfragen beantworten:
- Aus welchen Quellen speisen sich die Erfahrungen und das kreative Gestalten von Engeln sowie die Bilder, die Menschen sich von ihnen machen? Wie können diese psychologisch verstanden werden?
- Was macht die großen Unterschiede im Engelerleben aus, und wo liegen den Engelerfahrungen gemeinsame Erlebenselemente zugrunde?

Mit der Beantwortung dieser beiden Fragen möchte ich versuchen, ein Deutungsmuster für den «Engel-Boom» unserer Tage zu finden: Warum werden gerade in der Gegenwart plötzlich überall – in

Büchern, auf Tagungen, in religiösen Zirkeln und Gruppierungen, in Fernsehen, Werbung und Kitsch, in Konsumgütern, Kunst, Literatur und Lyrik, in Film und Musik – Engel gestaltet, verhandelt, verkauft, benutzt, verehrt, wertgeschätzt, angebetet und befragt, gesehen und geahnt, beteuert und bezweifelt, alles in allem aber als Thema überdimensionaler Breitenwirkung geltend gemacht? Was haben die Engel zu tun mit der gegenwärtigen inneren Befindlichkeit der Menschen? Aus welcher psychologischen Grundstimmung heraus «entstehen» und «erstehen» sie? Ziel dieser interdisziplinären Untersuchung ist es, aus theologischen, psychologischen, insbesondere psychoanalytischen, literarischen und anderen künstlerischen Interpretationsansätzen der Gegenwart eine eigenständige Theorie der Engel zu erarbeiten.

Früher, als die theologischen Lehrbücher noch grundsätzlich ein Kapitel über Engel enthielten, wurde zunächst versucht, zu definieren, was Engel sind (ihr Wesen), und dann zu sagen, was Engel tun (ihr Wirken). Die Frage nach der *psychologischen Bedeutung der Engel für die Menschen*, die Erfahrungen mit ihnen machen, wurde meistens vergessen. In der vorliegenden Abhandlung ist das die erste Frage. Und es wird sich zeigen, daß ihre Beantwortung den alten Fragen nach Wesen und Wirken der Engel durchaus neue Aspekte hinzufügen kann.

Wir können uns jetzt nicht ganz unvorbereitet unmittelbar den Engeln zuwenden, sondern müssen zuvor die psychologischen Voraussetzungen klären. Zunächst soll daher das psychologische Umfeld, in dem Engel Bedeutung gewinnen, erarbeitet werden. Die Aufgabe, einen Menschen, sein Erleben und sein Verhalten zu verstehen, und die Aufgabe, einen Text, ein Gedicht oder ein Kunstwerk zu verstehen, haben viel gemeinsam. Es gibt einen Leser/ eine Leserin, einen Autor/eine Autorin, Umwelteinflüsse, zeitbedingte Grundkonflikte und Traditionen, die wir kennen müssen. Der amerikanische Pastoralpsychologe Anton T. Boisen sprach sogar davon, Menschen seien «lebende menschliche Dokumente». Diesem Ansatz entsprechend richtet diese Untersuchung ihr Augenmerk auf jene Menschen, für die Engel Bedeutung haben. Die einzelnen «Interpretationen» sind jeweils Beispielen gewidmet, an denen sich verdeutlichen läßt, wie Engel in unterschiedlichen Lebenssituationen Bedeutung gewinnen, und wie verschieden die Beziehungen, in die Menschen zu ihnen geraten, sich entfalten können. Und gerade vor diesem Hintergrund wird auch ein besseres

Verstehen dessen möglich, was die Theologie meint, wenn sie von Engeln spricht.

Manchmal, seit ich mich mit den Engeln intensiver beschäftige, habe ich gedacht: Bestenfalls kann ich über Engel Gedichte schreiben oder Musik hören, in der es um Engel geht, oder Bilder und Filme mit Engeln anschauen, oder malen. Aber: Wissenschaftlich über Engel zu arbeiten, das geht eigentlich nicht. Es gibt keine Sprache, die dem, was Engel sind und tun, angemessen ist. Irgendwann habe ich angefangen zu verstehen, daß wir uns bei dem Problem der Sprachfindung für Engel nicht mit einem Randproblem des Themas beschäftigen, sondern daß dieses Problem das Zentrum dessen ausmacht, was das Phänomen Engel umschreibt und bewirkt. Engel haben ihren Ort genau auf der Grenze, wo der Dialog beginnt, auf der Grenze zwischen vorsprachlichem Erleben und sprachlicher Erfassung des Lebens.

Diesen Zwischenbereich hat der Psychoanalytiker Donald W. Winnicott erforscht, und diese Beobachtung erinnert uns an die treffende Feststellung Karl Barths, von den Engeln könne man «nur leise reden». Donald W. Winnicott hat mit seinem Lebenswerk einen wichtigen Schlüssel zum Verständnis religiöser Phänomene zur Verfügung gestellt. Das 2. Kapitel dieses Buches wird sich seinen Beiträgen zu Fragen der Kinderpsychologie und der Psychologie überhaupt widmen und in besonderer Weise seinen Begriff des sogenannten *Übergangsobjekts* oder *Übergangsphänomens* genauer beleuchten. So entfaltet sich das Verständnis eines psychologischen Raumes, in dem wir Engel deutlicher ansiedeln können, als es die bisherigen Versuche der theologischen Tradition allein vermochten.

Sprachfindung hängt mit dem Prozeß zusammen, in dem wir als eigenständige, unverwechselbare Personen Konturen gewinnen. Sie hat unmittelbar damit zu tun, wie wir wirklich wir selbst werden und wie wir gleichzeitig den anderen als anderen erkennen und anerkennen. Und schließlich geht es dabei auch um die Setzung von inneren und äußeren Grenzen. Sprachfindung steht in der menschlichen Entwicklung an der Stelle, an der wir anfangen, innere Strukturen zu entwickeln auf dem Wege des Erlebens von äußeren Strukturen. In diesem Zeitraum der menschlichen Entwicklung haben wir anzusiedeln, was Donald W. Winicott als Übergangsobjekte und -phänomene bezeichnet hat, beziehungsweise die Entfaltung dessen, was er den *Übergangsraum* genannt hat.

Durch die Untersuchung zahlreicher Beispiele von persönlichen Engelerfahrungen und künstlerischen Engelgestaltungen bin ich zu der Erkenntnis gelangt, daß alle Umschreibungen des sogenannten Übergangsraumes und der Funktionen von Übergangsobjekten und Übergangsphänomenen auch zutreffen auf das, was wir über Engel hören und lesen können. Das gilt bei allen gleichzeitig zu erwähnenden Unterschieden, die in den weiteren Kapiteln deutlich werden.

Daher wird Donald W. Winnicotts Theorie des Übergangsraumes hier zum Verständnis ausgewählter Engeldarstellungen der Gegenwart und zeitgenössischer Engelerlebnisse herangezogen. Die Beispiele geben nebeneinander in ihrer Verschiedenartigkeit ein Bild ab, das Rückschlüsse zuläßt über die «Entstehung» und psychologische Bedeutung von Engeln und Engelgestaltungen. Auch die biographische Bedeutung von Engeln in bestimmten Situationen wird auf diese Weise nachvollziehbar. Die Auswahl der untersuchten Einzelbeispiele spiegelt im Wesentlichen das Spektrum der Themen wider, die bevorzugt mit Hilfe von Engeln zu bearbeiten versucht werden: Entwicklungsabläufe von Selbstwerdung und Verwandlung, das Scheitern von Selbstwerdung, das Verschwimmen innerer Grenzen sowie die Unfähigkeit zur Abgrenzung nach außen, die Notwendigkeit eines tragenden Grundes für die Selbstwerdung, aber auch die Grenze zwischen Wahn und Wirklichkeit sowie Identitäts- und Zerfallskonflikte als typische «Engelsituationen».

1. WIE KINDER ENGEL ERLEBEN

> Seht zu, daß ihr nicht einen von diesen
> Kleinen verachtet! Denn ich sage euch:
> Ihre Engel im Himmel schauen allezeit
> das Angesicht meines Vaters im Himmel.
> Matthäus 18, 10

Kinder können einen sehr unbekümmerten Umgang mit Engeln pflegen. Dabei zeigen sie, wie das Bild einer religiösen Gestalt sich mit ganz individueller, reicher Phantasie verbinden kann. Tradition und Phantasie bilden hier keineswegs Gegensätze, sondern ihre gegenseitige Ergänzung in vielfältigen Engelgestalten wird in der offenliegenden kindlichen Phantasie besonders evident.

Der Unnerschied von einen Mensch und einen Engel ist leicht. Das meiste von ein Engel ist innen, und das meiste von ein Mensch ist außen.

Das sagt die siebenjährige Anna, die sich viele Gedanken gemacht hat über Gott und die Welt in dem Buch «Hallo, Mister Gott, hier spricht Anna». Sie betont die Verschränkung von Innen- und Außenwelt im Engel. Engel haben Anteil an beidem. – Johanna aus einer vierten Klasse hat ein eigenes Gedicht geschrieben:

> *Manchmal denke ich,*
> *daß es Engel gibt,*
> *und manchmal denke ich,*
> *das ist doch totaler Unsinn,*
> *und manchmal denke ich beides,*
> *und dann bin ich ganz verwirrt.*

Johanna ist offenbar hin- und hergerissen zwischen einer Haltung der kindlichen Annahme von Engeln und einer rationalen Ablehnung derselben als «Unsinn». Sie erfaßt das, was wir auch als das *Paradox* in der Engelerfahrung bezeichnen können. Es geht darum, dieses so stehen zu lassen, daß wir Engel erfassen und gleichzeitig nicht erfassen können. – In der Oper «Hänsel und Gretel» von Engelbert Humperdinck beten die beiden Geschwister nachts im Wald ihr Abendgebet. Und mir scheint, keine Kinderpsychologie

15

könnte deutlicher als dieses Kindergebet zeigen, was Menschen zur schrittweisen Selbst-Werdung brauchen. Alles, was eine eigenständige, sich ihrer selbst bewußte Persönlichkeit braucht, wird den Engeln anheimgestellt und damit unter ihrer Obhut zusammengehalten. Alles, was Menschen zur Bildung eines eigenen «Selbst» dient – Schlafen, Wachen, Orientierung und alle Gliedmaßen, die den Körper als ganzen ausmachen –, das gestalten diese Engel zu einer Einheit.

Abends, will ich schlafen geh´n,
vierzehn Englein bei mir stehn.
Zwei zu meiner Rechten,
zwei zu meiner Linken,
zwei zu meinen Häupten,
zwei zu meinen Füßen,
zwei, die mich decken,
zwei, die mich wecken,
zwei, die mich weisen
zu des Himmels Paradeisen.

Man kann sagen, daß dieses Zusammengehaltenwerden eine Art Höchstleistung der menschlichen Psyche ist. Bei Kindern ist dieser Zusammenhalt dessen, was den Kern einer kleinen Persönlichkeit ausmacht, noch keineswegs sicher gewährleistet. Und viele Erwachsene erleben manchmal – oder auch häufiger – eine entsprechende innere Zerbrechlichkeit, die deutlich macht, daß der Prozeß der Ganzwerdung und Selbstwerdung nie endgültig abgeschlossen ist. Kinder, die vor dem Schlafengehen so beten wie Hänsel und Gretel, vergewissern sich ihrer Ganzheit und ihres Selbstseins, indem sie sich bei den vierzehn Engeln, die des Nachts um sie stehen und sie zusammenhalten, aufgehoben wissen. An diesem Text wird besonders schön deutlich, wie die Auseinandersetzung um das Ergreifen und Zerfallen der dem Menschen Sicherheit vermittelnden Einheit gelingen kann. Im Sinne eines Zusammenhangs mit dem «Urgrund» des Menschen spielt sie sich im frommen Phantasiebereich auf der Ebene des Engelglaubens ab. Hänsel und Gretel konnten nach dieser von Engeln behüteten Nacht weitergehen, vorwärtsgehen, und sie schafften es schließlich, an ihr Ziel zu kommen. Kinder können Engel, wie gesagt, noch sehr unmittelbar und gänzlich unbefangen erleben.

Françoise Dolto, eine außerordentlich begabte und sensible Kinderanalytikerin, schildert in ihren «Erinnerungen in die Kindheit», wie für sie ihr «Schutzengel» und der Umgang mit ihm zu ihrem ganz realen Kinderalltag dazugehörte. An ihrem 70. Geburtstag, dem 6. November 1978, «offenbart» sie anläßlich eines sehr persönlich gehaltenen Interviews ihre Gedanken über ihren Schutzengel, wie er sich für sie als Kind gestaltete und wie er auch noch gegenwärtig für sie eine Rolle spielte. «Also, er lebte ganz bequem, mitten unter den Toten, den Unsichtbaren. Er war das Verbindungsglied zwischen der Wahrnehmungsebene, die mir vertraut war, und der Welt der Leute, die keinen Körper mehr haben oder noch keinen besitzen. Denn ich dachte, daß es ungefähr gleich sein müßte, noch keinen Körper oder keinen Körper mehr zu besitzen. Diejenigen, die irgendwann geboren werden, sind die, auf die man wartet. Ich stellte mir in meiner Phantasie oft diejenigen vor, die geboren werden sollten, wo sie sich wohl befinden würden. ... Ich glaube, ich dachte, daß so etwas wie seine Seele irgendwie in seinen Körper bei der Geburt hineinkommen würde ... diese Vorstellung aber war sehr verschwommen.» Die kleine Françoise lebte mit ihrem Schutzengel sehr real zusammen: «Wenn ich schlafen ging, legte ich mich nur auf die eine Hälfte des Bettes, um meinem Schutzengel Platz zu lassen, damit er neben mir schlief, und ich ging in meinen Gedanken den Tag durch, der wie immer katastrophal verlaufen war, weil ich angeblich viele Dummheiten machte, aber ich wußte leider nicht, wie ich sie machte und auch nicht, warum ich sie machte, und das bereitete mir großes Kopfzerbrechen, weil ich immer bestraft wurde und ich wußte nicht warum.» Irgendwann sagt der Schutzengel dem zwischen Gut und Böse in einer hochmoralischen und strengen Familie hin- und hergerissenen Mädchen: «Es muß jemanden geben, der dafür sorgt, daß die Erwachsenen in den Himmel kommen. Du bist eben dafür zuständig; darum machst Du auch Dummheiten, weil Du dafür sorgst, daß die Erwachsenen in den Himmel kommen.»

Die Siebzigjährige stellt fest, ihr Schutzengel sei nie weggegangen, er habe sie ein Leben lang nicht verlassen. Sie betont, «... daß er jedesmal kommt, ... wenn ich einen Parkplatz für mein Auto finde. ... Ein Kinderschutzengel schläft immer neben dem Kind. Aber ein Erwachsenenschutzengel wacht immer.» Im Gegensatz zu den Erwachsenen ihrer Kindheitswelt ist sie ihm nichts schuldig:

«Nein, nie. Dem Schutzengel schulde ich nichts. Ab und zu sage ich nur: ‹Paß auf, denn ich brauche Dich, Du mußt aufpassen.› Ich glaube schon, daß dieser Schutzengel eine Metapher des menschlichen Säugetiers in mir selbst darstellt ...» Hier ist der Schutzengel, der ihr in ihren Kindheitsnöten zu Hilfe gekommen ist, sozusagen in ihre persönliche psychische Struktur eingegangen und gewährleistet damit so etwas wie eine tragende und wirksame Schutzsymbolik in ihrem Lebenskonzept und ihrem Bild oder ihrer Vorstellung von sich selbst. In ihrer Kindheit bestand der Schutz offenbar in der Entlastung von zu starkem Gewissensdruck, den die Erwachsenen dem kleinen Mädchen machten. So haben Engel immer auch einen sehr individuellen «Auftrag»!

Es gibt andererseits Schilderungen vom gelingenden Halt durch eine kindliche Phantasie- und Engelwelt. Der Friedensnobelpreisträger Elie Wiesel, Schriftsteller des Holocaust und Überlebender verschiedener Konzentrationslager, erinnert sich in seinem autobiographischen Werk noch sehr genau daran, wie wichtig in seiner Kindheit Engel waren. Und bei ihm wird die Verquickung des tragenden mütterlichen Hintergrundes mit dem göttlichen allein schon in der Darstellungsweise deutlich. In einer Schilderung der häuslichen Schabbathfeier heißt es: «Als Elie noch ein kleiner Junge war, erschien ihm seine Mutter wie eine Prinzessin vor den Kerzen, dem schneeweißen Linnen, den schimmernden Silberleuchtern stehend: eine Schabbathprinzessin, die Friede, Gelassenheit und Liebe ausstrahlte. Es gab auch besondere Gelegenheiten, bei denen der Großvater das Schabbathmahl mit ihnen teilte, den Segen vorsang, und dann war ihm, als wenn die Schabbathtafel in Wirklichkeit ein Altar wäre, in dessen Nähe sich Engel versteckt hielten. Das taten sie nämlich überall da, so erzählte der Großvater, wo die Menschen den Feiertag heiligten.»

Er schildert auch in anderen Zusammenhängen, wie die Mutter es in besonderer Weise verstand, ihm eine ganze Übergangswelt bereitzustellen, auf die er nur zurückzugreifen brauchte: «Ich hatte meine Mutter sehr lieb. Jeden Abend, bis ich neun oder zehn Jahre alt war, sang sie mir Wiegenlieder vor oder erzählte mir Geschichten, bis ich eingeschlafen war. Ein Bock, so sprach sie, ein Bock aus Gold steht neben deinem Bett. Wo du auch hingehst, er wird immer bei dir sein. Sogar wenn du erwachsen und sehr reich sein wirst, wenn du alles weißt, was ein Mensch wissen kann, wenn du alles besitzt, was du dir erträumtest, selbst dann noch wird dieser

Bock um dich sein.» Diese Welt, in der Innen und Außen sich so miteinander verschränken, ist auch die Engelwelt. Mag sein, diese Zwischenwelt hat Elie Wiesel zum Überleben verholfen, ich vermute, auch zum psychischen Überleben des Holocaust. In dieser Welt der Engel konnte er er selbst bleiben. Sie war getragen und geschützt, und er hatte offenbar genug von dieser Welt in sich.

Das Engelerleben von Kindern macht – nicht zuletzt aufgrund der kindlich ungekünstelten Formulierungen – sehr unmittelbar deutlich, wie psychologische Phänomene, die Donald W. Winnicott in seinen im folgenden Kapitel vorgestellten Theorien aufgreift, bei Engelerfahrungen eine entscheidende Rolle spielen:

– *Das Paradox gehört zu jeder Engelerfahrung,*
  d.h. rationale Gründe, die gegen die Möglichkeit von Engelerfahrungen sprechen, und eine ganz eigene Art von Evidenz, nach der die Engelerfahrung auf nicht hinterfragbare Weise wahr ist, müssen nebeneinander stehenbleiben. Sie bilden in ihrer gegenseitigen Unaufhebbarkeit eine paradoxe Wirklichkeit ganz eigener Art.

– *Die Verschränkung von Innen- und Außenwelt kennzeichnet alle Engelerfahrungen,*
  d.h. solche Erfahrungen gehören gleichzeitig der Innenwelt und der Außenwelt an; etwas in der Außenwelt «Vorgefundenes» wird von innen her «erfunden» als Engel oder, um es anders auszudrücken, es wird mit der Kraft der eigenen Phantasie zu einer Wirklichkeit ganz eigener Art «belebt».

– *Die schrittweise Konstituierung eines Selbst beziehungsweise der Zusammenhalt desselben gelingt mit Hilfe der Engel,*
  d.h. immer neue «Anstöße» von außen müssen zum Zwecke der Selbstwerdung innerlich angeeignet werden. Das trägt gleichzeitig dazu bei, daß sie in der Außenwelt selber verwandelt werden können. In einem solchen Vorgang tragen auch die Engel zum Gelingen einer klaren Abgrenzung gegen die Außenwelt und damit zum wachsenden inneren Zusammenhalt des eigenen Selbst bei.

– *Engel haben die Eigenart, nie einfach wegzugehen,*
  d.h. sie treten in den Hintergrund und werden vorübergehend

19

quasi «bedeutungslos», wenn die Lebenssituation ihrer nicht bedarf; sie werden aber nicht einfach ins Unbewußte verdrängt, sondern sie bleiben als jederzeit abrufbare «Hintergrundswesen» ein Element der psychischen Stabilität, das jederzeit in existentiellen Krisen bedeutungsvoll werden kann.

– *Engel haben, wenn sie als Bilder aus Tradition oder Erziehung zur Verfügung stehen, Bedeutung im Sinne einer wirksam tragenden, verinnerlichten Schutzsymbolik,*
d.h. eine Welt mit Engeln ist offensichtlich mehr vom Erleben des grundsätzlichen Geschütztseins geprägt als eine ohne sie; dies hat Auswirkungen auf die Grundeinstellung zum Leben und seinen Gefährdungen.

– *Engel können psychisch entlasten, beispielsweise von zu großem Über-ichdruck,*
d.h. die grenzenlose Vielfalt ihres Tuns kann entlasten von Gewissensproblemen, von Ängsten, in fremden Situationen etc.

– *Engel haben einen jeweils sehr individuellen Auftrag,*
d.h. jeder Engel ist anders und erfüllt einen «Auftrag», der mit der konkreten Person und ihrer individuellen Lebenssituation sowie ihrer Lebensgeschichte unmittelbar zusammenhängt.

Im nächsten Kapitel wenden wir uns der Theorie der Übergangsobjekte zu. Dabei wird verständlich werden, daß der tragende Hintergrund, auf den Engel verweisen, ein anderer ist als der von Übergangsobjekten: Engel verweisen auf Gott, Übergangsobjekte auf die primäre Bezugsperson. Trotz dieses Unterschieds wird eine enge Verquickung des bewahrenden und schützenden mütterlichen Hintergrundes mit dem göttlichen sehr deutlich.

2. DER «ÜBERGANGSRAUM» NACH DONALD W. WINNICOTT

> «Wirklich», antwortete das Holzpferd, «ist nicht, wie man gemacht ist. Es ist etwas, was an einem geschieht. Wenn ein Kind dich liebt für eine lange Zeit, nicht nur, um mit dir zu spielen, sondern dich wirklich liebt, dann wirst du wirklich».
>
> M. Williams

Verweilen wir noch ein wenig bei den Kindern. An ihrem Umgang mit Engeln läßt sich sehr gut der psychologische Anteil der Engelerfahrungen aufzeigen. Mit einem weiteren Beispiel können wir eine Brücke von einem generellen Phänomen der Entwicklungspsychologie zum kindlichen Umgang mit Engeln schlagen, um von da aus einen Verstehenszugang zu Engeln überhaupt zu finden.

Terry Lynn Taylor äußert in ihrem Buch «Warum Engel fliegen können» den festen Glauben daran, daß es Engel gibt, daß sie als «vom Himmel entsandte Botschafter immer da sind, um uns zu helfen, in unserem Leben himmlische Zustände zu schaffen.» Sie findet es «schwierig, über Engel zu sprechen, ohne Gott zu erwähnen», obwohl sie dies ursprünglich zu vermeiden suchte. Sehr klar spricht sie den Zusammenhang zwischen ihren Eltern und ihrem Engelglauben an: «Meine Mutter Nancy und mein Vater Gordon haben sehr viel Ähnlichkeit mit Engeln, sie wissen es nur nicht. Ihre bedingungslose und unermüdliche Liebe hat mir über viele Veränderungen und schwierige Phasen in meinem Leben hinweggeholfen.»

Dann schreibt sie: «Meine erste Erinnerung an meinen Schutzengel stammt aus der Zeit, als ich drei Jahre alt war. Ich spielte mit meinem Teddybären in einem Teil unseres Gartens, den ich eigentlich nicht betreten durfte. Plötzlich fiel der Bär in eine Schlucht. Ich wußte nicht, was ich tun sollte. Ich beschloß, ihn herauszuholen, denn er war der kleinste Bär in meiner Sammlung und deshalb sehr wichtig. Als ich einen Schritt auf die Schlucht zu machte, hörte ich auf einmal eine Stimme: ‹Nein, geh da nicht hin; laß den Teddy und geh ins Haus zurück.› Ich weiß noch genau, daß ich das Gefühl hatte, als wäre zwischen mir und der Schlucht eine Schranke. Ich dachte daran, daß ich mich ja sowieso auf verbotenem Terrain befand, und ging deshalb lieber wieder nach Hause.

Von meinem Teddy blieb mir nur noch die Erinnerung. Ich tröstete mich damit, daß er sich bestimmt mit anderen kleinen Tieren anfreunden würde und damit alles in Ordnung sei.»

Terry Lynn Taylor schildert ein Kindheitserlebnis, in dem einerseits etwas Einschneidendes mit ihrem Teddy geschah, sie andererseits zu einem Glauben an ihren Schutzengel fand, der sich in einer kritischen Situation erstmals bewährte und begründete. Beides, die Bedeutung des Teddys und der Glaube an den Schutzengel, hängt zusammen und ist doch gleichzeitig etwas sehr Verschiedenes. Um den Zusammenhang wie den Unterschied besser zu verstehen, wenden wir uns zunächst der Bedeutung des Teddys zu.

Wer mit Kindern, vor allem kleinen Kindern, zu tun hat, kennt eine besondere psychologische «Hilfskonstruktion», mit der Kleinkinder allmählich das Alleinsein lernen, und mit dem Alleinsein schrittweise das Selbstsein. Auf diesbezügliche Beobachtungen, die wir im Zusammensein mit Kindern machen können, soll nun ausführlicher eingegangen werden.

Säuglinge und Kleinkinder erleben sich als eine Einheit mit der Mutter beziehungsweise der Hauptbezugsperson. Psychologen nennen diesen Zustand der Einheit «Symbiose». Bei der Erforschung der frühkindlichen Entwicklung von dem Stadium einer völligen Unfähigkeit zur wachsenden Fähigkeit des Kindes, die Realität zu erkennen und zu akzeptieren, ist die Kinderpsychologie auf einen besonderen Bereich gestoßen. Dieser liegt zwischen dem Ich und dem Anderen, zwischen Subjektivität und Objektivität könnten wir auch sagen, zwischen Phantasie und Wirklichkeit. Der britische Kinderanalytiker Donald W. Winnicott nannte diesen Bereich den *Übergangsraum.* Der erste Vertreter dieses Übergangsraumes ist das *Übergangsobjekt.* Wer mit kleinen Kindern zusammenlebt oder viel mit ihnen zu tun hat, kennt das. Es ist meistens ein Lieblingsspielzeug, ein Teddy, eine Puppe, ein Kuscheltier oder ein bestimmtes Tuch, ein bestimmter Bettzipfel. Es kann auch eine bestimmte Melodie sein, dann spricht man von einem *Übergangsphänomen,* weil es sich nicht um einen Gegenstand handelt. Das Übergangsobjekt beziehungsweise das Übergangsphänomen hat eine bedeutsame Hilfs-, Puffer- und Trostfunktion für ein Kind, das altersentsprechend immer mehr lernen muß, sich zu trennen, sich zu wandeln und eine eigenständige Person neben der Mutter zu werden. Mit Hilfe eines Übergangsobjekts lernt das Kind zu akzeptieren, daß es zeitweise allein sein muß. Wir können auch sagen: Mit seiner Hilfe entwickelt das Kind ein eigenes *Selbst*.

Wenn wir Kinder in dieser Lebensphase beobachten, dann hören wir faszinierende Dialoge zwischen ihnen und ihren Teddys oder Puppen oder Tieren. Alle Geheimnisse werden ihnen anvertraut, alle guten, tragenden und beschützenden Eigenschaften der Mutter werden in sie hineinphantasiert; und doch können sie plötzlich auch unvermittelt in die Ecke geworfen oder geschlagen werden, nur, um wenig später wieder liebevoll in einen äußerst intimen Austausch hineinzugeraten. Genau so fängt ein kleines Kind an, ein eigener Mensch zu werden. Das ist ein äußerst komplizierter Lernprozeß. Um diesen Prozeß zu bewältigen, «ernennt» das Kind in einem leisen, kaum spürbaren, aber plötzlich in seinem Ergebnis deutlich werdenden Prozeß ein bestimmtes Übergangsobjekt zum «Stellvertreter» der Mutter.

Dieser Ernennungsprozeß des Übergangsobjekts ist in hinreißender Weise in einem Text von M. Williams aus der – phantasierten – Sicht des Übergangsobjekts dargestellt: «Das Holzpferd lebte länger in dem Kinderzimmer als irgendjemand sonst. Es war so alt, daß sein Stoffüberzug ganz abgeschabt war. ‹Was ist wirklich?› fragte eines Tages der Stoffhase, als sie Seite an Seite in der Nähe des Laufställchens lagen. ‹Bedeutet es, Dinge in sich zu haben, die summen, und mit einem Griff ausgestattet zu sein?› ‹Wirklich›, antwortete das Holzpferd, ‹ist nicht, wie man gemacht ist. Es ist etwas, was an einem geschieht. Wenn ein Kind dich liebt für eine lange Zeit, nicht nur, um mit dir zu spielen, sondern dich wirklich liebt, dann wirst du wirklich.› ‹Tut es weh?› fragte der Hase. ‹Manchmal›, antwortete das Holzpferd, denn es sagte immer die Wahrheit. ‹Geschieht es auf einmal oder nach und nach?› ‹Du wirst›, sagte das Holzpferd. ‹Es dauert lange. Darum geschieht es nicht oft an denen, die leicht brechen oder die scharfe Kanten haben oder die schön gehalten werden müssen. Im allgemeinen sind zu der Zeit, wenn du wirklich sein wirst, die meisten Haare verschwunden, deine Augen ausgefallen; du bist wacklig in den Gelenken und sehr häßlich. Aber das ist überhaupt nicht wichtig; denn wenn du wirklich bist, kannst du nicht häßlich sein, ausgenommen in den Augen von Leuten, die keine Ahnung haben›. ‹Ich glaube, du bist wirklich›, meinte der Stoffhase. Das Holzpferd lächelte nur.»

Das «Wirklichwerden» von Holzpferd oder Stoffhasen hat nichts damit zu tun, wie und woraus sie gemacht sind. Es ist keine Frage der Materie, des Gegenstandes. Es ist etwas, das an den Gegenständen geschieht. «Wenn ein Kind dich liebt für eine lange Zeit, nicht nur, um mit dir zu spielen, sondern dich wirklich liebt, dann wirst du wirklich.» Die Liebe des Kindes zum Gegenstand macht diesen lebendig, «wirklich». Die Phantasie des Kindes be-lebt, im wahrsten Sinne des Wortes. Und manchmal «tut es weh», d.h. Übergangsobjekte sind auch aggressiven Attacken ausgesetzt.

Mit diesem so in einem langsamen Prozeß kreierten, durch Phantasie belebten und «dialogfähig» gemachten «Stellvertreter» kann das Kind nun zunächst für kurze Zeit von der Mutter getrennt sein, allmählich auch länger. Nachdem das Kind die guten, schützenden Eigenschaften der Mutter in das Übergangsobjekt hineinphantasiert und hineingewirkt hat, kann es nun *allein sein ohne allein zu sein*. Die Mutter ist *da ohne da zu sein*. Das Übergangsobjekt gehört nicht einfach der Außenwelt an, auch nicht einfach der Innenwelt; es ist wie ein Brückenschlag von Innen nach Außen und von Außen nach Innen. Es ist beides. Das ist ein *Paradox* – jedenfalls für den verstandesgeübten Erwachsenen. Für das Kind ist es ganz einfach seine ganz eigene Wirklichkeit, *eine Wirklichkeit, die es gleichzeitig vorfindet und selber gestaltet beziehungsweise schafft*. Diese Wirklichkeit beinhaltet eine ganze Welt voll tragender Schutzsymbolik, weil sie im Gefühlsleben des Kindes ständige Anleihen macht oder machen kann an der Wirklichkeit der Mutter, an ihrem realen, schutzbietenden Vorhandensein.

Donald W. Winnicott hat ein Leben lang daran gearbeitet, die Abläufe in diesem kindlichen Phantasieraum oder Übergangsraum zu beschreiben und zu erklären. Donald W. Winnicott (1896–1971) wuchs in Plymouth auf, verließ bereits mit vierzehn Jahren sein Zuhause, um ein Jahr später die Entscheidung für das Medizinstudium zu fällen. In der Zeit seines Studiums gelangte ein Buch des Schweizer Pfarrers Oskar Pfister in seine Hände. Durch ihn, den einzigen Pfarrer im Freundeskreis Sigmund Freuds, lernte er die Psychoanalyse kennen. Sein beruflicher Weg war insofern ungewöhnlich, als er nach Abschluß einer psychoanalytischen Ausbildung zugleich therapeutisch mit Kindern und psychoanalytisch mit Erwachsenen arbeitete. Donald W. Winnicotts Entdeckung des Übergangsraumes war einer der wesentlichen Impulse, die die psychoanalytische Bewegung nach Sigmund Freud veränderten. Typisch für die Person Donald W. Winnicott ist der folgende Satz: «Wenn wir zur Dichtung zurückfinden und uns von der Landung der Amerikaner auf dem Mond wieder erholen, bevor sie zur Landung auf der Venus ansetzen, dann besteht vielleicht noch einige Hoffnung für die Zivilisation». Das Zentrum seiner Lehre war im Grunde genommen auch die tragende Kraft seines Lebens: In den Zwischenbereich einzutauchen bedeutete für ihn, mit neuer Energie in die Außenwelt eingreifen zu können. Donald W. Winnicott besaß eine große Fähigkeit, sich mit innerer und äußerer Realität auf eine spielerische Weise abzufinden. Dies leisten zu können beziehungsweise anderen Menschen zu ermöglichen, ist der rote Faden seines Lebenswerkes.

Neben der äußeren und inneren Realität spricht Donald W. Winnicott von einer sogenannten «*dritten Dimension*». Er beschreibt sie als einen «Zwischenbereich des Erlebens, zu dem sowohl die innere Realität als auch das äußere Leben beitragen. Es ist ein Bereich, der nicht in Frage gestellt wird, denn er begründet seinerseits keinen Anspruch, es sei denn den, daß er als Ruheplatz für das Individuum vorhanden sein muß, wenn es mit der lebenslänglichen menschlichen Aufgabe beschäftigt ist, die innere und die äußere Realität getrennt und dennoch miteinander verknüpft zu halten.» Was hier verhandelt wird, ist das «Wesen der Illusion». Der Begriff ist hier nicht im Sinne trügerischer Hoffnung oder Selbsttäuschung zu verstehen, sondern meint vielmehr einen besonderen Aspekt von Täuschung, den Donald W. Winnicott für einen «Ausdruck von Gesundheit» hält. Es gibt einen notwendigen Spielbereich der «gesunden Täuschungen». Sie füllen und markieren einen Raum, der einem Kleinkind ganz selbstverständlich zugebilligt wird. Im Leben eines Erwachsenen gehören beispielsweise Kunst, Philosophie und Religion in diesen Bereich. Donald W. Winnicott würde also kaum von «Opium für's Volk» reden, sondern er benennt vielmehr als ein wichtiges Therapieziel die Befähigung zur Schaffung solcher Illusion, verstanden als Eintritt in den *intermediären Raum*.

Übergangserscheinungen treten erstmals im Alter von vier bis zwölf Monaten auf. Bei einem gesunden Kind erweitert sich der von ihnen geprägte Bereich allmählich. Die Beziehung des Kindes zu seinem Übergangsobjekt ist von einer besonderen Qualität. Das Kind macht Rechte an dem Gegenstand geltend, und die Erwachsenen stimmen diesem Anspruch zu. Der Gegenstand wird von dem Kind geradeso zärtlich geliebt wie verstümmelt oder aggressiv traktiert. Er darf sich niemals verändern, es sei denn, das Kind selbst nimmt die Veränderungen an ihm vor. So muß das Übergangsobjekt triebhafte Liebe und triebhaften Haß gleichermaßen überleben. Auf jeden Fall aber muß es dem Kind so erscheinen, als gäbe es Wärme ab, als bewege es sich, als habe es eine Struktur oder als könne es etwas tun, das anzuzeigen scheint, daß es eine eigene Lebendigkeit oder Wirklichkeit besitzt. Nach der Anschauung der Erwachsenen kommt das Übergangsobjekt von außen, nicht aber nach der Anschauung des Kleinkindes. Es kommt auch nicht von innen. Nach der Anschauung des Kleinkindes ist es eine *eigene Schöpfung*.

Das Schicksal des Übergangsobjekts besteht darin, daß ihm allmählich die «Besetzung» mit den belebenden Phantasien des Kindes, die Eigenschaften der Mutter entnommen sind, entzogen wird. So wird das Übergangsobjekt im Laufe der Jahre nicht etwa vernachlässigt, vielmehr fällt es einfach der Vergessenheit anheim. Das bedeutet: beim gesunden Kind geht das Übergangsobjekt nicht «nach innen», und das Gefühl, das sich darauf bezieht, wird nicht notwendigerweise verdrängt. Auch wird das Übergangsobjekt nicht betrauert. Es verliert seine Bedeutung in einem geradeso leisen Prozeß wie es sie gewonnen hatte. Es verliert seinen Stellenwert im ganz persönlichen Leben des Kindes aber auch, weil der ganze Zwischenbereich, das Erleben im Übergangsraum, sich ausbreitet auf das Gesamtgebiet der Kultur.

Gehen fraglose Sicherheiten des Lebens plötzlich verloren, so können die Übergangsobjekte der Kindheit für manche Menschen schlagartig wieder große Bedeutung gewinnen. Ein junger Mann, der vor dem Krieg in Jugoslawien in die Schweiz entkommen konnte, überstand die Zeiten der Einsamkeit und der Angst um seine Familie mit Hilfe seines Stoffhasen, dem er alles erzählte. Der Hase war eigentlich das Übergangsobjekt seiner Kinderzeit. Dieser junge Mann legte schließlich in der Schweiz ein gutes Examen ab und lernte eine Freundin kennen, mit der er im nachhinein die Freude über die Unterstützung seines Hasen schamhaft teilen konnte. Schließlich ließ er den Hasen in der Wohnung der Freundin. Die direkte Übergangsobjektbeziehung war überflüssig geworden.

Je nach den Lebenserfahrungen des Kindes in seiner Beziehung zur Mutter unterscheidet sich der Übergangsraum, bisweilen auch *«potentieller Raum»* genannt, außerordentlich. Er steht sowohl der inneren Welt als auch der äußeren Realität gegenüber. Das *Spielen* hat hier seinen Ort. Und das Spielen ist Ausdruck von Gesundheit. Es ermöglicht Reifung. Für Donald W. Winnicott ist Spielen eine

«Grundform von Leben». Es ist stets «eine schöpferische Erfahrung», und – für das Kleinkind besonders wichtig – eine «Erfahrung im Kontinuum von Raum und Zeit». Ob diese Erfahrungen sich schließlich zu einem «Selbst» zusammenfügen, hängt davon ab, ob eine Person, der das Vertrauen des Kindes gehört, die Kommunikation darüber annimmt und sie dem Kind zurückspiegelt.

Was für ein Raum ist dieser ursprünglich zwischen Mutter und Kleinkind befindliche Raum? Es ist kein leerer Raum. Donald W. Winnicott mutmaßt, es gäbe zwischen Menschen niemals eine Trennung. Diese kann stets nur drohen. Der «potentielle Raum» wird erfüllt mit kreativem Spiel, mit Symbolen und dem, was allmählich, je älter ein Mensch wird, das kulturelle Erleben ausmacht. Dadurch wird Trennung vermieden. Dieser «dritte Lebensbereich» ist durch ein *schöpferisches Spannungsfeld* gegeben. Sein Ursprung ist das kindliche Vertrauen auf die Mutter. In der kritischen Phase der Trennung von «Nicht-Ich» und «Ich» am Anfang des Aufbaus eines autonomen Selbst muß dieses über einen genügend langen Zeitraum erlebt worden sein.

Um Mißverständnissen vorzubeugen ist es nötig, Übergangsobjekte, diese ersten gegenständlichen Vertreter des kindlichen Phantasieraumes, nicht als «vollendete Produkte» zu verstehen, sondern als «Erfahrungsbewegung». Das aber setzt voraus, daß wir sie immer im größeren Zusammenhang mit dem Übergangsraum, den Übergangsphänomenen, der ursprünglichen Kreativität und dem Paradox sehen. In diesen Kontext hat auch Donald W. Winnicott seine Arbeiten zu den Übergangsobjekten sehr bewußt gestellt. Zur «Logik» des Übergangsobjekts gehört ein Stück realisierter Selbsterweiterung, Körpererweiterung: «ich bin nicht nur hier, sondern: hier bin ich auch!»

Das «Übergangsobjekt» in Donald W. Winnicotts Sinn ist also nie zu einem «verdinglichten» Begriff geworden. Es stellt sich daher die Frage, woher es seine Vermittlungskraft bekommt. Es «könnte nicht vermitteln, es bestünde nicht die Möglichkeit, Übergangsobjekte zu wechseln, sich von ihnen frei zu machen und sie neu zu etablieren», schreibt die Psychoanalytikerin Caroline Neubaur in ihrem Buch «Übergänge», «würde nicht ständig ein ‹Übergangsraum› produziert, der nicht am Übergangsobjekt ‹hängt›, sondern nur in seiner dinglichen Form von ihm markiert wird. Eindrucksvoll an der Winnicottschen Konstruktion ist, daß das Übergangsobjekt erst zustandekommt in der Herstellung des Übergangsraumes».

27

Das Geheimnis, das Donald W. Winnicott als «Paradox» bezeichnete, zieht sich durch seine Werke hindurch. Es ist sein
«angestammtes Markenzeichen»: das Paradox, Vorgefundenes in
Selbstgeschaffenes zu verwandeln. Er versucht, dieses Paradox
nicht wegzuerklären, sondern zu begreifen. Dies gab seiner Arbeit
die unvergleichliche Stimmung des Staunens und der Überraschung. Das Paradox ergibt sich aus der Verwendung des Übergangsobjektes durch das Kleinkind. Donald W. Winnicott fordert
dazu auf, dieses Paradox als solches anzuerkennen und hinzunehmen, es nicht lösen zu wollen: «Das Kleinkind erschafft das
Objekt, aber das Objekt war bereits vorher da, um geschaffen und
besetzt zu werden. Ich wollte», schreibt er, «diesen Aspekt der
Übergangsphänomene besonders hervorheben, als ich sagte, daß
es zu den Grundregeln gehört, von einem Kleinkind niemals eine
Antwort auf die Frage zu verlangen: Hast du das selbst gemacht,
oder hast du es gefunden?» Genauso wenig würden wir einem
Kind, das mit seinem Teddy redet, sagen: «Der Teddy kann dich
doch gar nicht hören». Das Kind lebt hier in einer ganz eigenen,
vom Paradox geprägten Wirklichkeit.

Lassen wir dieses gelten, so kann es eine unendliche Bereiche-
rung bedeuten. Eine Widersprüchlichkeit, die *akzeptiert* wird, hat
nach Donald W. Winnicott einen positiven Wert. Eben dieses Paradox begründet auch die Fähigkeit zum Alleinsein. «Wenn auch
viele Arten von Erfahrungen zur Herstellung der Fähigkeit zum
Alleinsein führen, gibt es doch eine, die grundlegend ist, und ohne
genug von ihr kommt die Fähigkeit zum Alleinsein nicht zustande; diese Erfahrung besteht darin, als Säugling und kleines Kind
in Gegenwart der Mutter allein zu sein. Die Grundlage der Fähigkeit, allein zu sein, ist also ein Paradoxon; es ist die Erfahrung,
allein zu sein, während jemand anderes anwesend ist.» Das Kind
erschafft sich also sozusagen auf halluzinatorischem Weg die Anwesenheit der Mutter und kann gerade dadurch allein sein. So fällt
die Entscheidung über Alleinsein oder nicht Alleinsein weder im
«Innen», noch im «Außen», sondern in diesem «potentiellen Raum»
oder «Übergangsraum», in dem das Paradox gelten darf.

Das Übergangsobjekt hätte Fachwelt und Laien kaum fasziniert, wenn es einfach nur ein Symbol für den Übergang von der
Mutter zur Welt wäre. Die Faszination des Übergangsobjekts liegt
darin, daß letzten Endes *alles* zum Übergangsobjekt werden kann.
Alles kann in einem «dritten Raum» angesiedelt werden. Letztlich

ist das, was nicht innen, nicht außen ist und trotzdem ist: die Zivilisation. Der Übergangsraum ist der Raum, in dem letztlich unsere Kultur angesiedelt ist: die Musik, die Philosophie, die Religion, die Kunst, die Politik, alles, was mit und aus Vorstellungen besteht. Insofern hat Donald W. Winnicotts Entdeckung keineswegs nur private, intime Bedeutung, sondern ist durchaus von öffentlichem Interesse.

Von daher ist es nur konsequent, wenn das Thema des Übergangsraumes bei Donald W. Winnicott eine weitere Vertiefung unter der Fragestellung: «An welchem Ort leben wir eigentlich?» erfährt. Dabei benutzt er den Begriff «Ort» im abstrakten Sinn und meint «den Bereich, in dem wir die meiste Zeit unseres Lebens verbringen». Umgangssprachlich macht er die Richtung seiner Überlegungen schon im Vorweg deutlich durch einen Hinweis darauf, daß wir uns zum Beispiel «in einem Durcheinander» oder «im siebenten Himmel» befinden können. Grundsätzlich aber gibt es zunächst einmal zwei Orte, den Ort innerhalb und den Ort außerhalb des Menschen. So wie es Menschen gibt, die sich nur am äußeren Verhalten orientieren, gibt es auch jene, die alles Gewicht auf das innere Leben legen und dementsprechend den äußeren Lebensbedingungen im Vergleich beispielsweise zu mystischen Erfahrungen nur wenig Bedeutung beimessen.

Donald W. Winnicott möchte eine Position zwischen diesen beiden Extremen einnehmen. Wir verbringen den größten Teil unserer Zeit weder im Verhalten, das der Außenwelt angehört, noch in der Kontemplation, die sich in der Innenwelt abspielt. Vielmehr kommt er wiederum auf einen *anderen Bereich*, und er verfolgt hier noch einmal die Frage nach dem Übergangsbereich: Was geschieht in uns, und wo sind wir, wenn wir eine Symphonie von Beethoven hören oder ein Gemälde betrachten? Der «dritte Erfahrungsbereich», an den Donald W. Winnicott hier denkt und der eine andere Bezeichnung des Übergangsraumes ist, sozusagen des aus der Kindheit mitgebrachten und stetig erweiterten Übergangsraumes, ist bei den einzelnen Menschen äußerst variabel. Das hängt mit der Tatsache zusammen, daß dieser «dritte Bereich» das Ergebnis von Erfahrungen des *Einzelnen* ist. Die Ausprägung dieses «dritten Bereiches» kann im Einzelfall äußerst gering oder sehr groß sein.

Kehren wir nach diesen Ausführungen über den Übergangsraum und die Übergangsobjekte zu dem Beispiel von Terry Lynn

Taylor zurück. Mit ihrem Teddy hatte sie als Dreijährige verbotenes Terrain betreten. Der Teddy fiel in eine Schlucht. Bevor sie einen Schritt auf die Schlucht zu machte, um den kleinsten Bär ihrer Sammlung zu retten, hörte sie eine Stimme: «nein, geh da nicht hin; laß den Teddy und geh ins Haus zurück.» Diese Erfahrung bezeichnet sie als erste Erinnerung an ihren Schutzengel.

Das Beispiel zeigt sehr schön, daß Übergangsobjekte und Engel vergleichbare Merkmale aufweisen und auch in vergleichbaren Situationen Bedeutung gewinnen. Der Schutzengel im Bericht von Terry Lynn Taylor ist hier durchaus zu verstehen als ein *religiöses Übergangsphänomen.* Im Gegensatz zu dem Teddy ist der Hintergrund, auf den der Schutzengel verweist, ein anderer: *Gott.* Der Teddy war dem kleinen Mädchen ein rechter Begleiter auf einem verbotenen Ausgang. *Allein,* – gegen das Verbot der Eltern, *und doch nicht allein* – mit dem Stellvertreter, der schützenden und bewahrenden Kraft des Teddys – hatte sie es gewagt. Aber, in diesem Fall hielt das Übergangsobjekt nicht, was es versprach: Der Teddy flog in die Schlucht. Mit dem Gegenstand Teddy ist auch der Beschützer-Teddy beziehungsweise der «Stellvertreter» der Mutter weg. Seine Beschützer-Qualität ist gebunden an den Gegenstand. Dieses Kind verfügte über die innere Möglichkeit, einen weiteren «Stellvertreter», einen Schutzengel, innerlich in Anspruch zu nehmen. Gerade, nachdem das Übergangsobjekt nicht mehr «brauchbar» war, bedurfte es des Schutzengels. Der Schutzengel repräsentiert eine beschützende Macht, die auch noch dort Bewahrung garantiert, wo Übergangsobjekt und Mutter/Eltern «versagt» haben oder nicht präsent sind – weder real noch in Gestalt eines «Stellvertreters». Dieses Beispiel soll nun also überleiten zu Überlegungen, inwieweit das «Übergangsobjekt» beziehungsweise das «Übergangsphänomen» als Verstehensmodell für Engel tauglich ist.

3. Der Raum der Engel

> Engel suchen Maschen im verfilzten und ver-
> knoteten Gewebe der Absichten, die die Menschen
> aneinanderhalten. Raum für ihr Auftreten schafft
> jede Sprachverwirrung, das Stocken, das Stottern,
> das Babylonische der fremden Sprachen, die aus
> dem Verstummen der je eigenen leben, und das
> Schweigen. Wo immer die Sprache versagt, kann
> sich die Art der Engel entfalten. ... Es verwundert
> daher nicht, daß noch jeder, der eine Botschaft
> erhalten hat, im Zustand des Schweigens ange-
> troffen wurde. Denn nur wo man gerade nicht
> ist, kann man angetroffen werden, ohne beiseite
> treten zu müssen.
>
> Dorothea Dieckmann

Das Werk des Psychoanalytikers Donald W. Winnicott lese ich als
Theologin und mache dabei die faszinierende Feststellung, daß er
zwar vom Menschen her psychoanalytisch argumentiert, gerade
dabei aber – sowohl wörtlich als auch zwischen den Zeilen – immer wieder auf eine Dimension verweist, die etwas Prinzipielles
menschlicher Existenz meint, das Menschen nicht selber begründen
und sich nicht selber geben können. Er zeigt Wege des Rückbe-
zugs auf Quellen von Sicherheit, Schutz, Geborgenheit und Halt,
die außerhalb der Verfügbarkeit des Menschen liegen. Wir haben
zu diesen Quellen weder einen machbaren noch direkten Zugang.
Wir können uns ihnen aber «spielerisch», in unseren Phantasien,
unseren Vorstellungen und unserer Kreativität nähern. Donald W.
Winnicotts eigener Sprachgebrauch ist ein hervorragendes Beispiel
für diesen «spielerischen» Zugang zum Unverfügbaren. Er zeigt,
wie die genannten Quellen des Lebens sinnlich erlebbar werden,
wie «Räume» sich öffnen, in denen individuelle Problematik und
kollektive Prozesse zusammenkommen und sich gegenseitig
überlagern. Diese Räume lassen sich wie «Symbolisierungszonen»
verstehen, in ihnen bildet sich Wirklichkeit in symbolisch ver-
dichteter Form ab und entfaltet so eine spielerische Eigendynamik.
Im vorliegenden Kapitel soll gezeigt werden, wie sich auf diesem
Hintergrund der «Raum der Engel» psychologisch erschließt.

Der Theologe Wolfhart Pannenberg hat in seiner «Anthropologie», der theologischen Lehre vom Menschen, den Sinn einer

Aneignung humanwissenschaftlicher Erkenntnisse durch die Theologie aufgezeigt. Es geht ihm darum – und die vorliegende Abhandlung schließt sich hier methodisch an –, die von den Humanwissenschaften beschriebenen Phänomene des Menschseins theologisch in Anspruch zu nehmen. Das geschieht unter der Annahme, daß die nichttheologische Beschreibung eine nur vorläufige Auffassung der Sachverhalte ist. Diese ist dadurch zu vertiefen, daß an den anthropologischen Befunden selbst eine weitere, theologisch relevante Dimension aufgezeigt wird.

Die beiden Hauptthemen der theologischen Lehre vom Menschen werden mit den Begriffen *Gottebenbildlichkeit* des Menschen und *Sünde* erfaßt. Beide beinhalten einerseits die Verbundenheit des Menschen mit der göttlichen Wirklichkeit, andererseits seine faktische Gottesferne. Mit diesen beiden theologischen Stichworten ist der Raum markiert, in dem die Spielarten der Gottesbeziehung Gestalt annehmen. Der Gegensatz von *Gottesnähe* und *Gottesferne* bestimmt jedes religiöse Leben. Mit den Überlegungen Donald W. Winnicotts zum Übergangsraum befinden wir uns im Zentrum theologisch-anthropologischer Fragestellungen. Ausgehend von seinen psychologie-immanenten Beobachtungen und Überlegungen bietet Donald W. Winnicott selbst den Schlüssel zum Verständnis von Religion als einer Dimension, die grundsätzlich zum Menschen gehört. «Spiel», «Leben», «kreatives Zentrum», «Selbst» und «Gott» beschreibt er in seinen Schriften immer wieder als verschiedene Aspekte dessen, was menschliches Leben zentral bestimmt. Donald W. Winnicott nähert sich diesem Kern des Menschseins, indem er ihn sprachspielerisch von verschiedenen Seiten her umkreist, immer neue Beobachtungen, Feinheiten und Details aufzeigt und über sie hinausweist, so daß wir spüren: Hier wird von einem Psychoanalytiker ein zentrales Thema der Theologie verhandelt.

Immer neu das Thema «Selbstwerdung» umkreisend, läßt Donald W. Winnicott das Selbst aus dem ursprünglichen psychischen «Chaos» entstehen. Das «Selbst» gestaltet sich im Rückgriff auf die ursprüngliche seelische «Formlosigkeit». In dem Maße, in dem dies deutlich wird, gewinnt auch die Theologie ihre eigene Sprache zurück. Jedenfalls kann ihr das in dem Wagnis gelingen, bei diesem seelischen Ursprungskern neu anzusetzen, den auch der Theologe Paul Tillich gemeint haben muß, wenn er von der «Tiefe des Seins» sprach.

Hier findet der Glaube zurück zu seiner Ursprungskraft, indem er in seinen frühen, vertrauenstiftenden Symbolen, wie z.B. den Engeln, erneut Gestalt annimmt. Auf dieser Basis und vor diesem Hintergrund können wir verstehen, daß Engelerfahrungen davon sprechen, wie Menschen sich diese Dimension ihres Lebens neu zu erschließen oder zu bewahren beginnen. Dies tun sie auch und gerade heute, nachdem der Zugang zu dieser «Tiefe des Seins», zur Ursprungskraft des Glaubens, vielen Menschen in umfassenden Säkularisierungsprozessen bereits verlorengegangen ist und sie mit der Sprache traditioneller Religion oder gar der Institution Kirche nichts mehr anzufangen wissen.

Donald W. Winnicott hat die *Universalität* der Übergangsobjekte betont. Für die religiöse Dimension bedeutete das, daß sie natürlicherweise zum Menschen gehört. Ebenso ist es eine anthropologische Aussage von grundsätzlicher Bedeutung, wenn er davon ausgeht, daß es eine völlige Zerstörung der kreativen Lebensfähigkeit eines Menschen nicht geben kann. Dieser tiefste, kreative Impuls des Menschen bleibt für Donald W. Winnicott unerklärbar. Er markiert insofern die Schnittstelle, an der eine psychologieimmanente Betrachtungsweise die Grenze zur Theologie überschreitet. Diese Feststellung ist der Kern der Ausführungen Donald W. Winnicotts. Nicht als Theologe, geschweige denn als Dogmatiker, sondern als empathisch beobachtender und beobachtend empathischer Psychoanalytiker trifft er seine Aussagen. Die Fähigkeit zum Vertrauen und zum Glauben gehört für ihn wesentlich zur Vorstellung von einem gesunden Individuum dazu. Deswegen betont er die Bedeutung frühkindlicher Erfahrungen für das religiöse Erleben, die Möglichkeit, einem Menschen als Kleinkind die «*Vorstellung von so etwas wie immerwährenden bergenden Armen*» zu vermitteln.

Thomas Auchter hat Donald W. Winnicotts theoretischen und praktischen Ansatz als «Psychoanalyse mit menschlichem Gesicht» bezeichnet. Damit bringt er die entscheidende Grundlage der Arbeiten Donald W. Winnicotts zum Ausdruck: Menschsein beginnt dort, wo wir angesehen werden mit dem Blick, der uns bejaht und in dem wir «sein» können. Folgen wir Donald W. Winnicotts Verständnis vom religiösen Erleben, so können wir auch sagen: *Das Selbst des Menschen ist geborgen in Gott.* Die prozesshafte Entstehung des Selbst ist eingebunden in einen größeren Zusammenhang, den wir als ständigen Schöpfungsprozeß aus den Gebrochenheiten des Lebens heraus verstehen können. Dies möchte ich noch einmal zusammenfassend im Blick auf die psychologische Wirkweise der Übergangsobjekte und -phänomene erläutern.

Die Untersuchung der Bedeutung des Übergangsraumes für den Selbstwerdungsprozeß zeigt, daß der Übergang aus der frühen Symbiose mit der Fähigkeit einhergeht, den anderen als anderen wahrzunehmen und zu akzeptieren. In diesen sehr subtilen Abläufen stellt das Übergangsobjekt in gewisser Hinsicht auch ein *verfremdendes Objekt* dar. Das heißt: Es *repräsentiert* die Mutter, aber es ist nicht die Mutter. Und doch ist sie auch in ihm. Seitens der Mutter wie seitens des Kindes muß eine Leistung erbracht werden, nämlich – mit den Worten Caroline Neubaurs – «ein Stück Fremdheit zu akzeptieren, um Fremdes brechen zu können». Donald W. Winnicott macht nun in überraschender Klarheit deutlich, daß die Voraussetzung für Zivilisation in einer ständigen Abfolge solcher «Übergänge» besteht. Dabei sind nicht die Übergangsobjekte das Entscheidende, auch nicht der Übergangsraum, sondern genau diese «Übergänge». Sie lassen sich am ehesten verstehen als «Erfahrungsbewegungen».

Selbstwerdung ereignet sich immer neu. Das geschieht durch Anerkennung des Fremden, das aus den Lebensprozessen an uns herantritt. Es gelingt aus Gebrochenheiten, Zufälligkeiten und Anstößen, die Erfahrungen von Fremdheit sind. Indem Menschen auf dem Wege der Aneignung des Anderen am unendlichen Erfahrungspotential des Lebens partizipieren, gelingt Selbstwerdung. Das ist ein psychologischer Vorgang, den man in theologischer Sprache auch eine «fortdauernde Schöpfung» (creatio continua) nennen könnte. Das Faszinierende an Donald W. Winnicotts Sichtweise liegt darin, wie er Kontinuität und Gebrochenheit miteinander in einer ernsthaft-spielerischen Weise verknüpft.

Längst nicht immer muß das, was sich «fremd» in den Weg des Lebensprozesses stellt, als Engel deutlich werden (wie z.B. in 4. Mose 22, 23–31, wo sich ein Engel der Eselin Bileams in den Weg stellt und dieser ihn – im Gegensatz zu der Eselin – zunächst nicht einmal erkennt), aber es kann – immer noch! – ein Engel sein. Georg Baudler führt in seinem Werk «Gott und Frau» in einem Durchgang durch die Entwicklungsgeschichte des Menschen aus, wie diese an die «Wahrnehmung einer übersteigenden Dimension der Wirklichkeit» gebunden und von ihr geprägt war. Er sieht den *Ursprung der Religion* in der *Fähigkeit zur Symbolwahrnehmung* und in der Reaktion auf diese Wahrnehmung. Dabei benutzt er die Bezeichnung «Engel» so weitgefaßt, daß alles, was Symbol einer die Wirklichkeit übersteigenden Dimension ist, zum Engel wird.

Dieser Wortgebrauch ist zwar ungewöhnlich weit, macht aber treffend deutlich, was ich mit den Ausführungen über Donald W. Winnicotts psychologie-übergreifendes Verständnis von den Übergangsphänomenen zu zeigen versucht habe. «Die das Gegenständliche übersteigende Dimension der Wahrnehmung eines Steines, eines Baumes oder eines mit mir lebenden Wesens besteht in dem symbolischen Ausdrucksgehalt, den diese Wirklichkeiten ausstrahlen. Auf diese Weise erscheinen Engel und Gottheiten.» ... «War die Fähigkeit zur Wahrnehmung einer übersteigenden Dimension in der Wirklichkeit, die Fähigkeit zur Wahrnehmung von Gottheiten und Engeln, einmal im Lebewesen erwacht, konnte alles, was diesem Wesen in seiner Welt begegnete, zu einem Symbol werden und eine nicht gegenständlich faßbare Macht ausdrücken.» ... «Vielleicht konnte es in unserem Jahrhundert, als die Naturwissenschaften ihren triumphalen Siegeszug antraten und alle Welt wie gebannt auf diese gewaltige Imponierveranstaltung starrte, einen Augenblick so scheinen, als wäre jetzt endlich diese Religion stiftende Fähigkeit der Symbolwahrnehmung als Fehlentwicklung entlarvt, und der Mensch könnte, von ihr befreit, erst zu seiner vollen Entwicklung gelangen. Doch man braucht kein Anhänger der New-Age-Bewegung zu sein, um – nur für sich, noch ganz ohne wissenschaftlichen Anspruch – zu sagen: Ein Leben ohne Engel und Gottheiten, ohne die symbolische Botschaft, ... ein solches Leben, das nicht eingetaucht ist in diese übersteigende Dimension, wäre nicht lebenswert.»

Eine aus solchen Quellen und solcher Sichtweise gespeiste Theologie kann den menschlichen Lebensraum als ein schöpferisches Spannungsfeld verstehen, in dem wir immer wieder – durch die Dinge, die für uns zu «sprechen» anfangen – «angestoßen» werden, in einem ständig «gebrochenen» und doch kontinuierlichen Prozeß Gott neu wahrzunehmen. Solche absichtslos sich einstellenden Erfahrungen oder Begegnungen führen uns an die Quellen unseres Lebendigseins.

Den Gedanken, daß Selbst-Werden und Lebendigwerden letztlich ein und dieselbe innere Bewegung meinen, hat Donald W. Winnicott konsequent zu Ende geführt durch die Art, wie er schreibend, ernsthaft-spielerisch sich hineinphantasierend, seinen eigenen

Tod vorwegnahm. Wenn er gegen Ende seines Lebens seine, übrigens nie vollendete Autobiographie mit seinem Tod beginnt und in Gebetsform (!) den schlichten Satz formuliert: «Gott, laß mich ganz lebendig sein, wenn ich sterbe», dann deutet sich hier eine Lebenseinstellung an, die – frei von theologischer Begrifflichkeit – eine Dimension des Unverfügbaren ergreift und darin den Tod als Gestalt des Lebens interpretiert und ihm deswegen ins Auge sehen kann. Indem er diese unverfügbare Wirklichkeit für sich in Anspruch nimmt, wird sie ihm wahr. Auf diesem Hintergrund erschließt sich auch der Bedeutungsgehalt der Engel auf neue Weise. Donald W. Winnicott hat der Religion ihren «natürlichen» Platz in jenem Zwischenbereich des Erlebens zugewiesen, zu dem sowohl innere Realität als auch äußeres Leben beitragen und der als *Ruheplatz für das Individuum* vorhanden sein muß. Dies ist der Raum, aus dem heraus es dem Menschen immer wieder gelingen kann und gelingt, Realität wahrzunehmen und zu akzeptieren, ohne sich selbst zu verlieren. Auf diesen Raum verweisen Engel.

Die Religionspsychologie kann also in vielfältiger Weise aufzeigen, wie im Bereich der Religion die Erkenntnisse der Psychologie in ganz eigener Sprache formuliert sind und Gestalt gewonnen haben, und zwar häufig viel bildhafter, sinnlicher und nachvollziehbarer, als es abstrakten psychologischen Überlegungen und Konzepten möglich ist. Engel repräsentieren im Bereich der Religionen den in gleicher Weise von der Phantasie gestalteten wie vom Individuum vorgefundenen «Zwischenbereich». In der Engellehre wie in individuellen Engelerfahrungen wird in unzähligen Variationen die eine theologische wie psychologische Frage verhandelt, wie sich Menschen der *Nähe Gottes trotz erlebter Ferne* vergewissern können.

Wenn hier der Versuch unternommen wird, Engel zunächst einmal im Vergleich mit Übergangsphänomenen zu verstehen, so bedeutet das, die unterschiedlichen Vorstellungen von Engelgestalten werden vor einem bestimmten psychologischen Hintergrund in Augenschein genommen. Dieser erschließt – entwicklungspsychologisch gesprochen – auch die unterschiedlichsten Spielarten der frühen, innigen Verbundenheit zwischen Mutter und Kind sowie ihre Symbolisierungsfähigkeit während der Abwesenheit der Mutter. Auch die verschiedensten Ausgestaltungen dieses Spielraums zwischen Mutter und Kind einschließlich ihrer Störungen lassen sich in den «Engelwelten» wiederfinden. Diese

Vergleichsmöglichkeit begründet zwei Kernaussagen über Engelerscheinungen:

a) Der Mensch ist nicht allein.
b) Der Mensch ist auf dem Weg zu seinem Selbst.

Die entscheidende psychologische Frage in unserem Zusammenhang ist also folgende: Warum erleben Menschen die Trennung
vom Ursprung ihres Seins wie auch die Rückversicherung dieses
Ursprungs in Gestalt von Engeln? In der Antwort auf diese Frage
überschneiden sich die Bedeutungsgehalte von Urerfahrungen im
biographischen wie im theologischen Sinne. Menschen erleben im
Laufe ihres Lebens die fortschreitende Trennung vom mütterlichen Urgrund genauso, wie aus der Sicht eines biblischen Schöp-
fungsberichtes die Menschheit im Laufe der Menschheitsgeschichte
mit der «Vertreibung aus dem Paradies» fertigzuwerden hatte. Bei
diesem Prozeß der Selbstwerdung handelt es sich um einen Reife-
prozeß, der nur in einzelnen Schritten möglich ist. In der Abfolge
dieser einzelnen Schritte sind Übergangsobjekte und Übergangsphänomene für die Reifung des Individuums gerade so bedeutsam, wie es Engel für die individuelle religiöse Entwicklung sein
können. Insofern läßt sich der von Engeln besetzte Vorstellungs-
bereich verstehen als *religiöser Übergangsraum*. Engel übernehmen
im Bereich der Religion beziehungsweise der individuellen Gottesbeziehung die Aufgabe der Übergangsobjekte und -phänomene in
der individuellen Selbstentwicklung.
   Der menschlichen Phantasie sind keine Grenzen gesetzt. Das gilt
sowohl für die Engelbilder der verschiedenen Völker und Zeiten
wie auch für die individuellen Gebilde im Übergangsraum beim
kleinen Kind oder in höherem Alter. Nicht nur die alten weltbildlichen Vorstellungen, die ihren Niederschlag finden in Engeldarstellungen verschiedener kunsthistorischer Epochen, unterscheiden sich sehr. Ein Maler des 20. Jahrhunderts wie Paul Klee kennt
den «armen» und den «wachsamen» Engel, den «weiblichen» und
den «noch häßlichen», aber auch den Erzengel der Geschichte, den
«Angelus Novus». Der Gestaltung und Verwendung von Engeln
sind keine Grenzen gesetzt. In der Tradition gibt es neben persönlichen Schutzengeln Völkerengel, neben kämpfenden Engeln auch
leuchtende, musizierende und lauschende, stürzende, verletzte und
gestorbene oder Begleitengel für die Reise und Verkündigungs-

engel, Todesengel, Racheengel, Kinderengel und Erzengel. Wir finden männliche, weibliche und androgyne Engel, Boten des Schreckens und der Freude, Propheten des Untergangs oder der Erlösung, Sanftmut oder Zorn verkörpernde Engel, solche, die den Menschen fremd sind, und solche, die wir als so etwas wie ihr «alter ego» ansehen können. Auch Menschen werden als Engel erlebt. Hierbei handelt es sich immer um Erfahrungen ganz punktueller Art. Die Möglichkeiten der Darstellung von Engeln und in gewisser Hinsicht die Engellehre insgesamt sind genauso wenig begrenzt wie die Phantasie.

Überall, wo Engel ins Spiel kommen, geschieht dies in einer besonderen Art von *kaum beschreibbarer Atmosphäre*. Engel eröffnen Räume für gute Erfahrungen, die wir uns nicht selber geben können. Wo immer wir von Engelerscheinungen in Gestalt von Phantasien, Vorstellungen, künstlerischen Schöpfungen und ungewöhnlichen Erlebnissen hören oder lesen, fällt etwas Doppeltes auf: Engel werden fast wie ein «*Besitz*» behandelt, den jemand ganz sicher hat, und zugleich ist es unendlich mühsam, diese Erfahrungen zu erklären. Immer wieder stellt sich die *Frage der Vermittelbarkeit* der Engelerfahrungen, und Karl Barth weist mit Recht auf die *Notwendigkeit «leisen Redens»* hin. Wer laut tönt, vertreibt oder zerstört die Engel. Dies kann in Gesprächen mit Gruppen, aber auch mit Einzelnen, in denen von Engeln die Rede ist, oft erfahren werden. Immer bleibt eine Scheu, zu direkt zu fragen, bleiben viele Fragen offen und Widersprüche ungelöst. Engel muß man erleben, man kann sie nicht erklären, man kann ihre Wirkung auch nur sehr bedingt vermitteln. In Gesprächen oder Abhandlungen über Engel wird häufig betont: Nur wer an Engel glaubt, vermag sie wahrzunehmen und zu erleben. In solchen Einstellungen und Überzeugungen schwingt immer ein Ausdruck des Vertrauens, eine sehr intensive Form des Glaubens mit. Und bisweilen wird in solchen Zusammenhängen auch die Beteiligung des ganzen Körpers zum Ausdruck gebracht. Erlebnisse mit Engeln haben offenbar etwas grundsätzlich Erfüllendes, den ganzen Menschen Betreffendes, das von ganz anderer Erlebnisqualität ist als jede Art von Triebbefriedigung.

Da in Engelerfahrungen immer innere und äußere Erfahrungen zusammenkommen, gehört irgendeine durch die Kultur- und Religionsgemeinschaft vermittelte Kenntnis von Engelmotiven oder Engelbildern dazu, damit solche Erfahrungen die Gestalt von

Engeln annehmen. Menschen, die mit solchen Motiven oder Bildern keinerlei Berührung haben, machen solche Erfahrungen auch, aber sie benennen sie anders. Ein Beispiel dafür ist die «Burgfrau», von der Margret Bechler in ihrem autobiographischen Buch, «Warten auf Antwort – Ein deutsches Schicksal», berichtet (siehe dazu S. 178f). Die «Burgfrau» erschien den Gefangenen in Situationen, in denen anderen Menschen Engel begegnen. Für jemanden, der nun allerdings eine Vorstellung von Engeln vermittelt bekommen hat, verdichtet sich eine solche, grundsätzlich erfüllende und Ganzheit und Zusammengehaltensein vermittelnde Erfahrung eher zur Engelerfahrung. Und auf diese Art wird dann zugleich eine *Ahnung von Gott* formuliert.

Dabei drücken Menschen in Engelerfahrungen einen bestimmten, sehr schutzbedürftigen Aspekt ihres Glaubens aus, der anders schwer oder gar nicht vermittelt werden kann. Das hängt offenbar damit zusammen, daß hier Erlebnisqualitäten im Spiel sind, die in der seelischen Entwicklung in die Phase des Übergangs von der vorsprachlichen zur sprachlichen Lebensbewältigung fallen. Im Engel drückt sich etwas zutiefst Persönliches aus, bei dieser oder jenem so wie bei keinem anderen Menschen sonst, etwas so Intimes, daß man auch von etwas «Heiligem» sprechen möchte. Ähnlich wie mit dem Engel verhält es sich mit dem Übergangsobjekt des Kleinkindes: Jeder Mensch hat sein eigenes Übergangsobjekt. Das Erscheinen eines Engels können wir uns verdeutlichen als das Gestaltfinden von etwas Diffusem, eigentlich nicht Benennbarem. Die Möglichkeit, ein solches Erlebnis als Engel zu erfahren, läßt etwas von der Wirklichkeit Gottes transparent werden.

Dem äußeren Übergangsobjekt entsprechen innere Bilder der Bewahrung. Daß diese Bilder wirken, steht allerdings nicht in unserer Macht. Auch die Erfahrung von Engeln ist unverfügbar. Sie kommt in einem geheimnisvollen Zusammenspiel von inneren Bildern und durch die Tradition von außen vorgegebenen Vorstellungen zustande. Engel gehören zum intimsten, persönlichsten Bereich des Glaubens eines Menschen, weil sie seine schutzbedürftigen Seiten unmittelbar berühren. Hier ist der Ort der Engel. Hier besteht auch in besonderer Weise die Notwendigkeit von Grenzsetzung und Grenzüberschreitung. Menschen kommen nicht an der Anstrengung vorbei, innere und äußere Realität zueinander in Beziehung zu setzen. Engel und Übergangsobjekte stellen einen Zwischenbereich zur Verfügung, der nicht in Frage gestellt werden muß, sondern vorübergehende Befreiung von dieser Anstrengung ermöglicht. Das Selbst des Menschen entfaltet sich in einem sensiblen Umfeld zwischen Schutz und Bedrohung, Sein und Vernichtung. Dies hat Donald W. Winnicott ausführlich geschildert. Die Bedeutung des Übergangsbereiches wird von ihm immer mit ihren beiden Seiten, der lebensfördernden und der lebensbedrohenden Seite gesehen. Auch Engelerfahrungen haben diese beiden Seiten. Ihre lebensbedrohende Seite wird meistens an den sogenannten «gestürzten» Engeln deutlich. Überwiegend aber stehen Engel für einen Raum, in dem jemand er selbst sein und bleiben kann. Dies wurde an dem oben ausgeführten Beispiel von Elie Wiesel besonders deutlich. Dabei kann diese Welt der Engel, der religiöse Übergangsraum, Erlebnismöglichkeiten sehr unterschiedlichen Ausmaßes und unterschiedlichster «Spielarten» eröffnen.

Übergangsobjekte oder -phänomene und Engel, die sich als religiöse Übergangsphänomene verstehen lassen, unterscheiden sich voneinander dadurch, daß sie auf etwas Verschiedenes hinweisen. Die einen beziehen sich auf die primäre Bezugsperson, die sie repräsentieren. Das gilt augenscheinlich für die Übergangsobjekte der Kindheit, aber grundsätzlich auch noch, obgleich verborgener, für die Übergangsphänomene des kulturellen Übergangsraumes der Erwachsenen. Auch sie leben von der Erlebnisqualität des frühkindlichen Übergangsraumes. Engel dagegen verweisen auf Gott. Ansonsten gibt es auffällige strukturelle Parallelen. In dem Kapitel über das Engelerleben von Kindern wurden sie bereits angedeutet:

1. Das *Paradox* der Engelerfahrung: Etwas «Vorgefundenes» wird in «Selbstgeschaffenes» verwandelt. Eine Erfahrung, die von außen kommt, wird zum «Engel». Dies ist möglich durch das Wirken innerer Bilder, die sich einer Tradition oder einer von außen vorgegebenen Vorstellung «bedienen».

2. Die *Verschränkung von Innen- und Außenwelt:* Engel repräsentieren die «spielerische» Seite der Theologie. Spiel ist nach Donald W. Winnicott weder ausschließlich eine Sache der inneren, psychischen Realität, noch nur eine Sache der äußeren Realität. Es findet statt in einer «Zwischenwelt», einem «Raum», der einen Zustand der Verschränkung von «Innen» und «Außen» in einer ganz eigenen Qualität verfügbar hält. Deshalb werden Engel

«wie aus einer anderen Welt» erlebt. Die Tatsache, daß es sich hier auch um einen Zwischenbereich zwischen dem Subjektiven und dem, was objektiv wahrgenommen wird, handelt, erklärt die Probleme der sprachlichen Vermittlung solcher Erlebnisse.

3. Die *schrittweise Begründung beziehungsweise der Zusammenhalt des Selbst:* Engel sind immer durch einen Rückbezug auf Gott geprägt wie Übergangsobjekte durch ihren Rückbezug auf die Mutter. Nur durch diese Garanten von Schutz und Geborgenheit, sowie Zusammenhalt und Ganzheit können Engel wie auch Übergangsobjekte ihren «Auftrag» erfüllen. Der durch sie garantierte «Raum» gewährleistet die Möglichkeit von Selbstwerdung, und zwar hier von religiöser Selbstwerdung. Menschen erfahren immer mehr, wer sie sind vor Gott. Menschen vergewissern sich in Engelerfahrungen der ganz persönlichen Wirklichkeit: «Ich bin diese ganz bestimmte, einmalige Person vor Gott.»

4. Der *lebensgeschichtlich bedingte Bedeutungswandel und das «Bleiben» im Hintergrund:* Übergangsobjekte verlieren in der Regel in dem Maße an Bedeutung, in dem ihr Beitrag zur Begründung des Selbst von kulturellen und religiösen Vorstellungen des Übergangsraumes übernommen wird. Sie verschwinden dann zunehmend in ein Nischendasein im hintersten Schrankwinkel, im Keller oder auf dem Boden. Nur weggeworfen werden sie normalerweise nicht! Gehen fraglose Sicherheiten durch schicksalhafte Einbrüche in die erworbenen Lebensgewohnheiten und -plausibilitäten und in die Zuverlässigkeit der Alltagsroutine plötzlich verloren, können die Übergangsobjekte sofort wieder Bedeutung gewinnen. (Hier erinnere ich an das oben erwähnte Beispiel des jungen Mannes aus Jugoslawien.) Mit Engeln verhält es sich ähnlich. Wir können sie verstehen wie «Hintergrundswesen», die lange im Verborgenen bleiben. Menschen können mit ihnen in dem Moment *neue Erfahrungen* machen, in dem innere und äußere Zerfallsprozesse nicht mehr ohne deren zusammenhaltende Hilfe bewältigt werden können. Wenn die Engel diesen «Dienst» erbracht haben, treten sie wieder in den Hintergrund, ohne bedeutungslos zu werden. Sie «erscheinen» und «gehen» zu ihrer Zeit. Deshalb werden sie auch weder vergessen noch betrauert, und sie «gehen» ohne Abschied, weil sie «bleiben». Insofern

verblaßt zwar einerseits ihre Bedeutung, andererseits bleibt sie aber gerade in dieser verborgenen Weise bestehen.

5. Ihre Bedeutung als *wirksam tragende, verinnerlichte Schutzsymbolik*: Übergangsobjekte der Kindheit können auch nach der grundsätzlichen Erweiterung des Übergangsraumes auf das gesamte kulturelle und religiöse Erleben wieder Bedeutung gewinnen. Sie bleiben wichtig, weil sie in ihrer tragenden, vom «Besitzer» verinnerlichten Schutzsymbolik Materialisierungen von guten Erfahrungen sind. Auf diese kann gegebenenfalls erneut – für den Zusammenhalt des Selbst und die Kontinuität des Selbsterlebens – «zurückgegriffen» werden. In ähnlicher Weise haben Engel Bedeutung durch ihre von vielen Menschen in unserem Kulturkreis verinnerlichte Schutzsymbolik, deren Garant in diesem Fall kein Mensch sein kann. Sie verweisen auf das prinzipiell Gute, das menschliches Leben bestimmt, auf den «Grund unseres Seins», der wirksam und zuverlässig erfahrbar ist durch jene Art von Schutz, den Menschen nur mit Gott in Verbindung bringen können.

6. Ihre *entlastende Funktion*: Übergangsobjekte und -phänomene helfen, innere und äußere Realität miteinander in Einklang zu bringen und bieten gleichzeitig Entlastung von dieser Aufgabe, da sie neben der inneren und der äußeren Realität eine Wirklichkeit ganz eigener Art repräsentieren, die in ihrer Wirkung auch wie ein *«Ruheplatz» der Seele* in Anspruch genommen werden kann. Wir finden diese Art von Entlastung auch in Engelerfahrungen. Typisch dafür ist, was Françoise Dolto über ihren Kindheitsengel berichtet (oben S. 17f.).

7. Ihr jeweils höchst *individueller Auftrag*: Dem sehr persönlichen Charakter von Übergangsobjekten sowie Engeln entspricht es, daß sie ganz individuelle Aufträge erfüllen. Bei Übergangsobjekten sind diese nicht zuletzt von der Altersstufe abhängig, in der sie gefunden, ausgewählt oder geschaffen und benutzt werden. Dabei können sich ihre Aufträge ändern. Ähnlich verhält es sich bei Engeln. Auch ihre Aufträge sind personen- und zeitabhängig. Engel sind keine «statischen Größen», vielmehr kommen in ihnen Erfahrungsbewegungen einer ganz bestimmten Zeit in einer unverwechselbaren, bestimmten Lebensgeschichte zum Ausdruck.

Das Zusammenspiel von Theologie und Selbstpsychologie in dem Versuch, die Bedeutung der Engel zu erhellen, wird uns zum Hinweis darauf, daß die Frage der Selbstfindung letzten Endes nur in Gott ihre Antwort findet. Theologie und Selbstpsychologie betrachten traditionellerweise Engel zwar aus unterschiedlichen Perspektiven. Am Abendgebet der beiden Geschwister in Engelbert Humperdincks Oper «Hänsel und Gretel» wird beispielhaft ganz deutlich, wie im Erleben von Menschen die Bedeutungen ineinander übergehen. Jeder Körperteil und jede zu bewältigende Aufgabe, die zusammen das Selbst begründen – also: rechte Hand, linke Hand, Kopf, Füße, bedeckt werden, geweckt werden, Weisung oder Orientierung erhalten –, bekommen einen Engel zugewiesen. Die Kinder, die vor dem Schlafengehen so beten, können sich ihrer Ganzheit und ihres Selbstseins in ihrer Phantasie getrost vergewissern. Versuchen wir diese Vorstellungen theoretisch zu formulieren, so zeigt sich, *daß wir ein und dasselbe Phänomen sowohl theologisch als auch psychologisch verstehen und benennen können.*

Engel haben im konkreten Glaubensvollzug die Bedeutung eines religiösen Übergangsobjekts, die so deutlich zu Tage tritt wie die Bedeutung der Übergangsobjekte im individuellen Vollzug der Selbstbegründung. Ihre Wirkung ist denen der Übergangsobjekte vergleichbar mit dem – allerdings wesentlichen – Unterschied, daß sie auf etwas anderes verweisen als diese. Wir können auch sagen: die Perspektive ist eine andere. Engel erschließen uns den Selbstwerdungsprozeß in seiner religiösen Dimension, Übergangsobjekte markieren jene Schnittstelle des Selbstwerdungsprozesses, die den Zugang zur Realität ermöglicht. Beide, Übergangsobjekte oder -phänomene und Engel, verweisen auf Individuelles wie Prinzipielles. Die Begründungsvoraussetzungen des Selbst haben eine geradeso prinzipielle Bedeutung wie die Begründungsvoraussetzungen der Beziehung zu Gott. Gleichzeitig bedingen beide, die Beziehung zur Mutter wie die zu Gott, das einzige wirklich Individuelle, das in gleicher Weise in der Relation zu Gott wie der zur Welt Gestalt gewinnt. Deshalb können wir auch vom «religiösen Selbst» oder «religiösen Selbstwerdungsprozeß» sprechen, wo dieser unter dem Aspekt der Beziehung zu Gott beschrieben und verstanden wird. Damit läßt sich sagen: Den *«religiösen Selbstwerdungsprozeß» begleiten die Engel.*

So stellt sich das Verhältnis Übergangsobjekt – Engel einerseits als Analogie dar. Andererseits wird aber deutlich, daß Engel dort «erscheinen», wo auch Übergangsobjekte Bedeutung gewinnen (können). Sie haben gleiche Begründungsvoraussetzungen. Sie verweisen im einen Fall auf Erfahrungen des Schutzes und Gehaltenseins durch die primäre Bezugsperson, im anderen Fall auf das Erleben von Ganzheit, Umfangen- und Gehaltensein im Glauben an Gott. In der den Übergangsobjekten und -phänomenen eigenen Art stellen Engel also die Einheit mit dem Ursprung des Menschen in Gott symbolisch wieder her. Das heißt: Engel bewirken, daß die Trennung zwischen Mensch und Gott nicht total ist. Sie besetzen den Zwischenbereich zwischen dem Subjektiven und dem, was objektiv wahrgenommen wird. Wie die Übergangsobjekte und -phänomene gewähren sie so etwas wie eine Kontinuität des Erlebens, die sich mit einer Flexibilität von «spielerischer» Leichtigkeit verbindet.

Bis jetzt war von der psychologischen und religiösen *Bedeutung* der Engel die Rede. Im Folgenden wenden wir uns ihrer *Gestalt* zu. Welche *Eigenschaften* machen Engel zu etwas Besonderem? Was hebt sie aus der Vielzahl sonstiger Übergangsobjekte und -phänomene heraus? Auffällig ist, daß Engel einerseits, mehr als andere Übergangserscheinungen, in besonderer Weise den Menschen gleichen, ihnen andererseits aber ganz bestimmte Qualitäten der Menschen fehlen. Und dann weisen sie noch bestimmte Eigenschaften auf, über die Menschen nicht verfügen, die aber menschliche Sehnsüchte repräsentieren. Zum einen sind Engel sozusagen zeitlos, ganz anders als Menschen, und sie sind auch nicht triebhaft. Andererseits werden sie überall als «geflügelte Götterboten», durchaus als menschenähnliche oder -gleiche Wesen dargestellt und umschrieben, die freilich, anders als wir Menschen, nicht der irdischen Schwerkraft verhaftet sind. In diesem Zusammenhang muß auch die Frage gestellt werden, wodurch sich Engel, die künstlerisch gestaltet sind, von solchen Engeln unterscheiden, die nicht verdinglicht sind, sondern im Erleben existieren. Dieser Unterschied entspricht dem zwischen Übergangsphänomenen und Übergangsobjekten. Den Fragen nach der Gestalt der Engel wird im folgenden Kapitel unter Hinzuziehung einer Arbeit von Helen I. Bachmann nachgegangen.

Es legt sich die Vermutung nahe, daß die Vorstellung von Engeln in die allerfrüheste Lebenszeit zurückführt, ich denke, in die Zeit, in der für den liegenden Säugling die Menschen nicht anders erscheinen konnten als bewegte, über seinem Blick schwebende

Gesichter. Vielleicht sind die körperlosen Puttendarstellungen ein Relikt dieser frühen Erfahrungen. Natürlich gibt es auch ganz erwachsene und «komplette» Engel, auch solche, die keine Flügel «brauchen». In der Apostelgeschichte (1, 10f.) begegnen den Jüngern zwei Engel mit dem Satz: «Was steht ihr da und schaut nach oben?» Wir können darin unter Umständen einen Hinweis sehen, daß diese Engel den Übergang zu einem sehr reifen Selbst repräsentieren, daß sie also den Menschen den Weg öffnen, wirklich auf der Erde zu stehen, ganz *bei sich* und *da* zu sein und auf den Blick «nach oben» zu verzichten.

Die Gestalt der Engel ist jenseits ihres archetypischen Charakters auch geschichtlich vermittelt. Engel werden – von ihrem Erscheinungsbild her – immer so wahrgenommen, wie sie uns im biographischen, gesellschaftlichen, kulturellen und religiösen Zusammenhang vertraut geworden sind. Dennoch bleibt in solchen Erfahrungen ein unverfügbarer, nicht reduzierbarer Bedeutungskern, der darauf hinweist, daß die Frage der Selbstfindung außerhalb unserer selbst, in Gott, ihre Antwort findet.

In Berichten über persönliche Engelerfahrungen von Menschen, in deren Leben Gott noch keine ihnen bewußte Bedeutung hatte, werden Engelerlebnisse als überraschend und Verwunderung auslösend beschrieben. Die Menschen selber nehmen in dem Geschehen eine eher passive Rolle ein. Ihnen geschieht etwas. In Berichten von Menschen, in deren Leben Gott aus verschiedensten Gründen bedeutungslos, für die er fern, abwesend oder nichtexistent geworden ist, werden Engel dagegen eher in einem persönlichen, kreativen Ringen aktiv angeeignet, erschaffen oder heraufbeschworen. *Engel sind in gleicher Weise Symbole der Trennung des Menschen von Gott wie der Verbindung zu ihm.*

4. Woher kommen die Engel?

> Es besteht ein Zusammenhang zwischen dem
> Ende des mythischen Weltbildes und der kaum
> zu fassenden Zielstrebigkeit, mit der die mündig
> gewordenen Menschen an ihren eigenen Flügeln
> bauen. Als die fliegenden Wesen aufhörten, das
> notwendige Zeichen der göttlichen Sphäre zu
> sein, wurde das Fliegen in die menschlichen Mög-
> lichkeiten einbezogen.
>
> Claus Westermann

In verschiedensten Zeiten und Kulturen haben Engel eine ähnliche
Gestalt. Diese Feststellung beinhaltet ein Geheimnis der Entstehung
und der Gestalt des Engelbildes. Es drängt sich die Frage nach den
Ursprüngen der typischen Engelvorstellung auf: Warum werden
diese Boten der Gottheit fast immer in Menschengestalt mit Flügeln
vorgestellt? Warum gehört die Unabhängigkeit von Raum und Zeit
zu ihrem ganz eigenen Wesen?

Solche im Unbewußten verankerten Vorstellungsformen, die
allen Menschen gemeinsam sind und die Wahrnehmung und das
Handeln der Individuen prägen, nennt die Psychologie «Archetypen». Eigentlich sind sie – in einer Formulierung von Siegfried
Rudolf Dunde – «Formen ohne Inhalt, die lediglich die Möglichkeit eines bestimmten Typs der Wahrnehmung und Handlung»
repräsentieren und zum kollektiven Erbe der Menschheit gehören.
Individuen haben also Anteil an den überindividuellen Archetypen.
Eine Betrachtung der Engel als Archetypen lenkt unseren Blick
von den innerpsychischen Vorgängen auf das Überindividuelle
und Prinzipielle. «Der Engel ist, tiefenpsychologisch gesprochen,
ein archetypisches Bild, ein Urbild, das etwas symbolisiert und
transzendiert, was nicht gegenständlich und kausal faßbar ist»,
stellt Brigitte Dorst fest. Dabei sei es wichtig, im Auge zu behalten,
daß jeder Archetyp als Faktor «einen an sich unendlichen Formbe-
reich möglicher Bilder» bestimme.

Der Versuch, Engel ähnlich zu verstehen wie Übergangsobjekte
und -phänomene, legt die Überlegung nahe, wir könnten, entwicklungspsychologisch betrachtet, dort nach «Spuren» des Ar-
chetyps «Engel» Ausschau halten, wo erstmals auch Übergangsphänomene Gestalt gewinnen. Das ist jene Phase, in der in einem

Prozeß von Loslösung und Wiederannäherung Übergangsphänomene ihre besondere biographische «Verankerung» finden. Hier
geht es also konkret um die Frage nach der «Entstehung» des inneren Bildes einer archetypischen Gestalt, wobei mit «Entstehung»
das erste Hervortreten dieses inneren Bildes innerhalb der individuellen Biographie gemeint sein soll. Ein solches Unternehmen
bedarf einer Betrachtungsweise, die die mögliche Verbildlichung
von Erlebnissen dieser speziellen Entwicklungsphase zum Gegenstand hat.

Helen I. Bachmann, die über Jahre ein Malatelier in Zürich leitete, hat in ihrem Buch «Malen als Lebensspur» festgestellt, daß
Kinder ein und derselben Altersstufe in ihren bildlichen Darstellungen jeweils sehr ähnliche Phänomene zum Ausdruck bringen. Dies
geschieht in so auffälliger Gleichförmigkeit, daß man annehmen
kann, die Kinder schöpften hier aus einem archetypischen Erfahrungsschatz die Gestalten, die Ausdruck ihres Selbstwerdungsprozesses sind. Da Beobachtungen von Helen I. Bachmann auch
Anlaß zu Mutmaßungen über die Entstehung von Engelbildern
geben, wird ihnen hier ein eigenes Kapitel gewidmet.

Helen I. Bachmann folgert aus ihren Beobachtungen, daß die
Bilder, die die Kinder malen, einem formalen Erfahrungsschatz
entstammen, der die Grundbedingungen der psychophysischen
Entwicklung menschlichen Seins bestimmt. Sie versucht, eine Ordnung in die Phänomene zu bringen, indem sie der Hypothese
folgt, daß sich der bildliche Ausdruck des Kindes phasenspezi-
fisch auf den Loslösungs- und Individuationsprozeß bezieht. Mit
ihren Beobachtungen stützt Helen I. Bachmann die These von
Margaret S. Mahler, das Kleinkind müsse sich nach seiner physischen Geburt die Grundbedingungen für seine «psychische Geburt» erst noch erwerben.

Helen I. Bachmann sammelte Beobachtungen an Kindern, die
in ihrem Malatelier malten, nicht irgendwelche Bilder, sondern
«spontan und eigenschöpferisch», «inspiriert von eigenem Erleben». Sie möchte die Kreativität der Kinder beim Malen freisetzen
«als Übung im Dienste der Persönlichkeitsbildung». Es geht also
in den Bildern «um den eigenen Ausdruck – das Formulieren der
Bilder, die jeder in sich trägt». Dieses sogenannte «freie Malen» –
keineswegs jedes Malen – ist für Helen I. Bachmann eine Möglichkeit der Selbst-Begegnung. Dazu sind spezielle Voraussetzungen
erforderlich, die denen ähnlich sind, die die persönliche Selbst-

Entwicklung fördern: «Die Elemente der kreativen Haltung sind also: Unvoreingenommenheit dem eigenen Tun gegenüber, Offenheit, intensive Hinwendung zum Tun, Sammlung, Bereitschaft, sich mit den technischen Gegebenheiten und Grenzen des vorhandenen Materials auseinanderzusetzen und zu begnügen, Vertiefung in ein sich entwickelndes Thema, Durchhalten der Ausgestaltung, flüssiges Einarbeiten hinzukommender Ideen und Bildelemente, selbstvergessenes, spielerisches Vorgehen, Durchhaltevermögen in kritischen Momenten oder die Fähigkeit, formal und inhaltlich ungelöste Situationen im Bild vorübergehend auszuhalten». Der/die Malende malt also nicht zu einem bestimmten Zweck oder für eine bestimmte Person, z. B. die Leiterin des Malateliers, sondern «allein für sich. Er selbst ist Sender und Empfänger der ausgedrückten Botschaften. Der Prozeß des Malens verwickelt ihn in einen Dialog, der das Unbewußte und das Bewußte miteinander konfrontiert. Und aus dieser Begegnung entwickelt sich die Gestalt des Bildes». Hierbei gibt es so etwas wie einen «harmonisierenden Kräfteausgleich zwischen außen und innen», wodurch der Ausdruck als Lebensäußerung eines Menschen an dessen Reifeprozessen Anteil hat. Das läßt sich sowohl menschheitsgeschichtlich wie auch im Blick auf die individuelle Biographie verstehen. Helen I. Bachmann geht also davon aus, daß frühere Entwicklungsschritte auf dem Wege solcher schöpferischen Aktivität in die eigene Persönlichkeit integriert werden. Es kommt im kreativen Prozeß zu einer Art Verdoppelung von Lernschritten, durch die eine erworbene Verhaltensstruktur ins Bewußtsein gelangt.

Sie erläutert diese Art von Verdoppelung beziehungsweise Aneignung von Verhaltensstrukturen an einem ausführlichen Beispiel. Dieses Beispiel nehme ich ausführlich auf, weil es Zusammenhänge nahelegt, die auch auf die Entstehung von Engelbildern verweisen: «Bei Kindern im Alter von vier bis sechs Jahren, deren bildnerische Gestaltung noch mitten in der Entwicklung begriffen ist, kommt es immer wieder vor (vorausgesetzt, daß Kinder frei gestalten dürfen), daß die dargestellten Figuren schweben, Männlein rotieren im Raum, hängen zwischen Himmel und Erde, als hätten sie das Gefühl ihrer vertikalen Ausrichtung noch nicht erfahren. Diese Figuren können offensichtlich noch nicht stehen. Das Erstaunliche dabei ist, daß die Kinder, die so etwas malen, zu dieser Zeit längst stehen und laufen können, ja bereits selbständig den Kindergarten besuchen.» Im Zusammenhang mit der Darstellung dieser schwebenden Menschen drängt sich der Gedanke an Engel wie von selbst auf. Helen I. Bachmann folgert aus ihren Beobachtungen: «Das Darstellen des Schwebens muß eine frühere Erfahrung betreffen, eine Stufe in ihrer Entwicklung, als sie wirklich noch rotierende Körper im Element des Flüssigen waren und sich im Mutterleib schwerelos drehen und wenden konnten.»

Dieses frühe Erleben im Mutterleib birgt für Kinder, wenn es ungestört verläuft, viel ursprüngliches Umfangensein und elementaren Schutz. Diese Erfahrungen legen einen Vergleich mit dem Erleben der Gottesbeziehung nahe. Kinder gestalten also in Darstellungen schwebender Menschen vermutlich vorbewußte Erinnerungen an den Zustand, der einst so erfahren wurde: ohne Boden unter den Füssen und dennoch sicher schwebend und umfangen zu sein. Wenn Kinder solche Bilder malen, machen sie aber auch bildliche Aussagen über ihren augenblicklichen seelischen Zustand: «Offensichtlich ist es notwendig, sich dieser Erfahrungen zu vergewissern, um sich des Jetztzustandes bewußt werden zu können. Was das Kind vor unendlich langer Zeit erlebte, ist in ihm noch wach, es drängt nach Reaktualisierung, um auf der Bildebene erneut erfahren zu werden. Durch die Verdoppelung in diesem schöpferischen Akt wird das Erleben verarbeitet. Wenn das Stehen auf diese Weise durch Darstellen ins Bewußtsein gekommen ist, dann hat man es wirklich zur Verfügung.» Die eigenschöpferische, bildliche Darstellung können wir also als einen persönlichen Aneignungsakt des Ist-Zustandes, der realen, konkreten Gegenwart verstehen. Der Rückgriff auf eine frühere Erlebnisform stabilisiert nach Helen I. Bachmann eine «Plattform», «auf der sich eine nächste Entwicklungsstufe aufbauen kann». Gerade dem Phänomen des Schwebens und Rotierens im Raum mißt sie eine große Bedeutung bei: «Diese Notwendigkeit der Verdoppelung von Erfahrungen kann man auch an anderen Phänomenen beobachten. Gerade was das Schweben oder Rotieren betrifft, weiß man ja, wie Kinder immer und immer wieder die Sensation des Schwindelgefühls herbeiführen, die für sie lustvoll sein muß, denn sie drehen sich minutenlang im Kreis. ... So muß das Kind auch die rotierenden Männlein immer wieder malen und das damit verbundene Leben auskosten. ... Erst wenn das Kind von dieser Erfahrung gesättigt und entspannt ist, wird es frei für das, was jetzt kommt: das Stehen auf eigenen Beinen.» Menschen werden dennoch erst dann, wenn sie genug in sich aufgenommen haben von einem Zustand, in dem sie sicher umfangen, unabhängig, frei von Raum und Zeit schweben und leben können, sie selbst. Diese Erfahrung wird für Grundsätzliches transparent: Auch der Glaube an Gott läßt sich als ein Zustand verstehen, in dem jemand sich sicher umfangen, unabhängig, frei und als er selbst erlebt.

Von der Betrachtung des Bildmaterials her, das Helen I. Bachmann zusammengetragen hat, legt sich im Hinblick auf Engelbilder der Schluß nahe, daß der Rückgriff auf Engel ein Doppeltes bedeutet. Einerseits haben wir es mit der Erinnerung an einen Zustand zu tun, der «engelgleich» war, insofern das Schweben im Raum den Normalzustand kennzeichnete. Andererseits bedeutet dieser Rückgriff eine Vergewisserung in der Gegenwart: «Ich stehe mit beiden Füßen auf der Erde. Ich habe mir die Realität angeeignet, ich bin ein eigener Mensch, ich habe ein Selbst.» Der innere Rückgriff auf einen Zustand, dessen Erleben sich auch so beschreiben läßt, als wären wir von Gott umgeben, ermöglicht erst das getrennte Selbst-Sein. Diesen Weg zum Selbst-Sein begleiten Engel. Mit diesen Überlegungen wird auch die Frage beantwortet, warum gerade Engel, also geflügelte, von der Wirkung der Schwerkraft entbundene, ansonsten menschengleiche Wesen in besonderer Weise die Symbolwelt des Selbstwerdungsprozesses markieren. In der Nähe von Engeln ist Mensch-Sein (= Selbst-Sein) wirklich aufgehoben. Die kreative Entwicklung unterliegt also einer Verzögerung. Das drei- bis vierjährige Kind kann auf seinen aktuellen Zustand noch gar nicht darstellend reagieren. Es muß sich erst auf einem neuen «Geburtsweg» die Fähigkeit zur schöpferischen Gestaltung seiner aktuellen Realität erwerben. Die Entwicklung der ersten drei bis vier Lebensjahre hat ein Kind erst kurz vor Beginn der Latenzzeit (7.–11. Lebensjahr) kreativ eingeholt.

In einem zusammenfassenden Überblick zeigt Helen I. Bachmann, wie es in zeitlicher Verschiebung einen unmittelbaren Zusammenhang zwischen den von Margret S. Mahler erforschten Stufen der Loslösung und Individuation und der Entwicklung der kindlichen Gestaltung gibt. Sie nennt das Konzept der Loslösung und Individuation von Margret S. Mahler ein Beziehungskonzept, das darauf aufbauende Schema der kognitiven und gestalterischen Entwicklungen ein Konzept des Selbst, «da dieses sich durch die Entwicklung der schöpferischen Gestaltungsfähigkeit verwirklicht». Zur Individuation beziehungsweise Selbstwerdung tritt also etwas hinzu: die *kreative Selbstvergewisserung*. Entwicklung heißt in diesem Zusammenhang nicht, daß bestimmte Themen in bestimmten kindlichen Lebensphasen erledigt würden. Entwicklung heißt vielmehr: Von einem bestimmten Zeitpunkt an stehen bestimmte Erlebnis- und Verhaltensmuster zur Verfügung. «Auch Erwachsene tauchen manchmal in den Zustand des Schwebens zurück und drücken dies in ihren Darstellungen aus. ... In diesem Prozeß der Rückwirkung, der ... tätigen Zwiesprache mit den inneren Bildern, lernt der Malende sich selbst kennen.» Daraus folgert sie, «daß in dem Augenblick, da die schöpferische Entwicklung beginnt, das Kind noch einmal das erste Stück des Individuationsweges geht. Zumindest bildet es die durchlaufenen Stufen gestaltend ab, was im Sinne einer Verdoppelung der Erfahrung zur Stabilisierung der Psyche beiträgt.» Das Kind erfährt hierbei etwas ganz Neues. Es beschäftigt sich zum erstenmal so explizit mit seinem Selbst, und es lernt, sich um sich selbst zu kümmern, wobei es die Erfahrung macht, daß es aus diesen «Rückzügen» gestärkt hervortritt. Die Notwendigkeit, aus der Vergangenheit stammendes und im Innern verborgenes Erleben immer wieder neu aufzuspüren, ist damit aber keineswegs abgeschlossen. Kinder sind den hier diskutierten frühen Stadien ihrer Existenz noch sehr nahe, Erwachsene dagegen müssen erst viele Erlebniskrusten durchstoßen, um wieder dorthin zu gelangen, wo die Existenz eine schwebende oder rotierende Gestalt hatte. Sie haben sich endgültiger als Kinder an den Zustand gewöhnt, den Gesetzen der Schwerkraft zu unterliegen.

Erwachsene Menschen könnten zu einer entsprechenden Symbolbildung gar nicht fähig sein, wenn sie diese «nicht physiologisch, sozusagen im Keim, vorerlebt» hätten. Diese erschließt sich Kindern im kreativen Entwicklungsprozeß, der mit scheinbar willkürlichem Kritzeln beginnt und nach und nach immer mehr Sinn entbirgt: «Wir beobachten beim kritzelnden Kind eine sich allmählich bemerkbar machende Tendenz zur Darstellung von Knäueln, die als Beginn der Entwicklung eines ersten psychophysischen Selbst verstanden werden kann. Es ist, als bilde das Kind in der Ausgeliefertheit an ein Bewegungssystem, von dem es geschüttelt, gedreht und in der Schwebe gehalten wird, ein Zentrum aus, das ihm allmählich erlaubt, selbst in seine Umwelt vorzudringen. ... vor allem lernt das Kind, das ja immer bewußter seine Zeichenbewegung mit den Augen begleitet, den Anfang einer Spur wiederzufinden.» So markiert Helen I. Bachmann folgende Stadien im kreativen Entwicklungsablauf: Rotieren – Schweben – Landen – Stehen.

Diese *schwebenden Wesen*, die ich als *Engel* identifiziere, symbolisieren den Weg der frühen Selbst-Entwicklung, wenn wir ihren Spuren folgen. Begegnen wir ihnen wieder, setzen wir sie erneut aus uns heraus. Am Ende ihrer Untersuchung greift Helen I. Bachmann Gedanken zur Symbolbildung auf, die wir auch von anderen Autoren kennen und die auch für die Entstehung von Engelbildern Bedeutung haben: «Eine Form wird zum Symbol, wenn sie Träger einer Bedeutung ist, die weit über den Gegenstand selbst hinausweist.» Symbole sind «die äußeren Gegenbilder zu dem, was wir im eigenen Inneren tragen. Was nun die inneren Bilder betrifft, so gehören sie zum Teil ... zum kollektiven Erbe des Menschen, zum Teil aber müssen sie, entwicklungspsychologisch gesehen, auch aufgebaut und erworben sein». Sie äußert die Vermutung, die Fähigkeit zur Symbolbildung hänge davon ab, «in welchem Maße das Kind in jeder Entwicklungsphase es selbst sein kann». Dabei betont auch sie, eine markante Station auf dem Weg zur Symbolbildung sei die Aneignung des Übergangsobjektes. «Die Phänomene der kindlichen bildlichen Gestaltung sind als Symbolbildungen zu verstehen. Ich habe sie als archetypische Symbole verstehen gelernt, denn sie gleichen einander bei allen Kindern derselben Altersstufe in erstaunlichem Maße.» So wird die Grundform beziehungsweise die formale Grundstruktur eines Bildes als archetypisch angesehen, – «die Geschichte, die es erzählt, ist die des Malenden».

Verstehen wir die *schwebenden Menschen des frühkindlichen Schaffensprozesses* als *Engelvorläufer*, so entschlüsseln sie ein Stück prinzipieller Geschichte. Diese geht in die Geschichte der Menschheit wie des Individuums ein. Jeder Engel ist anders, tritt anders auf und hat andere Bedeutungen. Neben der ganz individuellen Ausgestaltung haben Engel auch menschheitsgeschichtlich geprägte Merkmale. So ist es kein Zufall, daß beispielsweise in der Gegenwart, in der von den äußeren Lebensbedingungen her Selbst-Werdung in gewisser Hinsicht realisierbarer wird als dies in früheren Zeiten der Fall war, auch die Engel in der zeitgenössischen Kunst, Literatur, Dichtung und Theologie immer individuellere – wenn wir so wollen: selbst-geprägtere – Gestalt annehmen.

5. Krankhafte Engelerlebnisse

Aufrecht trägt deine Schulter die Last,
den rostig befestigten Flügel.
Liebst du das Schweben, oder möchtest du zügel-
los versinken in Tiefe und Nacht,
verstoßen, die von Dir bewacht
sein wollen und dich beständig erheben,
abschütteln den Himmel und leben
mit ausgebreiteten Armen?
Wer wird sich deiner erbarmen?

Steffi Glathe

Donald W. Winnicott hat in verschiedenen Zusammenhängen immer wieder darauf hingewiesen, daß Übergangsobjekte und -phänomene nach seinem Verständnis zur psychischen Gesundheit dazugehören. So schrieb er 1962 in einem Brief: «Ich denke, Sie werden aus meinem Papier über Übergangsobjekte und Übergangsphänomene geschlossen haben, daß ich fühle, wir müssen das Interesse des Kindes am Übergangsobjekt in unser Konzept von Normalität einbeziehen.» Aber nicht jeder *Gebrauch* von Übergangsobjekten ist normal. Und so klingt – übrigens in demselben Schreiben – die Möglichkeit von *Störungen* an: «Trotzdem könnten wir leicht zustimmen, daß im fehlenden Gebrauch solcher Übergangstechniken und auch in ihrem Gebrauch eine Abnormalität liegen kann. Es ist schwierig, herauszufinden, was unnormal ist, und ich denke, daß eine einfache Beobachtung des Kindes uns nicht alle Schlüssel bieten wird. Die Schlüssel müssen von einer Untersuchung der Mutter-Kind-Beziehung kommen, und diese muß die Verfassung der Mutter mit in Betracht ziehen.»

Dementsprechend deutet sich nicht immer, wenn von Engeln gesprochen wird, ein heilsamer innerer Bewahrungs- oder Reifungsprozeß an. Es gibt Beispiele des Umgangs mit Engeln, die eindeutig in den Bereich der Psychopathologie gehören. Wer sich im Dschungel der Engelliteratur und Engelberichte, aber auch der Angebote vermeintlich hilfreichen Umgangs mit Engeln zurechtfinden möchte, ist gut beraten, auch über solche pathologischen Umgangsweisen mit Engeln informiert zu sein.

Thomas H. Ogden hat dargelegt, wie im Bereich des Übergangsraumes Störungen auftreten können. Im Umgang beziehungsweise im Leben mit Engeln lassen sich die entsprechenden konflikt-trächtigen Strukturen wiederfinden. Thomas H. Ogden hat den Übergangsraum oder «potentiellen Raum», wie er ihn nennt, als einen Geisteszustand definiert, «der auf einer Anzahl dialektischer Beziehungen, zwischen Phantasie und Wirklichkeit, dem Ich und dem Nicht-Ich, dem Symbol und dem Symbolisierten etc. basiert, wobei jeder Pol in der Dialektik seinen Gegenpol schafft, formt und negiert». Er zeigt verschiedene Typen der Störung in der Fähigkeit, diesen dialektischen Prozeß zu schaffen oder zu gestalten, auf. Diese Störungstypen lassen sich im Umgang mit Engeln wiederfinden. Als Beispiele zur Erläuterung des Gemeinten werde ich hier Engel aus der zeitgenössischen Literatur heranziehen, weil die literarischen Beispiele die typischen Merkmale solcher Störungsmuster besonders markant herausstreichen und vor Augen führen.

a) Verlust der Realität

Die erste Störungsmöglichkeit finden wir, wenn das Zusammenspiel von Realität und Phantasie zugunsten einer *Eigenmächtigkeit der Phantasie* kollabiert. Die Phantasie wird dann sozusagen über-mächtig. Es gibt zwischen innerer und äußerer Realität keinen Übergangsraum mehr. Und damit gibt es auch keinen Raum mehr zwischen dem Symbolisierten und dem Symbol. Im Umgang mit Engeln ist dies der Fall, wenn Engel wie etwas ausschließlich in der äußeren Realität Vorgegebenes behandelt werden, statt wie eine Erfahrung von ganz eigener Qualität oder Wirklichkeit in einem ganz eigenen «Erfahrungsraum».

Wie ein solches übergangsraumloses Leben, in dem Phantasie für Realität genommen wird, immer absurdere Gestalt annehmen kann, wird plastisch und farbig deutlich in dem Roman «Der Besuch» von H. G. Wells. Das unerwartete, grotesk bis komisch, so-zialkritisch bis moralisch getönte Auftreten eines Engels erfreut sich großer Beliebtheit in der Literatur. H. G. Wells hat dieses Thema bis an alle Grenzen ausgelotet. Ein jagdlustiger, seltene Vögel sammelnder Vikar schießt mit seiner Flinte auf einen Engel, den er als ein besonders schönes Exemplar für seine Vogelsammlung begehrt. Der Abschuß bedeutet für den Engel den Eintritt in die Welt der Menschen. Er ist verletzt, seine Flügel sind nicht mehr einsatzfähig, und er lernt nun alles kennen, was das Leben der Menschen ausmacht und prägt und was es von der Welt der Engel so sehr unterscheidet. Er begegnet Schmerz und Hunger, erfährt, daß Menschen «irgendwann anfangen» und «irgendwann aufhören», also geboren werden und sterben. Er lernt auch das Wesen der Arbeit und ihre Qual kennen, die Notwendigkeit, daß Menschen ihren Lebensunterhalt verdienen müssen und die hiermit verbundenen sozialen Ungerechtigkeiten. Im Verlauf der Handlung wird immer deutlicher, wie unvereinbar das Wesen, die Unschuld und Güte, vielleicht auch Naivität des Engels mit den verschiedensten Vorurteilen der Menschen ist. Diese versuchen, jeder auf seine Art und fast alle unfähig, Außergewöhnliches zur Kenntnis zu nehmen, den Engel in ihr jeweiliges Weltbild einzuordnen. Die verschiedensten Benennungen und Beschimpfungen zwischen Landstreicher, entflohenem Irren, Homosexuellem kommen zustande. Zwei Welten stoßen aufeinander. «Ein Mensch!» sagt der Engel, «... ich bin tatsächlich im Land der Träume!» Kurz darauf reagiert der Vikar: «Das Land der Träume! Verzeihen Sie, ich behaupte, daß Sie gerade aus demselben gekommen sind!» Die erste Reaktion des Vikars auf den von ihm angeschossenen und dann auf die Erde gefallenen Engel ist gekennzeichnet durch totale Verwirrung und Ungläubigkeit: «Der Engel hatte ihn in eine mißliche Lage gebracht und lenkte ihn durch belangloses Schillern und ein heftiges Geflatter noch mehr vom Wesentlichen ab.»

«In diesem Augenblick fiel es dem Vikar überhaupt nicht ein, zu fragen, ob der Engel möglich sei oder nicht. Er akzeptierte ihn in der Verwirrung des Augenblicks, und das Unglück war geschehen.» «Engel habe ich immer als künstlerische Phantasiegebilde ... betrachtet», – so versucht er, die Situation zu bedenken; «... auf irgendeine unbegreifliche Weise bin ich aus meiner eigenen Welt in deine Welt hineingefallen», stellt der Engel, ebenso verwirrt angesichts der sich stellenden Situation, fest: «die Welt meiner Träume, die nun Wirklichkeit geworden ist!» – «Man wird fast zu der Annahme verleitet, daß es auf irgendeine sonderbare Weise sozusagen zwei Welten geben muß ...», versucht er, die Menschen zu verstehen. «Sie durchdringen einander, und jede hat ihre eigene Wirklichkeit. Das ist wahrlich ein köstlicher Traum!» Dann bemüht er sich, dem Vikar die Situation etwas genauer zu erläutern: «Es ist kein Traum – ich bin wirklich ein Engel von Fleisch und Blut».

Es wird deutlich, wie jeder der Menschen in dem Engel das sieht, was er zu sehen bereit oder in der Lage ist, beziehungsweise was er gerade braucht. Auch der Vikar ist trotz voller Überzeugung von dem wahrhaft engelhaften Wesen des Engels immer wieder durch die Reaktionen der dörflichen Bevölkerung hin- und hergerissen, nicht zuletzt dadurch, daß die Naivität des Engels in Gesellschaft auch ihn als seinen Gastgeber in peinliche Situationen bringt. Im Verlaufe eines auf makabre Weise von Mißverständnissen strotzenden Gesprächs sagt der Engel zu dem Dorfarzt: «Du wirst niemals wissen, wer ich bin. Deine Augen sind blind, deine Ohren taub, deine Seele verhärtet für all das, was wunderbar ist. Es hat keinen Sinn, wenn ich dir sage, daß ich in eure Welt gefallen bin.» Etwas später fügt er hinzu: «Du willst die Dinge von deinem Standpunkt sehen.» Crump, der Dorfarzt, stellt schließlich resigniert fest: «Phantastereien! Phantastereien. Wahn.»

Nach einer Woche Leben als Mensch in der Welt der Menschen reagiert der Engel voll Trauer, schluchzend und verzweifelt: «Diese Welt ... umklammert und erstickt mich. Meine Flügel schrumpfen ein und werden unbrauchbar. Schließlich werde ich nichts anderes als ein verkrüppelter Mensch sein. Ich werde altern, dem Schmerz verfallen und sterben ... mir ist so elend zumute und ich bin allein.»

Und ebenso resigniert klingt nach dieser Woche das Fazit des zermürbten Vikars: «Tatsache ist», so folgert er, «daß dies hier keine Welt für Engel ist.» Und so sieht es am Schluß auch der Engel selber. «Das ist wahrlich keine Welt für Engel! ... Es ist eine Welt des Krieges, des Schmerzes, eine Welt des Todes. Zorn erfüllt einen ... Ich, der ich Schmerz und Zorn nicht gekannt habe, stehe hier mit blutbefleckten Händen, ich bin gefallen. In diese Welt zu kommen, heißt fallen. Man muß hungern und dürsten und von großen Begierden gepeinigt werden. Man muß um einen Halt kämpfen, muß zornig sein, muß schlagen.»

Das Leben des Engels auf der Erde endet sehr bald wie das der Menschen: Er stirbt. Es passiert bei einem durch Leichtsinn des Vikars entfachten Feuer im Pfarrhaus. ... Der Vikar stirbt nur ungefähr ein Jahr danach an Gram. Er ist mit der Unvereinbarkeit beider Welten nicht fertig geworden. Immer wieder hatte er versucht, beide Welten nebeneinander zu sehen, aber es gelang ihm keine Vermittlung derselben.

Der Autor dieses Romans, H. G. Wells (1866–1946), gilt als einer der einflußreichsten englischsprachigen Schriftsteller des frühen zwanzigsten Jahrhunderts. In seinen Werken wiederholen sich nach William G. Niederland «bestimmte Themen, die mit seinem Leben und seiner persönlichen Entwicklung zu tun haben, und es fällt auf, daß er eigene negative Lebenserfahrungen auf die Menschheit als ganze und die ihr prophezeite Zukunft projiziert». Seine Mutter soll eine sehr religiöse, puritanische Frau gewesen sein. Die Bibel war die größte Kostbarkeit im Hause seiner Familie. Dies mag einer der Hintergründe dafür sein, daß H. G. Wells einen ganzen Roman dem Thema «Engel» widmete. Aber es gibt auch weitere biographische Hintergründe, die an andere Lebensläufe erinnern, in denen ebenfalls Engel einen hohen Symbolwert hatten.

Seine Schwester Fanny, der Liebling der Mutter, war früh gestorben. Nach dem Tod dieser einzigen Tochter wurde die Mutter schwermütig. Diese Frau blieb bis zum Ende ihres Lebens fromm, bedrückt und depressiv. Offensichtlich war das der Grund dafür, daß H. G. Wells als Kind nur wenig mütterliche Zuwendung bekam. Möglicherweise lag in der Frömmigkeit der Mutter die Verheißung einer anderen, besseren Welt. Auf jeden Fall zieht sich das Motiv der zwei Welten durch seine literarischen Schöpfungen. Da sein Vater nach einem Beinbruch dauerhaft erlahmte und H. G. Wells selber schon als Kind nach einem Beinbruch lange ans Bett gebunden war, finden wir auch das Motiv des Krüppels in seiner Biographie wieder.

Die Figur des Engels in diesem Roman führt krass an die Realität menschlichen Daseins heran, wobei diese nach dem Verlauf der Geschichte wegen der Unerträglichkeit des menschlichen Lebens offenbar die Gefahr der Spaltung in zwei Welten birgt. Hier ist der Engel kein Repräsentant einer Zwischenwelt, die Innenwelt und Außenwelt, Phantasie und Realität in ein dialogisches Verhältnis zueinander setzt. Dieser Engel steht nicht für einen Übergang, sondern für Spaltung. Sein Auftauchen zeigt in krasser, tragikkomischer Weise, daß sich die Realität und die Phantasiewelt des Protagonisten in dem Roman nicht zusammenbringen lassen. Insofern ist es konsequent, daß dieser Engel nicht etwa abdankt, nachdem er einen «Auftrag» erfüllt hat. Vielmehr endet er im wahrsten Sinne des Wortes als «gefallener Engel», verbrannt. Dieser Engel kann keine dialektische Beziehung zwischen Phantasie und Realität gewährleisten, er symbolisiert das komplette Auseinanderfallen beider Welten. Die Phantasie verselbständigt sich, der Engel wird als real der äußeren Welt zugehörig verstanden. So geht der Bezug zur Realität verloren.

b) *Verlust der Phantasie*

Das Zusammenspiel von Realität und Phantasie kann auch auf Kosten der Phantasie kollabieren. Die Realität wird dann defensiv eingesetzt gegen die Phantasie. Der *Verlust der Phantasie* bedeutet auch den Verlust von Engeln. Wie erschreckend eine solche Welt des Nur-Faktischen erlebt werden kann, macht ein Satz aus Ilse Aichingers Erzählung «Engel in der Nacht», die im 7. Kapitel vorgestellt wird, deutlich. Dort heißt es: «Besser keine Welt als eine ohne Engel».

Von der Erinnerung an eine zerbrochene Zwischenwelt und von der Kälte der übriggebliebenen Realität handelt beispielsweise eine futuristische Erzählung Margot Schroeders. Ganz ungewöhnlich gibt sie der Engelfigur, die im Mittelpunkt des Geschehens steht, weibliches Geschlecht. Die Erzählung trägt dementsprechend die Überschrift «Die Engel». Sie spielt in der Zukunft, einer Zeit, die durch Technik und Computer viele «Erwerbsgeminderte» geschaffen hat, in der Papier nur noch im Papiermuseum zu betrachten ist, Bäume durch Eisenbäume ersetzt wurden, Männer sich in ihre Wohnungen verzogen haben und «das einseitige Frauenbild im Gesamtbild der weltmännischen Stadtwüste alarmierend» ist. In dieser Welt sind Engel «der letzte Schrei». Auf jeder Grabstätte steht eine (!) Engel. Ein bizarres Rollenkaleidoskop wird bewegt. «Ich fand eine Stellung als Engel. In einer gesellschaftskritischen Sendung wurde offengelegt, daß ab und zu die steinernen Engel auf den Konzernfriedhöfen durch Unwetterkatastrophen entsockelt werden. Die Nachfrage übersteigt schon jetzt das Angebot. Ein neuer Beruf wurde kreiert. Die lebende Engel ist nicht nur ein Ersatz für Skulpturen, sondern als heimliche Beichtmutter die moderne Seelsorge schlechthin. ... Einige Schwestern waren gegen einen Engelposten. Immerhin war die Frau Jahrhunderte hindurch entweder ein Engel oder eine Hure gewesen, dazwischen war sie nichts, nicht einmal ein Mensch. Ich mußte beweisen, daß sich das Engelbewußtsein auf eine seltsame Weise geändert hat.»

Ein unmittelbarer Zusammenhang dieses bizarren Engelerlebens mit der Mutter wird hergestellt. Beim Personalchef stellt sich die Frau in «morschem, fast schon gelbsüchtigem Tuch» vor: «Ich kalkulierte, daß von den Müttern Ererbtes am besten ankommen müßte. Ich hatte richtig gedacht. Der Friedhofsmanager war so entzückt von meinem zerschlissenen Gewand, daß er sogar ehrfürchtig die Flicken auf dem Laken abküßte und flüsterte: ‹Meine Mutter war zwar nichts als eine Frau, aber sie leitete bereits die höchste Stufe der Menschheit ein: die Engel›».

In der Ausübung ihrer (Un-)Tätigkeit als Engel findet sie es außerordentlich faszinierend, für Männer nicht mehr «jenes Engelchen» zu sein, «welches mit seinem Opferwillen von Männerseele zu Männerseele flatterte». Am Ende steht ein eigenes Selbst-Bewußtsein, erworben im Engel-Sein von Berufswegen: «Schön ist es auf meinem Sockel. ... Ich bin zufrieden. Ich träume nicht mehr von einer besseren Welt, weil es morgen noch später ist als heute. Ablenkungsmanöver, auch Utopien genannt, waren schon immer das Vorspiel zu Eroberungskriegen. Auf dem Feld der männlichen Ehre stehe ich fest in meiner Gegenwart und genieße hoffnungslos mich selbst.»

In dieser Erzählung müssen Menschen selber Engel ersetzen oder sich an solche aus Stein wenden. Es ist die Rede von einem *hoffnungslosen* Selbst-Sein, vom Verlust der Träume. «Der Himmel ist grau über der weißgekalkten Friedhofserde.» Eine derartig engellose Welt ist auch eine Welt der verlorengegangenen Beziehungen. Nicht zuletzt sind die Verbindungen zwischen Männern und Frauen zerbrochen in zwei Welten, hier konkret die der Wohnungen und die der Straßen. Es fällt schwer, Engel dennoch als letzte, verblassende Hoffnungsträger zu entziffern: «So wurde der Engel, seit einigen Jahren die Engel, zum Lieblingsobjekt der Natursuchenden.» Hier gibt es nur noch die Erinnerungsspuren an Engel als Hoffnungsträger. Engel sind hier in einem doppelten Sinne der «letzte Schrei!»

c) Fetischismus

Manchmal wird die Dialektik von Realität und Phantasie eingeschränkt beziehungsweise zum Stillstand gebracht, indem *Realität und Phantasie voneinander getrennt* werden. In diesen Zusammenhang gehört jede Art fetischistischen Umgangs mit Engeln. Der Begriff sei hier kurz erläutert. Bei Naturvölkern versteht man unter einem Fetisch einen Gegenstand religiöser Verehrung, dem übernatürliche Kräfte zugeschrieben werden. In der Psychologie bezeichnet Fetischismus die geschlechtliche Erregung durch einen Gegenstand, der einer Person des anderen Geschlechts gehört oder mit ihr in Verbindung gebracht wird. Nach Vamik D. Volkan u.a.

kann der Fetisch als Variation des Themas Übergangsobjekt verstanden werden. Er hilft die Illusion aufrechtzuerhalten, jemand könne die Kontrolle über seine psychische Distanz von äußeren Objekten behalten und zugleich eine Verbindung zu ihnen herstellen.

Auch zur *Fetischisierung* von Engeln sei ein Beispiel aus der Literatur benannt. In dem Roman «Schau heimwärts Engel» von Thomas Wolfe erfahren wir, welche Bedeutung ein steinerner Engel für einen Menschen, hier den alternden Gant, hatte, bevor er ihn für teures Geld verkaufte. Nachdem er den Engel nicht mehr besaß, spürte er, «daß er allein war und langsam durch die Welt des Augenscheins dem Tod entgegenglitt ...». «Kein Mensch wußte, wie er an dem Engel hing. Vor den Leuten nannte er ihn seinen ‹weißen Elephanten› und verwünschte den Tag, an dem er ihn gekauft hatte. Sechs Jahre nun stand der Engel auf der Veranda und verwitterte in Wind und Regen. Nun war er braun und fleckig. Aber er war aus Carrara in Italien gekommen. Und hielt anmutig eine steinerne Lilie in der Hand. Die andere Hand hatte er segnend erhoben. Und die ganze Gestalt schwebte plump auf dem Zehenballen des einen schwindsüchtigen Fußes. Auf dem dummen weißen Gesicht lag ein Ausdruck sanft lächelnder, steinerner Idiotie. Wenn ihn gerade die Wut packte, dann schimpfte Gant oft furchtbar mit dem Engel: ‹Du hast mich ins Elend gestürzt, ruiniert hast du mich, du bist der Fluch, der auf meinem schwindenden Leben lastet. Und nun willst du mich erdrücken, entsetzlicher Quälgeist, du schreckliches, du grausames, du unnatürliches Ungeheuer!› Dann wieder, wenn er betrunken war, fiel er vor dem Engel auf die Knie, nannte ihn Cynthia und flehte ihn um Liebe, um Vergebung, um seinen Segen an, bezeichnete sich selbst als unartigen, aber reumütigen Jungen. Gelächter schallte vom Square.»

Wie ein Fetisch wird dieser Engel nach den eigenen Allmachts- und Ohnmachtsgefühlen gestaltet. Dies ist kein lebenseröffnender Engel, sondern einer, der Leben einengt, da er keine Station auf einem Weg oder in einem Prozeß markiert, sondern nur *innere Stagnation.*

II. Engel in der Dichtung

Schriftsteller und Dichter haben den Engeln – schon lange vor dem jüngsten Engel-Boom am Ende dieses Jahrhunderts – große Aufmerksamkeit gewidmet. Das überrascht nicht, bedarf es doch angesichts eines so schwer benennbaren Phänomens auf der Grenze zur Sprachlosigkeit besonderer Sprachfähigkeit, um Engelerfahrungen zum Ausdruck zu bringen. Ein Blick in diese poetischen Texte zeigt, wie differenziert und sensibel Dichterinnen und Dichter Situationen, in denen Engel Bedeutung gewinnen, ebenso wie die Frage nach ihrem Wesen, zu vergegenwärtigen verstehen.

Es kann hier nur paradigmatisch – nach inhaltlichen, nicht chronologischen Auswahlkriterien – ein Einblick in die Engel-Poesie gegeben werden. Sie hilft jedem, der um das Verständnis von Engeln ringt, deren Wirklichkeit auf eine ganz andere Art zu erschließen, als es z.B. psychologische – oder theologische – Überlegungen allein können. Engel-Poesie ermöglicht immer auch ein gutes Stück Identifikation und bisweilen das Wiederentdecken eigener Erfahrungen. Um Texte, wie sie hier vorgestellt werden sollen, umfassend zu verstehen, bedarf es der eigenen Lektüre, die ich den Leserinnen und Lesern empfehle. Trotzdem habe ich versucht, meine Ausführungen so weit durch Zitate der zur Diskussion stehenden Werke zu belegen, daß ein Verständnis des Grundanliegens eines Textes dadurch auf jeden Fall möglich sein sollte.

Es sind keineswegs bürgerlich-süßliche Engelwelten, mit denen uns Schriftsteller und Dichter dieses Jahrhunderts konfrontieren. Mehr als andere zeigen sie überdeutlich, daß Engel aus fragilen, zerbrochenen oder bedrohten Welten erstehen, daß sie eine Welt der Schatten und Finsternis verwandeln und sich vor allem als Symbole des Selbst und des Überlebens oder der Überlebenskraft deuten lassen. Dies haben die Dichter weithin besser verstanden als die Theologie. Walter Jens spricht angesichts literarischer Texte von Ilse Aichinger, die hier auch zur Sprache kommen sollen, vom «Scherbengericht der Poesie» über das Dritte Reich. – Hier sollen vier Beispiele vorgestellt werden:

a) *Peter Härtlings Gedichtzyklus «Engel – gibt's die?»*
Peter Härtling findet Formulierungen für den schwer benennbaren, vorsprachlichen Charakter von Engelerfahrungen, für
den Zusammenhang zwischen Selbstwerdung und Engelerfahrung, aber auch für den «Trend» zu «Engeln ohne Auftrag», also
den Verlust des religiösen Verweisungshintergrundes der Engel.
Er findet Worte für Engel als Phänomene, die die «Ewigkeit in
der Zeit» repräsentieren, sowie für ihren besonderen «Auftrag»
am Anfang und am Ende des Lebens. Der übergangsobjektähnliche Charakter von Engeln läßt sich in diesem Gedichtzyklus
besonders eindrücklich nachweisen.

b) *Ilse Aichingers Erzählungen «Engel in der Nacht» und «Der Engel»*
Eine Gegenüberstellung beider Erzählungen Ilse Aichingers
zeugt von dem Bedeutungsverlust des Symbols Engel im Laufe
einer individuellen Biographie. Sowohl das Entstehen einer
kindlichen Übergangswelt und deren vorübergehende Überlebenskraft, als auch das Zerbrechen derselben an kindlicher
Überforderung durch die kriegsbedingte und kindheitzerstören-
de Realität des Dritten Reiches werden mit kaum zu überbieten-
der Sprachbrillanz und -schärfe in der Erzählung «Engel in der
Nacht» vergegenwärtigt. Als Phantasie und Realität auseinander-
brechen, gestalten sich die Engel zu tragischen Relikten einer
Welt, in der Kinder zu früh erwachsen werden mußten. So
handelt die zweite hier vorgestellte Erzählung Ilse Aichingers,
«Der Engel», vom «Zerfall und Tod eines Symbols», das bedeutungslos geworden ist: «Die Nachrichten sind vergeben».

c) *Der Gedichtzyklus des spanischen Dichters Rafael Alberti «Über die
Engel»*
Dieser Zyklus entstammt nach eigenen Worten des Dichters einem Zustand, den er als «Todeskampf» bezeichnet. Nach Ver-
lusten in allen Lebensbereichen sei er «im Innersten zerbrochen»
gewesen. So steht die Erfahrung des «Todes im Leben» im
Mittelpunkt der von ihm angeschnittenen Themenkreise. Eine
stürmische innere Auseinandersetzung mit Selbstfragmenten
erlangt Sprache in einem der christlichen Tradition zwar ab-
gerungenen, aber kaum noch verwandten Engelschwarm. Am
Ende dieses Gedichtzyklus findet der Dichter Worte für eine
mit Hilfe der Engelvorstellung durchgestandene, schwere per-

sönliche Adoleszenzkrise, die in gewachsener persönlicher, religiöser und politischer Freiheit mündet. Ein verletzter Engel bleibt zurück.

d) Engel in Rainer Maria Rilkes «Duineser Elegien»

Die Duineser Elegien thematisieren das Ineinandergehen eines zweifachen Verwandlungsprozesses. Mensch und Engel verwandeln sich ebenso wie die Beziehung beider zueinander. Der Engel begleitet den Selbstwerdungsprozeß des Menschen, an dessen Ende die Liebe zur Erde steht, wir könnten auch sagen: die Bejahung des Menschseins in allen seinen Möglichkeiten und Grenzen. Aber auch der Engel ist am Ende der Elegien ein anderer als am Anfang. Von Elegie zu Elegie lassen sich die Verwandlungsprozesse auf unterschiedlichen Ebenen nachvollziehen.

6. Peter Härtlings Gedichtzyklus «Engel – gibt´s die?»

> Denk, daß ich fliege, bittet er.
> Peter Härtling

Bereits mehrfach ist angeklungen, daß es dort, wo von Engeln die Rede ist, es um nicht oder schwer benennbare Erfahrungen geht. Engel stehen für Erlebnisse, angesichts derer das Finden einer Sprache von existentieller Bedeutung ist. In Peter Härtlings Gedichtzyklus «Engel – gibt's die?», den er als Gemeinschaftsarbeit mit dem Maler Arnulf Rainer veröffentlichte, sind Engel «lautlos» da,

> *zwischen zwei Schwingen,*
> *genügend leicht*
> *für Gegenwind*
> *und Liebe.*

Sie sind «auf Zeit unvergänglich», bis sie zurückgerufen werden von einem «größeren Gedächtnis». Geboren werden sie «ohne Schrecken». Hier stellen Engel so etwas dar wie Phänomene, die die Ewigkeit in der Zeit repräsentieren, die auftauchen ohne Schrecken, also nie in Gestalt eines Übergriffs, sondern als ein harmonisch Hinzukommendes, losgelöst von der Schwerkraft der Erde, getragen von «Gegenwind» und «Liebe». Sie stehen für eine Kommunikation jenseits herkömmlicher Sprache.

> *Sie reden*
> *die Luft*
> *zwischen den Wörtern.*

Sie reden also eigentlich *atmosphärisch* im wahrsten Sinne des Wortes. Dies geschieht zeitlos: «Sie haben ihre Geschichte vergessen». Auf der Grenze zwischen Traum und Wirklichkeit finden sie ihr Leben, und zwar nur dort:

> *Nur*
> *wo die Träume dicht werden,*
> *sich*
> *mit dem Leben vergleichen,*

> *wo Landschaften*
> *sich wiederholen*
> *und keine Erinnerung*
> *mehr brauchen,*
> *gewinnen sie,*
> *was wir verlieren: Leben.*

Engel beginnen wie «eine Handvoll» «eben geworfener» Sterne, «ohne Ziel», zweckfrei. Wo sie beginnen, sind «erste Gedanken von sanftem Licht» und

> *vielleicht schon,*
> *ohne Ufer,*
> *ein Meer.*

Und, beginnend, «atmen sie ein». Das klingt, als entstünden Engel wie nebenher bei einer Geburt; Licht, Meer, versuchsweises Ein-atmen wird wahrgenommen. Wie am Anfang des Lebens, wo noch keine Sprache der Wörter verfügbar ist, so tauchen Engel auch am Ende des Lebens auf, wenn die Wörter wieder verschwinden. Das ist die Zeit, von der es in dem Gedicht «Aus dem Gedächtnis» heißt:

> *Die Jahre haben*
> *mein Gedächtnis ausgerieben.*

Wo das gilt, bekommt der vorsprachliche Bereich, das vorsprach-liche Erleben, wieder seine frühere umfassende Bedeutung:

> *Aber*
> *wunderbar wachsen*
> *die namenlosen Blumen,*
> *und jener Engel,*
> *der mich aufhält*
> *vorm Weggang,*
> *verschweigt heiter*
> *seinen Auftrag.*

Wird der Versuch unternommen, über Engel zu sprechen, mit ihnen Erlebtes in Worte zu fassen, so geschieht dies eher in einer Ahnung von Sprache – «du noch ungetauftes Wort» – als in festlegenden

Worten. Engel entstehen immer in einer doppelten Bewegung: Etwas wird von außen an Menschen herangetragen, aber eine Engelbegegnung bedarf zugleich einer Bewegung aus dem Inneren des Menschen heraus, hin zu dem, was von außen an ihn herankommt. Menschen können Engel, als durch die Tradition vorgegebene Gestalten, nur aus ihrem Inneren heraus «besetzen», und nur durch diesen Besetzungsvorgang werden aus «Engeln» wirklich Engel. Dieses Zusammenkommen zweier Bewegungen von außen und von innen wird besonders deutlich in Peter Härtlings Gedicht «Wie Engeln Flügel wachsen»:

> *Haben alle Engel Flügel?*
> *frage ich*
> *meinen Engel.*
> *Ja, antwortet er.*
> *Doch nicht alle*
> *können fliegen.*
> *Und wieso nicht,*
> *frage ich.*
> *Denk, daß ich*
> *fliege,*
> *bittet er.*

Engel sind nichts Unabhängiges von dem Inneren des Menschen. Erst der Mensch bewirkt, daß sie fliegen. Engel verbinden sich immer mit Formulierungen, die den Weg des ganz eigenen Selbst eines Menschen nachzeichnen, wir könnten auch sagen, den Weg des «wahren Selbst.» Haben Menschen eine Biographie hinter sich, die sie gezwungen hat, so etwas wie ein «falsches Selbst» zu entwickeln, so können wir auch vom «verborgenen» oder «geheimen Selbst» sprechen. Im Zusammenhang mit Engeln klingt dies sehr unterschiedlich. In dem Gedicht «Engelsgeschichte» heißt es:

> *Du,*
> *meine andere Geschichte,*
> *die ihre Schrift*
> *nicht kennt,*
> *nur ihre Zeilen.*
> *Ich wollte,*
> *du könntest mich reden*
> *in deiner Sprache,*

Engel,
den ich liebte
ohne Aussicht,
du,
meine wortlose Geschichte.

Deutlicher kann man über das Nebeneinanderherlaufen von
«wahrem Selbst» oder «eigenem Selbst» und «fremdem Selbst»
nicht sprechen, wenn wir voraussetzen, daß sich hierüber in nachvollziehbarer Weise immer nur metaphorisch reden läßt.

   Es gibt eine Lebenszeit, in der die Realität noch nicht als Realität wahrgenommen wird. Das Leben besteht da aus Spiel, Phantasie, Traum. Es ist die Zeit, bevor jemand «aus dem Kind schlüpft»,
wie es in dem Gedicht «Kinderengel» ausgedrückt wird. Um sich
die Realität anzueignen, muß die Phantasiewelt zerstört werden.
So wie sie ganz wesentlich durch das Dasein der Engel geprägt
war, helfen die Engel nun, eben diese Welt zu verlassen.

... bevor ich
aus dem Kind schlüpfte,
um mit eurer Hilfe,
Engel,
meine Stadt zu zerstören,
spielte ich,
sprang von Türmen und
Dächern,
rollte Wege ein,
erzählte mir
einen Vater,
eine Mutter,
und verließ sie,
verließ euch,
ihr Engel.

Aber was bleibt, ist die Frage nach einem Ort für Engel. Und das
ist nicht der Ort der hart an uns herantretenden Realität:

Weißt du
eine Gegend
für Engel?

Flüsse in der Luft,
Silbenstraßen und Wörterwege,
gespiegelte Städte,
Spaziergänger
ohne Halt
und atmende Ebenen,
in denen Liebende sich
versammeln,
Früchte für das Gedächtnis
der Engel.

Was immer es gibt, das gibt es in der Gegend der Engel. Wo immer es etwas gibt, was es nicht gibt, da gibt es auch Engel. Gegenwärtig stoßen wir häufiger auf Formulierungen, die Engeln «ohne Auftrag» gelten. Immer scheint mir hier der Konflikt ausgedrückt zu sein zwischen einem immensen Bedürfnis nach religiösem Eingebundensein und dem Fehlen einer der Brüchigkeit und Fragilität der Zeit angemessenen religiösen Rückversicherungsmöglichkeit. «Ohne Auftrag» heißt auch eines der Gedichte von Peter Härtling, in dem er sich offensichtlich mit dem Verschwinden der Traditionsengel auseinandersetzt, ohne auf die Notwendigkeit von Engeln verzichten zu wollen. Daß er diesen Engelzyklus geschaffen hat, zeigt das am deutlichsten.

Ohne Auftrag.

Keiner von euch
weiß mehr den Auftrag,
kennt mehr
den Weg zwischen
Himmel und Erde,
die rettenden Sätze,
die Verkündigung.
Wer von euch
wagt noch zu sprechen –
die Hirten verkamen
wie die Herrscher.
Grau bedecken sie
die Erde, die
sie nicht mehr will.

Weihnachten hat für diesen Dichter seine Zeit gehabt und damit auch die Heerscharen über dem Stall zu Bethlehem. Der biblische Weihnachtstext, auf den hier angespielt wird, trägt nicht mehr angesichts der Erfahrung von Bedrohung in der Gegenwart. Was bleibt, sind die Engel, aber ohne Auftrag. Der Weg zwischen Himmel und Erde, die rettenden Sätze, die Verkündigung sind abhanden gekommen. Hirten wie Herrscher sind verkommen, grau und nicht mehr erwünscht. So sind die Engel nun der Erinnerung anheimgestellt, «Fußspuren» sind von ihnen geblieben auf dem Wasser, in dem sich lichtlos untergehendes Land spiegelt. Auch der Name dieses Landes ist vergessen. Die Engel hatten ihn noch gewußt. Wer sie selber gewesen sind, haben sie vergessen. Den Engeln ist ihre «Identität» abhanden gekommen. Das Land, dem sie seinen Namen bewahrt hatten, also so etwas wie ein Engelland, ist mit ihnen verschwunden. An ihre Stelle sind die «Marktschreier» getreten, «die uns den Tag erläutern und als billig verkaufen». In einem Schlußgedicht werden die Engel angefleht, die «Reste» einzusammeln. Und da der Dichter betont, daß nichts vom Anfang blieb, können wir schließen, daß es um die Reste der Anfangs- oder Ursprungssituation geht. Sie soll nicht ganz verlorengehen. Die Engel sollen wieder in ihren Bereich gehen, zurück dorthin, «wo wir nicht sind». Dann, so können wir schließen, wären Engelwelt und Menschenwelt ganz voneinander getrennt. Dahinter verbirgt sich die wohl trügerische Hoffnung, eines ohne das andere könne überleben, oder aber: beide Welten könnten erneut in einen Dialog geraten.

An dieser Stelle erfolgt eine umgekehrte Bewegung. Die Engel werden wieder in Verbindung gebracht mit einer Ausrichtung nach vorn, die Zukunft und einladenden Charakter für die Menschen hat. «Fliegt voraus», wird an die Engel appelliert. «Wir kommen nach, schwer von uns». Nur ein Wissen um die Himmel der Engel ist den Menschen geblieben, aber diese haben nichts hinterlassen. «... wo werden wir sie finden?» «Ahnungslos erklären wir uns eure Himmel». Und das klingt, als müßten sich die Menschen nun, um sich Zukunft zu bewahren, den Engeln anpassen.

Wir sollten
euch
folgen.

Mit einem Mal leichter,
ohne Wissen
und Ziel».

So weit ein kurzer Durchgang durch den Engelzyklus Peter Härtlings. Es zeigt sich einmal mehr, daß es viele Spielarten der Beziehung zwischen Mensch und Engel gibt. Bisweilen fallen die Welt der Menschen und die Welt der Engel ganz auseinander. Am Ende dieses Zyklus ist diese Gefahr angedeutet. Hilfreich, schützend und bewahrend oder in einem progressiven Sinne weiterführend und reifermachend, sind diejenigen Engel, deren Welt sich mit der der Menschen ganz verschränkt, das heißt die Engel, denen gleichzeitig die Wahrung der Grenze zwischen Phantasie und Realität gelingt und die trotzdem in der Lage sind, diese Grenze immer wieder spielerisch zu überschreiten oder «dialogisch» zu gestalten.

7. Ilse Aichingers Erzählungen «Engel in der Nacht» und «Der Engel»

«... besser keine Welt als eine ohne Engel!»
Ilse Aichinger

Zu den herausragenden literarischen Texten der Gegenwart über Engel gehören zwei Erzählungen von Ilse Aichinger, die sich explizit mit dem Thema «Engel» auseinandersetzen: 1.) «Engel in der Nacht», eine Erzählung, die 1949 zum erstenmal veröffentlicht wurde und offenbar im Fahrwasser von Ilse Aichingers Roman «Die größere Hoffnung» zeitgleich entstand. Dieser dichte und stark verschlüsselte Text soll im Mittelpunkt dieses Kapitels stehen. 2.) Eine spätere Erzählung Ilse Aichingers aus dem Jahr 1965, «Der Engel», möchte ich der ersten am Ende des vorliegenden Kapitels gegenüberstellen. Sie zeigt, wie sich der Bedeutungsgehalt des Symbols «Engel» für die Autorin im Laufe der Zeit geändert hat.

Über Texte Ilse Aichingers läßt sich nicht hinwegeilen. Das Eigentliche ihrer Aussagen klingt unterhalb der Worte an, liegt im Schweigen dazwischen und in der Atmosphäre, die die Autorin in ihren Leserinnen und Lesern erstehen läßt. Daß Ilse Aichinger im wesentlichen über Grenzen und Grenzsituationen schreibt, über Abschied, Trauer, Krieg und Tod, und daß Leben für sie eindeutig in der Bewußtwerdung von Bedrohung und Vernichtung deutlich wird, können wir aus ihren biographischen Daten heraus verstehen. Als Tochter einer Ärztin und eines Lehrers wurde Ilse Aichinger am 1. November 1921 mit ihrer Zwillingsschwester in Wien geboren. Nach dem Einmarsch Hitlers in Österreich im März 1938 konnte, mit Ausnahme der Schwester, niemand aus der Familie emigrieren. Die jüdische Mutter verlor ihre Arztpraxis. Die Großmutter und die jüngeren Geschwister der Mutter wurden 1942 deportiert und ermordet. Die Autorin selbst war während des Krieges in Wien dienstverpflichtet. Nach Kriegsende begann sie, Medizin zu studieren. Sie brach das Studium 1947 ab, um den Roman «Die größere Hoffnung» zu schreiben, der 1948 erschien. 1953 heiratete Ilse Aichinger den Dichter Günter Eich, mit dem sie 1954 und 1957 zwei Kinder bekam. Günter Eich starb 1972. Seit

1988 lebt Ilse Aichinger wieder in Wien. Im Laufe ihrer literarischen Tätigkeit erhielt sie zahlreiche Literaturpreise.

Ilse Aichingers Schriften sind gekennzeichnet durch ein hartes Ringen mit der Sprache, die immer noch ein wenig zu grob erscheint für alles Flüchtige, Schwebende und Ungefähre im menschlichen Leben, dem das ganze Interesse der Autorin gilt. Sie ist eine Künstlerin der Zwischentöne, der Randgebiete und der Pausen. Heinz Ludwig Arnold charakterisiert ihre Prosa als «Poesie der Ahnung, der Annäherung, des Kreisens um Realität. Weil Realität bedroht, kann die Prosa, die sie umkreist, nicht identisch werden mit ihr. Mimetisch weicht sie aus, und die Bewegung ihrer Sprache vermittelt einen Eindruck von den Dingen, um die sich diese Sprache bewegt».

Sie hat ihre Sprache fortentwickelt – so fährt Heinz Ludwig Arnold fort – «fast möchte man sagen: bis nahe an die Grenze des noch Sagbaren. Erst im völligen Zweifel ist nichts mehr sagbar, verstummt auch der Dichter. Solange aber der Zweifel noch aussprechbar ist und vorgeführt wird, gibt es auch Hoffnung, vom Sinn dieser Welt wenigstens etwas zu erahnen. Für jene aber, die den Sinn dieser Welt zu wissen, zu kennen vorgeben, bleibt kein Geheimnis mehr. Und ohne dieses Geheimnis des Menschen und der Welt ist jede Poesie unmöglich. In der großen Spanne zwischen der Schweigsamkeit des völligen Zweifels und der Geheimnislosigkeit des Wissens, das sich nur noch in einem ideologischen System zu artikulieren vermag, steht Ilse Aichingers ... Prosa dicht vor der Grenze des Verstummens, in dem sich die Verzweiflung ankündigt».

In ihrem ersten und einzigen Roman «Die größere Hoffnung» hat Ilse Aichinger, als Siebenundzwanzigjährige, durchgespielt, wie sich alle nur denkbare, menschenmögliche Leiderfahrung auf ihren bittersten Kern reduzieren läßt und wie man «im Finstern schauen» lernt. Rückblickend bemerkt sie 1952 zu diesem Roman: «Wäre alles normal gekommen und hätten wir unsere Schulen vollenden und studieren können, wie wir vorhatten, so hätten viele andere, ebenso wie ich, zuerst bei Tag schauen gelernt. So aber wurden wir bei Nacht geweckt, viele vielleicht frühzeitig, und müssen jetzt erst die Augen an das schwache Licht gewöhnen.» Sie betont, sie habe mit diesem Roman, der alle Variationen des Themas Abschied tiefgehend und bewegend durchspielt, keinem Pessimismus das Wort reden wollen. Aber es wird deutlich, wie sehr die Erfahrungen von Trauer und Abschied den Blick auf das

Leben verändert und geschärft haben: «... vielleicht erkennen wir einander nur richtig in einem Licht von Abschied, und vieles, das wir sonst vergeuden würden, erscheint uns darin kostbar». Sie sieht, wie sehr ihre Literatur geprägt ist durch die persönliche und politische Vergangenheit: «Vielleicht geht es vielen so wie mir; wir müssen erst den Frühling wieder verstehen lernen ... Vielleicht könnte man es für überheblich halten, ohne die Erfahrungen des Tages von Hoffnungen zu reden und von einer größeren Hoffnung, aber die Vögel beginnen ja auch zu singen, wenn es noch finster ist.»

Der häufigen Erwähnung von Engeln im Werk Ilse Aichingers steht der resignierte Unterton in der Deutung von Engeln gegenüber, manchmal leicht herablassend, wie zum Beispiel in einer Anmerkung über die Ereignisse des 1. September 1939. Dort schreibt sie über das Kino Sascha-Palast: «An den hellgrauen, damals schon etwas schäbigen Mauern des Sascha-Palasts waren jedenfalls die Schilder mit dem Wort Judenverbot, soweit ich mich erinnere, unauffälliger angebracht, es ist auch später eingegangen. Die Dienste der Engel machen sich selten bezahlt.» Hinter dieser Äußerung verbirgt sich die Erfahrung, daß Menschen in ihrem Tun zu Engeln wurden, beispielsweise diejenigen, die die Aussonderung der Jüdinnen und Juden in der Zeit des Nationalsozialismus nur so halbherzig wie nötig mitmachten, indem sie das Judenverbotsschild nicht allzu sichtbar anbrachten. Diese ebenso zaghaften wie feinfühligen Signale konnten für das halbjüdische, gebrandmarkte Mädchen engelhafte Bedeutung gewinnen.

Manchmal erwähnt sie Engel tieftraurig und in einer Stimmung totaler Verlassenheit, wie in dem Gedicht «Findelkind», das sie 1978 zum erstenmal veröffentlichte. Hier gibt es nur noch Engel «ohne Auftrag». Und da stellt sich die Frage, in welchem Sinne das noch Engel sind. Es gibt – so heißt es in dem Gedicht – keine Erzengel mehr und keine Schutzengel. Zwar haben die, die genannt werden, noch «warme Flügelfedern», aber Ilse Aichinger schreibt:

> *... Kein Laut,*
> *kein Schwingen in der Luft,*
> *kein Tappen auf dem Boden.*

Die Vorstellung von Engeln kann sich bei ihr auch mit der Hoffnung auf Richtungsweisung, auf *selbst*-orientierte Zielsetzung verquicken. So heißt es in dem Roman «Die größere Hoffnung» im

Gespräch zwischen den jüngeren Kindern und der älteren Anna, die ins Konzentrationslager gehen muß: «‹Laßt euch nicht irreführen›, sagte Anna ruhig ‹das ist alles, was ich euch raten kann: Geht dem Stern nach! Fragt nicht die Erwachsenen, sie täuschen euch ... Fragt euch selbst, fragt eure Engel›». *Engelbefragung* wird hier verstanden als *Selbst-Befragung*, als Versuch selbst-orientierter Verweigerung jeder Art von Fremdbestimmung, und – so gesehen – als *Überlebenskraft*. Da alle Möglichkeiten des Vertrauens in die Erwachsenenwelt gebrochen sind, ist diese Überlebenskraft in der Gestalt der Verweigerung nötig.

Die Erzählung «Engel in der Nacht» wurde 1949 zum erstenmal gedruckt, fast zeitgleich mit dem Roman «Die größere Hoffnung», der 1948 erschien. Die Autorin verfaßte sie in einer Zeit angespanntester persönlicher Auseinandersetzung mit der jüngsten Geschichte. Über den Roman «Die größere Hoffnung» hat Walter Jens kommentierend geschrieben: «Drei Jahre nach dem Ende des Krieges wurde in diesem Buch die Rechnung beglichen – reinlich, unerbittlich und konsequent. Neben die Dokumentation, neben Kogons SS-Staat, trat eine zweite Form der Abrechnung, das Scherbengericht der Poesie.» In einem anderen Kommentar von Friedrich Siegburg lesen wir: «Sie nimmt eine gründliche und vollständige Poetisierung der Welt vor und raubt dieser Welt dadurch ihre Schrecken, ja ihr Geheimnis, ohne ihr das Licht der Versöhnung mitteilen zu können.»

Ich weiß nicht, warum die Literaturkritik die kurz darauf im Druck erschienene Erzählung «Engel in der Nacht» praktisch ignoriert hat. Ist doch diese Erzählung fast so etwas wie ein weiterer Schlüssel zu dem Roman, eine Art komprimierter Kommentar der Autorin zu dem Erleben, das sich hinter dem Roman «Die größere Hoffnung» verbirgt. Ilse Aichinger hat sich immer vor zu deutlichen Selbstoffenbarungen gehütet, obwohl es nach Samuel Moser kaum ein Werk gibt, «in dem das Ich des Autors so ungeschützt und gleichzeitig so im Abseits gehalten ist» wie bei ihr. In der Erzählung «Engel in der Nacht» wird deutlich, was die Autorin selber erlebt und erlitten haben muß und wie sie um Verstehen der eigenen Grenzerfahrungen ringt, wie sie diese in Sprache und Bilder zu bringen bemüht ist und dabei doch nicht die innere Gefährdung im Überleben verhehlt. Und wenn wir in ihren Aufzeichnungen aus dem Jahr 1950, also ein Jahr nach der Veröffentlichung der Erzählung bei ihr lesen: «Schreiben kann man wie Beten eigentlich nur, anstatt sich umzubringen. Dann ist es das Leben selbst», dann liest sich diese Aussage wie ein Kommentar zur Erzählung des Jahres 1949 geradeso wie zum Roman von 1948. Das Schreiben hat für Ilse Aichinger solche Ähnlichkeit mit dem Beten, weil sie sich offenbar im Schreiben selber rekonstruiert und zusammenhält. Dies gelingt ihr, indem sie sich schreibend eine eigene Übergangswelt schafft. Geprägt sind ihre Zeilen auch zu diesem Zeitpunkt noch ganz und gar von der Fassungslosigkeit angesichts des eigenen Überlebens, von der Qual, zuerst im Finstern das Sehen gelernt zu haben: «Es kann immer noch finsterer werden. Es ist nicht logisch, daß in der Mitte der Nacht die Helligkeit steigt. Es wäre logisch, daß die Finsternis sich in sich fortsetzte, daß die Nacht keine Mitte hätte.»

Die Engel begleiten die Autorin auch in das folgende Jahr in einer für sich sprechenden Weise. Über den Jahresanfang 1951 notiert sie: «Aus den Wurzelgruben der umgestürzten Eichen erheben sich die Erwachenden, die Engel, und verlassen die Gärten. Und übersteigen die Zäune mit geschlossenen Flügeln, an denen noch welkes Laub vom Vorjahr haftet – und Pfauenfedern. Und gehen Hand in Hand die Wege und nehmen die Erinnerung wie Schnee, der die Gruben füllt.» Noch sind ihre Engel ganz dem Vergangenen verhaftet, die Flügel geschlossen, belastet mit welkem Laub und Erinnerung wie Schnee. Noch steht die Trauer ganz im Vordergrund des Erlebens, noch läßt sie keinen Raum für anderes: «Wie soll ich denn die Trauer nicht halten wollen, wenn ich mich in nichts anderem mehr finden kann als in ihr?»

Abschiedliche Existenz bleibt ihr Thema auch in den folgenden Jahren, Leben gestaltet sich rund um dieses Thema: «Wir können die Welt nicht ertragen ohne das Bewußtsein, sie zu verlassen. Man kann so weit gehen, zu sagen, daß dieses Bewußtsein unser Leben ausmacht.» Dabei gewinnt der Abschied fast unbemerkt ein freundlicheres Gesicht, wird schließlich so etwas wie eine starke Lebenskraft. So lesen wir schließlich 1953 in ihren Aufzeichnungen: «Was wir lieben, verkörpert sich. Und was lieben wir mehr als den Abschied? So verkörpert sich uns der Abschied. Das Wunder geschieht, wenn wir dem Dauer geben. Dann werden wir mächtig. Mit dem Abschied in den Armen, für immer.»

Es ist eine besondere Gabe Ilse Aichingers, sich in Kinderwelten und kindliches Erleben einzufühlen und dieses darstellen zu können. Sowohl der Roman «Die größere Hoffnung» als auch die

Erzählung «Engel in der Nacht» sind Geschichten vom Kindsein in der Zeit des Nationalsozialismus. Die Kinder in Ilse Aichingers Werken suchen im *zweckfreien Tun*, wie es sich beispielsweise im Spiel und in der Phantasie ausdrücken kann, die eigentliche Wirklichkeit. Das Kommende, die «größere Hoffnung» beziehungsweise das Phantasieren und Erleben der Engel tragen die Kinder über all ihre Verzweiflung hinweg. Manuel Esser stellte der Autorin 1986 einmal die Frage: «Kinder spielen eine sehr große Rolle in Ihrem Werk – das Kind, das erst durch den Tod zum freien Spiel, zur Freiheit, gelangt. Was bedeuten für Sie Kind und Spiel?» Sie antwortete: «Die Höhepunkte der Existenz. Deshalb halte ich den Verlust der Kindheit für einen viel größeren Verlust als das normale Altern. Das hat alles seine Schwierigkeiten und Tragiken. Aber der Verlust der Kindheit ist damit nicht zu vergleichen. Weil das Spielen und die Kindheit die Welt erträglich machen und sie überhaupt begründen. Wahrscheinlich tauchen deshalb so viele Kinder bei mir auf: weil es ohne sie unerträglich wäre.»

Engel lassen sich nicht zwingen, sie lassen sich auch nicht *erzwingen*. Ihr Sein ist abhängig von dem Schwebezustand zwischen Phantasie und Wirklichkeit. Wo die Phantasie die Wirklichkeit durchwirkt, wo die Wirklichkeit der Phantasie ihre Gestalt anbietet, da können Engel leben. Dies ist das untergründige Thema der Erzählung von Ilse Aichinger. Zwei Kinder, von der Mutter getrennt lebend, der Vater oft unterwegs, die beiden einsam in hellen Dezembernächten, – das ist die Welt, in der Ilse Aichinger vielfältige Versuche der Kinder skizziert, Engel sein zu lassen, Engel zu sehen, zu erwischen, zu erforschen und ihre Anwesenheit zu genießen. Der Wunsch der beiden Schwestern im Alter von vielleicht sieben oder acht und fünfzehn Jahren nach Engeln ist grenzenlos. Es ist der Wunsch, das hoffnungslose Alleinsein und Unverstandensein zu überwinden und so zu erleben, wie die nackte Wirklichkeit durch eine Übergangswelt verzaubert wird.

Aber Phantasie und Realität brechen auseinander: «Von da ab begannen mich meine Engel zu überflügeln.» Aus Spiel wird todernster Kampf um die Frage nach der Wirklichkeit der Engel, Kampf um die Frage nach der Möglichkeit von Urvertrauen. Die Erzählung ist die Geschichte des Scheiterns einer vermeintlichen Übergangswelt, der das tragende Fundament fehlt. Nicht das «Alleinsein ohne allein zu sein», wie es Übergangsobjekte und -phänomene ermöglichen, wird dargestellt, sondern das Alleinsein und der

Versuch, dies allein zu überwinden. D.h. die Kinder versuchen es ohne die Erwachsenen. Die älteste Schwester ist verzweifelt bemüht, sich der jüngeren als tragende Bezugsperson anzubieten, aber sie scheitert, weil sie eben nicht die Mutter oder der Vater ist und weil sie noch keine tragende Elternfunktion übernehmen kann. Weil sie dies dennoch versucht und damit total überfordert ist, entgleitet ihr die Realität. Wahnhaft geht sie auf und vergeht sie in der Phantasie für die jüngere Schwester und stirbt. Sie begeht Selbstmord.

Solches geschieht, wo Kinder nicht auf Erwachsene oder auf die Welt der Erwachsenen bauen können; da lebt nur noch die Phantasie – in überwältigender Tödlichkeit: «... die ganze Welt war ein Heerlager von Schlafenden (Schlafende = Erwachsene; die Vf.) geworden, über dem Engel kreisten.» Die jüngere Schwester, die in der Ichform rückblickend die Ereignisse erzählt, «hatte zu lange daran geglaubt.» Und sie hatte dies getan, um die innere Leere auszufüllen, die ihr Leben prägte, weil sie auf Grund ihrer äußeren Einsamkeit, die fast wie Elternlosigkeit zu verstehen ist, auch innerlich objektlos war. Sie hatte also zu lange an die Engel geglaubt, weil ihr der Schritt zu einer konturierten Objektbeziehung, der innere Schritt zu den anderen auf Grund ihrer verlassenen Lebenssituation nicht gelungen war. Die ältere Schwester möchte ihr den Glauben an die Engel erhalten: «... meine Schwester wartete immer. Sie erwartete anscheinend etwas, was man nicht sehen konnte, jemanden, der nie kam, weil er schon da war. Ich hatte immer gedacht, sie erwartete die Engel.» «Ich habe sie gesehen.» Mit diesen Worten pflegte die Ältere die Jüngere morgens zu wecken. «Du schläfst zu lang.» «Zu lang, immer zu lang um den Augenblick, in dem die Engel um das Haus flogen!» Die Mutter schließlich soll der Jüngeren Gewißheit geben. Sie hat erzählt, daß sie oft lange wach liegt. «Wenn meine Mutter wach lag, dann mußte sie von den Engeln wissen.» Aber die Mutter lacht, hat keine Engel gesehen, hatte nicht gewußt, daß die Kleine noch daran glaubte. Das ist der endgültige Zusammenbruch einer Kinder-Welt: «... der Himmel war kein Himmel mehr, der Himmel war nur Luft.» Scham, Vertrauensverlust, Wut kommen hoch: «Sie hatten mich lächerlich gemacht ... Sie hätten mich warnen sollen ... aber jetzt war es zu spät.» Hier erinnern wir uns an die von Donald W. Winnicott erwähnte, unausgesprochene «Spielregel», daß die Erwachsenen nie die Paradoxie der Übergangsobjekte oder -phänomene hinterfragen sollten, weil im kindlichen Übergangsraum das *symbolische Verstehen* nicht verlassen werden darf. Die Frage nach der Wirklichkeit der Übergangsobjekte wird, wenn die Kinder verstanden werden, nicht gestellt.

Die Engel lassen sich nun aber nicht mehr abwerfen, sie gehören zur Icherzählerin selbst ganz und gar dazu: «Die Engel waren keine kleinen Engel mehr, keine Putten mit runden Gesichtern und kurzen, hellen Locken, die Engel waren größer geworden, ernster und heftiger, sie waren, wie ich selbst im letzten Jahr zu schnell gewachsen, und sie abzuwerfen war kein Spiel mehr. Denn die Engel, die mit uns zur Welt kommen, sind nur am Anfang so klein wie wir, sie wachsen mit uns, werden wilder und stärker, und ihre Flügel wachsen mit ihnen. Je älter wir werden, desto schwerer wird der Kampf.» Die jüngere Schwester kommt von dem Treffen mit der Mutter nach einem langen, inneren Kampf zur wartenden Schwester nach Hause: «... ich war für Stunden allein auf der Welt gewesen, ... besser keine Welt als eine ohne Engel!» Wieder formuliert sie hier ihre innere Leere. Die große Schwester soll neu beschwören, daß sie die Engel gesehen hat – und sie kann es nicht! Es war, «als wäre ihr Glaube an die Engel an dem meinen gehangen». Sie ist plötzlich ganz wehrlos. Stille zwischen den beiden. «Wir waren allein zu Hause, und vielleicht warteten wir noch immer auf ein Zeichen, auf das Brausen in der Luft. Wenn jemals, so hätten sie jetzt kommen müssen ...» Die Jüngere liegt in der Nacht wach im Bett, hört später den Vater kommen, ein paar Worte mit der Schwester wechseln und wieder gehen. Gegen ihren Willen schläft sie schließlich ein. «Mein Schlaf war leer geworden, wie der Tod der Leute, die keine Auferstehung erwarten.» So umschreibt sie ihre tiefe Hoffnungslosigkeit. Die «Decke ist schwer wie eine Grabplatte aus Marmor». «Sie haben mich begraben, ohne daß ich gestorben bin!» Sie erwacht, hört einen Engel: «... unter einem Schleier von Schnee sah ich den Engel schwanken, als wollte er die Flügel ausbreiten». Aber die Schneeflocken verwischen das Bild, und an diesem Tag, nachdem sie den Engel wahrgenommen hat, will sie die Schwester wecken. «Die Decke fällt zu Boden, und meine Schwester hält sie nicht mit ihren Fäusten fest, und meine Schwester stöhnt nicht und wehrt sich nicht, wie ich mich jeden Morgen gegen den kalten Boden und die Engel wehre, sie stößt mich nicht zurück, sie bleibt so still wie alle, die nicht schlafen, wenn man sie weckt, so sanft, wie nur die bleiben, die nicht hier sind. Und sie ist still geblieben, als wir sie im Hof fanden und aus dem Schnee hoben, der sie schon bedeckt hatte.»

Die ältere Schwester hat versucht, zum Engel für die Jüngere zu werden. Hat sich die Ältere zum Engel für die Jüngere gemacht? Hat sie den Engel vor dem Fenster in einem todernsten Spiel dargestellt und ist abgestürzt? Ist ihr Glaube an Engel gescheitert, weil er nichts mehr für den Glauben der Jüngeren verrichten konnte? Wahnhaft geht hier ein Traumbild in tödliche Wirklichkeit über. Fatal erscheint mir eine Interpretation Sturmius M. Wittschiers zu dieser Stelle: «Die Ältere ist für die Kleine der wahre Engel, mit dem die Kleine wirklich gerungen hat. Stellvertretung oder ‹Opfer-sein für› könnten wir dies nennen. Wahn-sinnig oder zwei-deutig wäre der Beweis also, weil die Ältere sich tragisch opfert und gerade dadurch in ihrem wahren stellvertretenden Engel-Sein hervortritt.»

Steht das Ansinnen im Raum, ein Mensch möge für den anderen zum Engel werden, so kommt dies dem verhängnisvollen Versuch gleich, einen Menschen als Übergangsobjekt zu benutzen, mit allen fatalen, psychologischen Konsequenzen. Wer so zum Engel wird, kann nur sterben an der Überforderung; wer einen solchen Engel braucht, der leidet gerade am Mangel eines echten Übergangobjektes, das als Zwischenglied einer Beziehung diese in allen spielerischen Varianten repräsentieren kann. Mir scheint, in Ilse Aichingers Erzählung geht es primär um diesen Mangel, an dem beide Kinder leiden, mit dem aber beide sehr unterschiedlich umgehen. Es ist keine Eltern-Kind-Beziehung da, die tragend genug wäre, um in Gestalt von Übergangsobjekten (hier: Engeln) fortzuleben.

Die Mutter glaubt nicht an Engel, der Vater ist unterwegs, um Geschenke zu kaufen, die eindeutig nicht als Übergangsobjekte herhalten werden: «Wie lächerlich, zu denken, daß unser Vater während dieser Zeit in der Stadt umherirrte, um irgendwo billige Geschenke zu finden, und daß in irgendwelchen Kirchen gerade gesungen wurde, wenn es keine Engel gab, die dem Kind voranflogen.» Hier fliegen keine Engel voran, und hier ebnen keine Erwachsenen den Weg in die harte Wirklichkeit! Diese Kinder haben nur noch den Schatten einer Illusion von Spielwelt, ihnen fehlt ein innerer Raum. Sie spielen nicht mehr, weil sie innerlich leer sind. Und sofern sie über tragisches Warten hinaus handeln, da handeln sie mit tödlichem Ernst: «... besser keine Welt als eine ohne Engel».

Es bleibt die Frage: Waren die Engel eine selbstgemachte, illusionäre Hoffnung? Die Engel hatten die Hoffnung symbolisiert. Durch sie wurden die Bereiche von Traum und Wirklichkeit, Wahn und Realität zusammengehalten und gleichzeitig die Grenze zwischen diesen Welten markiert. Sie haben die symbolische Grenze, die der Unterscheidung zwischen Wahn und Wirklichkeit dient, nicht halten können, und der Engel, der schließlich selbsternannte, ist gestürzt, hat sich umgebracht. Der Selbstrettungsversuch, über die Psychose der völligen Verzweiflung zu entrinnen, der Versuch, der Schwester zum Engel zu werden, stellt die absolute Überforderung dar. Die «größere Hoffnung» läßt sich nicht mit der eigenen Existenz erfüllen. So endet die Erzählung im Wahn aus Überforderung bei der älteren Schwester, denn sie konnte der Jüngeren nicht zur Mutter werden und nicht zum Engel, – und in Trauer und tiefster Verlassenheit der Jüngeren.

Offenbar ist das der Zwiespalt, den die Erzählerin darstellt: daß sie in Gestalt dieser beiden Ichs (repräsentiert durch die beiden Kinder) die Zeit des Nationalsozialismus erlebt hat. Zu früh erwachsen, überfordert, im Wahn, und andererseits: noch Kind, an Engel glaubend und ihnen vertrauend, voll Zuversicht und dann beschämt und alleingelassen. Diese zwei Kinderrollen der Kriegszeit scheinen mir hier durchgespielt zu sein. Die Engel waren, wie die Autorin selbst, zu schnell gewachsen. Ihre Illusionen hielten der Realität nicht stand, die Schöpfungen ihrer Phantasie waren für eine derartige Realität – wie es die des Dritten Reiches für ein halbjüdisches Kind war – nicht oder nicht immer stark genug.

Die kindlichen Hoffnungsträger werden in der Erzählung an der Realität überprüft und können ihr nicht standhalten, bestenfalls nur eine Zeitlang. Sie erschöpfen sich – im wahrsten Sinne des Wortes – indem die Kinder Hoffnung nur aus sich selber schöpfen und schöpfen können. In der Erzählung wird besonders deutlich, wie die Engel einen Raum markieren, wie die Gesamtatmosphäre, die geschildert wird, «Engelhaftes» an sich hat. Und das heißt so viel wie: Die Grenzen verschwimmen, Innen und Außen gehen ineinander über (psychologisch gesprochen sind dies Abläufe des sogenannten Primärpozesses), andererseits werden Halt und Kontur der inneren Struktur gewährleistet, wenn die Engel da sind. Nach Werner Weber ist «in der Erzählweise Ilse Aichingers der Tag in den Traum und der Traum in den Tag verhängt». «In der Kunst Ilse Aichingers läuft die Zeit nicht ab; es waltet schwebende Gegenwart, in welcher das Älteste so neu ist wie das Neueste alt; in welcher der Traum so wirklich ist wie die

Wirklichkeit geträumt; in welcher der Wahn so genau ist wie das Genaue irr.»

Was hier zum Ausdruck gebracht ist, läßt sich sicher in besonderer Weise für die Erzählung «Engel in der Nacht» geltend machen. Deutlicher als in dieser Erzählung ist es nirgends gesagt: «Besser keine Welt als eine ohne Engel». Menschen ohne Engel sind allein, tödlich allein (weil sie ohne Beziehung zu einem Übergangsobjekt und deswegen innerlich beziehungslos und damit ohne Hoffnung sind). Das ist die Aussage des Textes. Nur wer im Finstern sehen gelernt hat, kann von den «hellen Tagen im Dezember» schreiben, von Tagen, die «ihre Kürze als Verheißung nehmen», nur jemand, der an der Grenze zwischen Leben und Tod ein neues Verhältnis zur Zeit gewonnen hat. Für Ilse Aichinger sind diese Tage «stark genug, schwach genug und mild» zugleich. Von «den langen Nächten genährt» beinhalten diese Tage alles für sie, werden «aus der Schwärze sonnig». Da werden Kirchturmuhren zu «Gottes eigenen Augen», «Vögel, die vergessen haben, nach dem Süden zu fliegen», «breiten ihre hellen Flügel über die Stadt». Vielleicht schaffen und begründen sie den Glauben an Engel.

Die Autorin gehört zu jenen, die «bei Nacht geweckt» wurden, die eine «größere Hoffnung» durch die Nacht hindurchgetragen hat. Die Erzählung sagt mehr über die Autorin aus als ausgesprochen wird. Es kommt zum Ausdruck, daß einerseits gute Hoffnungsintrojekte da sind, also Hoffnungselemente, die das Ich aufgenommen und zum Gegenstand unbewußter Phantasien gemacht hat, daß diese andererseits aber immer gefährdet sind. Einerseits stellt Ilse Aichinger den ursprünglichen Zustand ihrer Hoffnungsräume immer wieder in Gestalt der Engel her, andererseits verleiht sie ihren Hoffnungsansätzen dabei auch stets neue Sprache. Dementsprechend behandelt sie in der Erzählung das Problem von Aufbau und Wiederherstellung ihrer Hoffnungssymbole und die Ambivalenz (Doppelwertigkeit oder Möglichkeit, in einem Gefühl das Gegenteil mit einzuschließen) zwischen Aktivität und Hingabe an einen Raum, der Hoffnung symbolisiert, den sie sich nicht selber geben, sondern den sie nur betreten kann. So mag es sein, daß die Autorin mit dieser Erzählung viele Engel begraben hat, gleichzeitig läßt sie – sprachschöpferisch – immer neue Engel erstehen.

Die Engel markieren einen Raum, der dem Zugriff der Realität entzogen ist. Aber: Jahre später (1955) formuliert Ilse Aichinger die Frage, die eigentlich schon hierher gehört: «Gehen die Räume, weil wir gehen, oder gehen wir, weil die Räume gehen?» Die Frage, ob Engel an uns gebunden sind, ob ihr Sein von unserem Sein abhängt oder umgekehrt, diese Frage wird geradeso in der Schwebe gehalten wie die Autorin sich selbst in der Erzählung verbirgt, wie sie Worte gefunden hat nur gerade eben oberhalb der Sphäre eigenen Stummseins, Worte, die eher von Ergebenheit zeugen als von einem verbalen Zugriff auf die Dinge dieser Welt: «Wenn ich jetzt ehrlich sein wollte, müßte ich stumm sein. Daß wir sind, auch abgesehen von uns selbst. Daß alles was wir dazutun mit der Zeit lächerlich wird, wenn es nicht die Ergebung in das ist, woran wir nichts können. Das ist vielleicht das härteste Gebot der Bibel: Wenn ihr nicht werdet wie die Kinder.» In die Engelwelt Ilse Aichingers kann man sich nicht fallenlassen, sie ist alles andere als eine Einladung zur Regression. Dennoch strotzt sie vor Sehnsuchtssymbolik, vor Hoffnung an allen Grenzen. Immer aber ist dies eine Hoffnung, die Zukunft zu erobern sucht, ihre Engel sind progressive Symbole, und so sehr die Autorin Kindheit verherrlicht, so sehr machen ihre Engel erwachsen.

Die Engel haben für Ilse Aichinger – orientieren wir uns an ihrem Werk – an Bedeutung verloren. Sie bleiben nicht die Repräsentanten von Hoffnungsräumen, die für eine längere oder auch nur kürzere Zeit helfen können, dem unerbittlichen Druck der Realität standzuhalten. Jahre später – 1963 – nimmt sie das Thema noch einmal auf: in einer Erzählung, die lediglich in der Überschrift einen Hinweis darauf gibt, daß es sich bei der handelnden und monologisierenden Figur im Zentrum der Erzählung um einen Engel handelt. Sie hat diese Erzählung in zwei Wochen geschrieben, vom 24. 1. bis 8. 2. 1963, und 1965 in dem Band «Eliza Eliza» zum erstenmal veröffentlicht. Im Mittelpunkt der Erzählung steht ein ausgedienter, versteinerter Friedhofsengel, einer, der bisweilen kurzer, staksiger und ungeschickter kleiner Gesten fähig ist, ansonsten ohne Botschaft – wie senil – vor sich hin sinniert. Er plaudert vor sich hin über das, was ist und was war, scheiternd an dem Versuch, die Welt, die ihn umgibt, zu ordnen und zu erreichen. Er bleibt ohne Antwort, keiner scheint ihn wahrzunehmen und ihm zuzuhören. Beziehungslos offenbart seine anödende Rede, wie die Zusammenhänge von Raum und Zeit zerbrochen sind: «Sanfte Fetzen Luft, alles ohne Fortsetzung». Keine Mühe des Engels bringt die Fragmente wahrgenommener Realität zusammen, auch nicht die skurrilen Versuche angesichts eines toten Vogels:

«Am besten rasch entschieden und zur Ruhe gegeben, Federn und Schnäbel gehortet für den lautlosen Tag.» Nicht einmal die Ordnung alles Toten bringt Ordnung in die Wahrnehmung alles dessen, was ist. Die kleinen Handlungen des Engels sind in Kursivschrift besonders vermerkt, ohne den Sinn seiner Rede ernsthaft zu beleuchten. Auch zwischen seinen Worten ist der Zusammenhang gerissen.

Selbst nach mehrfachem Lesen bleibt der Aufbau der Erzählung wirr. Um diesen Engel herum wird nicht mehr gespielt, seine Umgebung zerfällt in zusammenhangloses Durcheinander. Trotz seiner Worte ist dieser Engel wie tot, versteinert, wie gesagt: ein Friedhofsengel. Er redet vor sich hin zwischen Toten, die seine Gefährten sind: «Er schiebt die Blätter mit den Füßen vor sich her, bis sie ihm an die Knie gehen, wirft sich zu Boden, weinend meine süße Schwester, meine Gebrüder, meine Knochengerüste, meine Gefährten, mein Sand.» Keine Botschaft, sondern eine Umschreibung der Situation, die er symbolisiert, ist es, wenn er sagt: «... nehmt Schuhe, nehmt Schuhe, ihr Lieben, der Boden ist hier hart». Dieser Engel ist wie einer, der seine Zeit überlebt hat, dessen Gefährten nicht mehr unter den Lebenden weilen, dessen Stimme niemand mehr hört oder hören will: ein lebendiger Toter.

Stimmungen werden zwischen den Zeilen angedeutet: Langeweile, keine Zeit für Seufzer, Hohn, Freude nur beim «Staub hochlassen». Nur die Feuerwehr zeigt an, daß noch irgendetwas passiert. Vermeintliche Hoffnung ist in Wirklichkeit verkleidete Trostlosigkeit: «Kommt! Wir wollen sehen, was sich von dem Jammer noch retten läßt, von den geheilten Knochen ...» «Den Räumen nicht gehorchend» ist ein Zitatfragment, unsinnig vom Engel ins Geplauder eingeflochten, als spräche er von Räumen, die keinen Raum mehr geben. Das sind ganz andere Formulierungen als in der Erzählung des Jahres 1948. Er, dieser Engel, will genommen werden «als die Summe von zwei oder drei Waisenhausschritten»: ein Engel, der für das Gegenteil eines Zuhauses steht, für keine Mutter und für keinen Gott. «Und ich? Pfiff euch aus, streute euch über die Tennen, ... riß euch den Himmel von der Brust ... Berief mich auf nichts, obwohls mir freigestellt war ...» Die letzte Botschaft ist keine, es ist die Stimme der toten Pförtnerssöhne: «Hier ist nichts außer uns.»

Dieser Engel ist gleichzeitig da und nicht da: «Ja, ich komme schon. Ich bin gleich da.» Auf ihn kann man sich also nicht verlassen. Wo die Toten niedergehen, da sind die Dinge klar: «Da wissen sie ganz sicher, daß Wasser Wasser ist.» Im Umfeld des Friedhofsengels aber ist kein Leben mehr: «Hier dürfen Raben und Ladenhüter kreisen, und sonst keiner.» Der Engel verstreut leere, wirkungslose Appelle statt Botschaften zu bringen: «Macht jetzt Musik, ihr Kinder! Bleibt, bleibt, der geht, bin ich.» «Behaltet mich im Haar, mich erwarten nur mehr wenige ... Mischvölker, Jubilare ... Ich sehe da wenig Möglichkeiten für die Vereinigung ...» Dieser Engel ist einer, der nur Tod verkündet, der den Toten vom Tod redet, der seine Zeit überlebt hat und seine Botschaft verpaßt: «Die Nachrichten sind vergeben.»

Die Engel Ilse Aichingers aus dem Jahre 1948 hatten noch einen eigenen Zauber, obgleich auch sie an ihrem «Auftrag» gescheitert sind. Dieser Engel ist nur noch eine Worthülse, die uns sagt: Es gibt eine Erinnerung daran, daß sich mit dem «Engel» einmal etwas verband. Aber nicht einmal mehr die Erinnerung vermittelt sich: «Hier ist nichts außer uns.» Der Hoffnungsraum ist verloren. Es ist der Bericht vom Zerfall und Tod eines Symbols. Es hat ausgedient, ist für die Autorin leer geworden, der versteinerte Engel steht auf dem Friedhof, zerrissen ist die Einheit von Hoffnungsraum und Hoffnungsträger.

In der frühen Erzählung von 1948 gab es für die Kinder zwei Zeiten: die mit den Engeln, die Hoffnungsräume bereithielten und eine Zeitlang bewahrten, und die nach dem Verlust der Engel, geprägt durch die Scham, so lange an sie geglaubt zu haben. Ich habe keine Anhaltspunkte dafür, aus welcher persönlichen Situation heraus Ilse Aichinger diese zweite Erzählung geschrieben hat. Ich würde die Autorin gerne fragen: Ist das die Abrechnung mit den Engeln, die nicht gehalten, was sie versprochen haben? Hat sie ihren Engel auf den Friedhof verbannt – wie aus Scham darüber, daß sie so lange daran geglaubt hatte? «... ich war damals schon zu groß, um es einfach hinzunehmen, ich hatte zu lange daran geglaubt, und wenn sie mich getäuscht hatten, so hatten sie mich zu lange getäuscht». So hieß es in der Erzählung im Jahr 1948. Aber Ilse Aichinger hatte auch damals schon einen sehr rätselhaften Satz in den Text «Engel in der Nacht» eingeflochten: «Damals wußte ich noch nicht, daß es die Engel sind, die uns beschwören. Nicht wir sind es, die sie erträumen, die Engel träumen uns. Wir sind die Geister in ihren hellen Nächten ...» Vielleicht ist die späte Erzählung «Der Engel» der Abschied von allen selbstgemachten Hoffnungen, von allen vergänglichen Steinengeln.

84

Die Hoffnung zu wahren wird im Alter schwerer: «Denn die Engel, die mit uns zur Welt kommen, sind nur am Anfang so klein wie wir, sie wachsen mit uns, werden wilder und stärker, und ihre Flügel wachsen mit ihnen. Je älter wir werden, desto schwerer wird der Kampf.» Am schwersten – so hält es die späte Engelerzählung vor Augen – ist der Kampf des Engels auf dem Friedhof. Unter den Toten ist er nur noch ein Toter, zu Toten redend. Hier gibt es keine Beziehung mehr für ihn zu knüpfen und keinen Weg in irgendeine Wirklichkeit zu bahnen. Er hat tatsächlich ausgedient.

8. Rafael Albertis Gedichtzyklus «Über die Engel»

Toter Engel, erwach doch!
Rafael Alberti

Eine ganz eigenständige Engelvorstellung finden wir bei dem spanischen Dichter Rafael Alberti – eigenständig auch im Rahmen seines eigenen Gesamtwerkes. Als seine Engelgedichte 1929 in Madrid erschienen, lösten sie neben Bewunderung auch viel Staunen und Bestürzung aus: «Jeden Überraschungscoup hätte man» – so schreibt Fritz Vogelsang – «dem scheinbar magisch begabten Jungpoeten zugetraut, alles – nur nicht die Wucht, die verzweifelte Intensität eines solchen Geisterkampfes im jählings entleerten, nachtüberfluteten, aus dem Lot gekippten Innenraum eines Ichs, das sich selber abhanden gekommen war.»

Rafael Albertis Gedichtzyklus «Über die Engel» war 1927/28 entstanden. Das war eine Zeit, in der sich in der spanischen Lyrik ein deutlich spürbarer Wandel vollzog; sie wurde – mit den Worten Hildegard Baumgarts – «weniger elegant, weniger farbenprächtig und virtuos, dafür aber ernster und ehrlicher. Eine neue Epoche begann». Die Engelgedichte Rafael Albertis werden im Allgemeinen dem Surrealismus zugeordnet. Der außerordentliche Rang dieses Werkes stand offenbar von Anfang an außer Frage. «Doch noch jetzt», so kommentiert der deutsche Übersetzer des Werkes, Fritz Vogelsang, «ein halbes Jahrhundert nach seinem Erscheinen, umkreisen die Interpreten ruhelos diesen enigmatischen Block, der in der weiten, vielfältigen Landschaft von Albertis Poesie sich noch immer ausnimmt wie ein riesiger Monolith, den eine fremde Hand von draußen, von droben hineingeschleudert hat: ein gewaltiger Meteor von dunklem Glanz, einzigartig nicht nur im Oeuvre seines Autors, sondern auch im Panorama all der reichen hispanischen Literaturen dieses Jahrhunderts, in der Geschichte der gesamten modernen Poesie».

Zum Verständnis der Engelgedichte Rafael Albertis nach biographischen Anhaltspunkten zu fahnden, ist ein durchaus ergiebiges Unterfangen. 1959, im Buch seiner Erinnerungen mit dem Titel «Der Verlorene Hain», hat dieser Dichter ausführlich seine innere Verfassung, in der er dieses Werk geschaffen hat, geschildert. Er war noch sehr jung, als er bereits eine stürmische und unkonventionelle

Laufbahn hinter sich hatte: Nach dem Besuch eines von Jesuiten geführten Kollegs, dessen Schrecken er beiläufig immer wieder ausmalt, hatte er nie ein Examen abgelegt, stattdessen sich als Maler versucht, um dann – geprägt durch lange Erkrankung der Lunge – lieber das Dichten zu seinem Beruf zu machen. So lesen wir von dieser Entscheidung in seinen Ausführungen über das Jahr 1920: «Ich nahm mir vor, meine erste Berufung zu vergessen. Ich wollte nur noch Dichter sein. Und ich wollte es mit aller Verzweiflung, denn mit meinen noch nicht ganz zwanzig Jahren fand ich mich beinahe schon zu alt, um noch einen so neuen wie schwierigen Weg zu beschreiten. Dann stellte ich aber überrascht fest, daß mir die Sprache nicht fehlte, sondern daß ich, im Gegenteil, eine reiche, mannigfaltige Sprache besaß, daß dafür aber meine Rechtschreibung mehr als mangelhaft war und daß mir bisweilen auch die Syntax Schwierigkeiten bereitete. Ich begann, bei meiner Lektüre besser aufzupassen und auf jedes Wort genau zu achten, und ich schlug oft im Wörterbuch nach und fand in der Grammatik nie eine Antwort auf meine Zweifel. Die Arbeit und die Zeit brachten die Dinge schließlich in Ordnung, aber nie ganz, denn noch heute bin ich beim Schreiben unsicher.» Für seine Versuche als Maler machte er dagegen geltend: «Ich möchte, daß man mich als Maler vergißt. Die Poesie sagt mir mehr zu».

1927, das Jahr, in dem der wesentliche Teil der Engelgedichte Rafael Albertis entstand, war gleichzeitig ein Jahr größerer Umbrüche. «Ein großes Jahr war dieses 1927!», schreibt Rafael Alberti. Für den Dichter war es das Jahr einer tiefen persönlichen Krise: «Als ich nach Madrid zurückgekehrt war, zwangen mich die Wolken innerer Stürme, mich eine Zeitlang zurückzuziehen; dann stürzte ich mich in das wirre, verzweifelte Durcheinander meiner letzten Jahre vor der Republik.» Für seinen damaligen Zustand findet er Worte wie für einen Todeskampf: «Welcher jäh einfallende Schatten trennte mich beinahe unmerklich vom Licht, von der marmornen Form meiner letzten Gedichte, von dem noch nicht fernen Gesang der Brunnen, von meinen Schiffen, Flußmündungen und Salinen, um mich in diesen Schacht der Finsternis, dieses dunkle Loch zu stürzen, wo ich beinahe in Agonie, aber heftig um mich schlug, um einen Weg zur bewohnten Oberfläche, zur reinen Luft des Lebens zu erfinden?» Schlafstörungen, Liebeskummer, der Verlust eines Freundes durch Selbstmord, finanzielle Probleme, die Kluft zwischen ihm und seiner Familie und eine tiefe

Unzufriedenheit mit seinem bisherigen Werk stürzen ihn in einen «Abgrund der Katastrophen». Das Ganze mischt sich mit «kindlichen Ängsten», «die mich stoßweise überfielen und mir Gewissensbisse, Zweifel, Höllenfurcht brachten, dunkle Echos aus jenem Jesuitenkolleg, das ich liebte und das mich leiden machte in meiner Bucht von Cádiz». Ganz offensichtlich war er in einen inneren Zustand geraten, aus dem er sich nicht mehr zu befreien wußte: «Was sollte ich tun, wie sollte ich sprechen, wie schreien, wie diesem Gestrüpp, durch das ich mich schlug, Form geben ...? Ich tauchte immer tiefer ein, vergrub mich immer mehr unter meinen Trümmern, mit zerrissenen Eingeweiden, zersplitterten Knochen.»

Was hier beschrieben wird, ist die Erfahrung des Selbst-Verlustes oder des Verlustes der eigenen Ganzheit, erlebt wie das Auseinanderfallen in Stücke. Und dann ist es, als würde er sich selbst in der Krise sortieren mit Hilfe einer Gestalt, die sich ihm von außen beziehungsweise aus der Tradition zur Verfügung stellt: «Da enthüllten sich mir die Engel, nicht die christlichen, körperlichen, die man auf den schönen Gemälden und Drucken sieht, sondern unwiderstehliche Kräfte des Geistes, formbar nach den schmutzigsten, geheimsten Zuständen meiner Natur. Und ich ließ sie in Scharen los auf die Welt als blinde Reinkarnation alles Blutigen, Trostlosen, Qualvollen, Schrecklichen und manchmal auch Guten, das ich in mir trug und das mich einhüllte». Und hier folgen Worte schonungsloser Selbsterkenntnis und tiefer Bereitschaft, sich selbst so anzusehen, wie er ist, sich und seine ungeschönte Lebenssituation: «Ich hatte ein Paradies verloren, vielleicht das meiner jüngstvergangenen Jahre, meiner hellen frühen, fröhlichen und problemlosen Jugend. Ich war auf einmal wie ohne alles, ohne das Blau hinter mir, meine Gesundheit war wieder stark angegriffen, zerrüttet, ich war im Innersten zerbrochen. Ich begann mich von allem fernzuhalten. ... Ein Gast des Nebels, schrieb ich zu allen Stunden der Nacht. ... Meine Sprache wurde schneidend, gefährlich, wie eine Degenspitze. Die Rhythmen sprangen in Stücke, und jeder Engel schwang sich empor in Funken, in Rauchsäulen, in Aschewirbeln, Staubwolken ...» Schließlich faßt er sein Leiden nur noch ganz kurz: «Ich war krank, allein.» An dieser Stelle deutet Rafael Alberti an, wie er dem Schreiben entfliehen möchte, das offenbar in einem ständigen Zusammenhang mit seiner verhängnisvollen inneren Verfassung steht: «Ich wollte arbeiten, etwas anderes tun als schreiben. Damals bat ich mehrere befreundete Architekten, mich als Hilfsarbeiter irgendeiner Baustelle unterzubringen. Aber wie denn! unmöglich! Sie dachten, das sei ein Scherz, eine Überspanntheit, eine Methode, auf mich aufmerksam zu machen. Ich bestand darauf. Kanalreiniger wollte ich werden, Straßenkehrer, das Schlimmste, Bescheidenste, Erniedrigendste ... ich wollte entkommen aus dieser Höhle der Dämonen, der langen Schlaflosigkeiten, der Alpträume.»

Ein Freund, José Maria Cossío, lädt ihn schließlich ein, zu ihm nach Tudanca zu kommen, sich zu erholen und in seinem Haus zu arbeiten. «Einigermaßen zur Ruhe gekommen, vermehrte ich mein Buch um eine nicht geringe Anzahl von Gedichten. Die Dunkelheit der Berge, der Kampf der Winde – des Südwests und des Nordwests – und dazu diese Einsamkeit schenkten mir neue Engel für diesen Band. Dort in Tudanca geschah es, daß der kurze, gezügelte, strenge Vers unmerklich in einen anderen, längeren überging, der sich den Regungen meiner Phantasie in jenen Tagen besser anschmiegte. Ich schrieb die ... ‹Drei Erinnerungen an den Himmel› ...» Dann unterbricht Rafael Alberti seine Arbeit an dem Gedichtzyklus und beschäftigt sich eine Zeitlang mit Fußball und Weinbau. «Engel und Dämonen hatten unterdessen weitergewirkt in meinem Innern, und ich holte sie, mit meinem eigenen Blut befleckt, hervor und schloß sie ein in jene Gedichte, die ich nun bald fertig haben sollte.»

Dieser Dichter, der so detailliert aufzeigt, wie sogar die Rhythmen und Versmaße seines Werkes seine jeweilige Befindlichkeit während des Schreibens widerspiegeln, kann daher wohl mit gutem Grund auch von der «elektrisch geladenen Atmosphäre der Engel» schreiben. Trotz der engen biographischen Zusammenhänge, ohne die dieses Werk vermutlich nicht entstanden wäre, war wohl auch abgesehen von dieser individuellen Lebenssituation die Zeit reif dafür. «Heftige Gewitter am politischen Himmel Spaniens waren dem Erscheinen des Buches günstig» – so steht es in seinen Notizen über das Jahr 1928.

Schließlich, beim Erscheinen der Engelgedichte, ist es, als hätte der Dichter mit ihnen eine Phase hinter sich gelassen, die nun innerlich abgeschlossen ist, oder, progressiver formuliert, als hätten sie ihn in eine Richtung gedrängt, in die er sich nun nur noch vorwärtsbewegen kann: «Wie verworren waren für mich diese Tage, in denen die Engelsgedichte erschienen ... Aber die Engel waren mir schon entflohen, sie hatten mich leer zurückgelassen, und nur die schmerzende Öffnung der Wunde blieb mir noch. Doch dies war nicht die Zeit zu weinen ...» Unverkennbar beginnt nach den Engeln Neues. «Doch plötzlich öffneten sich meine Ohren Worten, die ich früher nie bewußt vernommen hatte oder die mir nichts sagten: Republik, Faschismus, Freiheit ...» Später geht die Vorstellung vom Engel parallel zu seiner politischen Emanzipation auch über in einen Teil seines Selbstverständnisses. So schreibt er über die Erstaufführung seines Stückes «Der unbewohnte Mensch», das von vielen Anleihen aus den Engelgedichten lebt: «Ich war immer noch der zornige junge Mann – halb Engel, halb Narr – dieser anarchistischen Jahre. Als man beim Schlußapplaus nach mir rief und verlangte, daß ich sprechen solle, rief ich daher, indem ich mein schönstes Lächeln wie einen Degen schwang: ‹Es lebe die Vernichtung! Nieder mit der Verwesung des gegenwärtigen Spaniens!› Damit entfesselte ich einen Skandal sondergleichen ...»

Der Gedichtzyklus gliedert sich in drei Gruppen von Einzelgedichten, die jeweils unter der Überschrift «Gast der Nebelschwaden» stehen. Den Eingang bildet ein einzelnes Gedicht mit dem Titel «Verlorenes Paradies». Die erste Gruppe hat an vierter und an letzter Stelle je ein Gedicht mit der Überschrift «Der gute Engel». Das gilt auch für eines der zweiten Gruppe. Die dritte Gruppe endet mit einem Gedicht «Der überlebende Engel». Damit sind im Prinzip die wenigen Texte markiert, die ein positives, annähernd traditionelles Engelverständnis formulieren. Die übrigen achtundvierzig Gedichte handeln von Engeln, die beispielsweise als «unbekannt», «schicksallos», «illusionslos», «verlogen», «aschgrau», «neidisch», «rachsüchtig», «dumm», «falsch» oder «tot» bezeichnet, auf jeden Fall mit Eigenschaften gekennzeichnet werden, bei denen negative, hoffnungslose oder depressive Konnotationen mitschwingen.

So sehr die Engel eigenständige, neugeschaffene Gebilde Rafael Albertis sind, kommen sie doch nicht aus ohne christliche Reminiszenzen. Sie greifen zurück auf Bruchstücke der christlichen Engeltradition, ohne sich diese jedoch irgendwie zu eigen zu machen, im Gegenteil, es ist ein äußerstes Bedürfnis nach Verfremdung derselben herauszuspüren. So wird schon im Eingangsgedicht «Verlorenes Paradies» eine letzte Erinnerung an den traditionellen Engelglauben deutlich, wenn auch nur noch in der Negation beziehungsweise in seinem Versagen. Die Erinnerung an den Engel als «Wächter» ist noch da, und auch der Gedanke, er könne dem Menschen die Hand auf die Schulter legen – Geste eines Schutzengels, den es nicht mehr gibt:

> *Hinter mir, kaum erkennbar,*
> *nie die Schultern berührend,*
> *mein toter Engel, Wächter.*

Zwar ist der Engel noch nah – wie wir es aus unzähligen Schutzengelbildern vor allem des neunzehnten Jahrhunderts kennen –, aber es gibt keine Berührung mehr, er schweigt, und damit ist er tot. Trotzdem bleibt dem Dichter die Sehnsucht nach dem christlichen Traditionsengel:

> *Laß an die Luft dich locken,*
> *Schatten, Schatten von zwanzig*
> *Jahrhunderten, zur Wahrheit*
> *der Luft, der Luft, der Luft.*

Verlust der Traditionsengel und Sehnsucht nach ihnen verdichten sich am Ende des Gedichtzyklus in der Gestalt eines einzigen überlebenden Engels:

> *Alle Engel verloren ihr Leben.*
> *Außer einem, verwundet, die Flügel gestutzt.*

Der Inhalt dieses Werkes ist der Zustand eines Menschen nach einem schweren Verlust, der das ganze Leben verändert und prägt. Wenn wir so wollen, ist es ein Stück intensiver Trauerarbeit. Von daher interessiert die Ausgangssituation, «das verlorene Paradies», ebenso wie der dem Verlust folgende innere Prozeß. Das «verlorene Paradies» Rafael Albertis hat verschiedene Bedeutungen. Offensichtlich überlagern sich mehrere Interpretationsebenen:

- der religiöse Verlust,
- der Verlust einer geliebten Person und
- der Tod eines Freundes sowie
- die stellvertretend vom Individuum besonders intensiv erlebte Situation kultureller und politischer Verflachung.

So ist «Über die Engel» in gleicher Weise das Zeugnis eines religiösen Umbruchs oder des Zusammenbruchs traditioneller religiöser

Inhalte, das Zeugnis eines individuellen Zusammenbruchs durch den Verlust einer Liebe und eines Freundes und ein Monument der Verzweiflung und Verlassenheit des Menschen in der modernen Welt. Intensive Krisen haben eine Tendenz, alte Krisen wiederzubeleben; hier wird deutlich, wie eine wankende Grundfeste des individuellen Lebensgebäudes die anderen mitreißt: Privatleben, Religion, Kultur, Politik. Nichts bleibt: außer einem versehrten, überlebenden Engel. Auch dieser letztverbliebene Engel hat wohl seine verschiedenen Bedeutungsebenen. Festhalten können wir für den Gedichtzyklus «Über die Engel», daß hier der Verlust einer Frau zwar nicht Hauptinhalt oder der einzige Inhalt der Krise ist, wohl aber das auslösende Moment.

Zunächst stellt sich dem Leser und der Leserin also die Frage: Was wurde denn nun verloren? Das erste Gedicht steht unter der Überschrift: «Das verlorene Paradies». In sechzehn dreizeiligen Strophen beklagt der Dichter den Verlust aller sinntragenden Kräfte, das «Nichts aller Welt», die Einsamkeit in einer nichts mehr vermittelnden, stummen Landschaft:

> *Städte, doch keine Antwort,*
> *Flüsse, sprachlos, kein Echo*
> *der Gipfel, stumme Meere.*

Er befindet sich unter Menschen, die nichts verstehen, die starr an Gräbern stehen und deren Lieder zu Stein geworden sind. Und auch vom Himmel kommt keine Hoffnung mehr:

> *Zerflossen, nimmer faßbar*
> *die Wahrheit, die sie bergen,*
> *entfliehen mir die Himmel.*

In einem regressiven Sog zieht es ihn in eine Depression, die dem Tod ähnlich beschrieben wird:

> *Zurück, zurück! Wie grauenhaft*
> *dies Dunkel ohne Stimmen!*
> *Wie verloren meine Seele!*

Das ist die Situation, in die hinein er seinen verzweifelten Wunsch nach dem Engel schreit, eine Sehnsucht, die den ganzen Zyklus bestimmt. Dieser Dichter kann nur weiterleben, wenn ihm (diesem Ich) Engel entstehen:

> Toter Engel, erwach doch!
> Sag, wo bist du? Erleuchte
> mit deinem Blitz den Heimweg.
> Stille. Wachsende Stille.
> Kein Pulsschlag, der noch pocht
> in der endlosen Nacht.
> Verlorenes Paradies!
> Verloren, da ich dich suchte,
> ich, ohne Licht für immer.

Beim Lesen sind wir darauf angewiesen, zu ahnen oder zu erraten, was das Paradies ist, das hier verlorenging. Nur Fetzen von Andeutungen finden sich, und zaghafte Rückschlüsse sind vielleicht möglich. Auch eine kurze, traumhafte Erinnerung an eine Liebesszene kann vom Ich des Gedichts nicht behalten werden:

> Du. Ich. (Der Mond.) Am Weiher.
> Grüne Arme und Schatten
> umschlangen deine Hüften.
> Ich weiß noch. Weiß es nimmer.

Die geschlossene Welt, die die verhandelte Person in sich trug, wird als Stadt bezeichnet. Eine Stadt erscheint hier wie ein geordnetes Selbst:

> Er hatte eine Stadt in sich.
> Und er verlor sie kampflos.
> Und ging selbst verloren.

Vielleicht war die Geliebte die Stadt oder die Garantin der Stadt, die er in sich hatte, die, die ihn beseelte. Jedenfalls spricht er sie flehend direkt an:

> Du, Gefallene,
> du, Geschleifte,
> du,
> die beste der Städte.

Nach dem Verlust der Geliebten bleibt ein seelenloser, entselbsteter Mensch zurück, dessen Inneres und dessen Vergangenheit ihn einholen, ohne ihm wieder zu einer inneren Struktur, einer Stadt vergleichbar, zu verhelfen, im Gegenteil: Er wird bedroht von innen und von außen. Und sehr deutlich erkennen wir, wie hier ein bedrohtes Selbst nicht verstehen kann, worin die eigentliche Bedrohung liegt. «Nebel» wird sie deshalb genannt:

> *Nebel zu Fuß und zu Pferde,*
> *Nebel, angeführt*
> *von Schwaden, die ich in mir*
> *begraben weiß,*
> *rücken an, mich auszulöschen.*

Das Paradies könnte der Zustand gewesen sein, in dem er beseelt war von der Geliebten. Sie «bewohnte» ihn. Solange sie das tat, hatte er eine innere Ordnung in sich. Ich und Du hatten ihre Grenzen und er besaß die Kontrolle über sein Leben. Aber die Kontrolle über sein Inneres ist ihm entglitten, er hat das «Kommando» verloren:

> *Ich, Turm ohne Kommando, dazwischen,*
> *todbleicher Turm, behangen*
> *mit toten Seelen, die mich gesehen,*
> *mich nicht gesehen haben.*

Dieser Mensch ist den Mächten («Nebel», «tote Seelen») ausgeliefert, gleichzeitig braucht er sie, um seinen Zustand überhaupt benennen zu können. Sehr ähnlich ist die Verfassung von Menschen, die ihr Selbst aus Bruchstücken bilden und zusammensetzen. Sie brauchen neue Übergangsobjekte, die den Weg in eine neue Lebenswirklichkeit ebnen.

Hier werden dem Dichter die Engel wichtig. Er «besetzt» seine Engel mit einer unzähligen Vielfalt von Rollen, gerade so, als würde er eigene Anteile auf sie verteilen. Dabei sind die «guten» Engel auffällig nur eine Minderheit. Das Bild bestimmen Engel mit negativ getönten Eigenschaften: «unbekannte», «schicksallose», «illusionslose», «verlogene», «aschgraue», «tollwütige», «grausame», «neidische», «rachsüchtige», «dumme», «raffgierige», «falsche», «tote», «häßliche» Engel stehen im Vordergrund. Daneben gibt es – noch rätselhafter formuliert – «Moderengel», «Kriegsengel», «Engel der Hast», «Kohlenengel», den «Engel der Ruinen» oder den «Engel des Mysteriums». Sehr bescheiden nehmen sich daneben die «guten Engel» und der «überlebende Engel» ihren Raum, was sie aber gerade dadurch bedeutsam macht. Lesen wir den Gedichtzyklus in einem Stück, so können wir ganz elementar spüren, wie der Dichter in stürmischer Wut und Verzweiflung Engel in grenzenloser Vielfalt aus sich herausschleudert.

Am Anfang – nach der Anrufung des «toten Engels» im Einführungsgedicht über das «verlorene Paradies» – steht das Gedicht «Kündigung». Was ist gemeint? Das Ich ist hier als Haus vorgestellt, die Kündigung ergeht an ein nicht klar benanntes Du, die Engel – wie eine Art Makler – bestimmen, wer einziehen wird. Die Engel bekommen auf diese Weise übergroße Macht über das lyrische Ich eingeräumt. Dieses bleibt leer zurück. Zwei Gedichte weiter lesen wir:

> *Da war er nun leer, mein Körper,*
> *ein schwarzer Sack nur, am Fenster.*

> *Mein Körper ging, ganz allein.*

Dieser Zustand der Entselbstung wird immer wieder durchgespielt, in Worte gebracht:

> *Ein Körper, der hatte als Seele*
> *die Leere, gar nichts.*

Mal stehen die Engel neben dem Ich, mal feindlich gegenüber; mal Engel gegen Engel, mal verschwimmen Ich und Engel. Stets sind die Grenzen fließend.

> *Was tat ich dir, sag, daß du all dies losläßt?*
> *Wozu steckst du, mit deinem sauren Atem*
> *fauchend, all meine Engel mir in Brand?*

Und an anderer Stelle:

> *Und trübe, wütende Engel*
> *machten zu Schutt und Asche deine Seele,*
> *deinen Körper.*

Aber auch:

> *Lichtengel du, glutheiß,*
> *oh, komm und steck in Brand*
> *mit deinem Schwert die Abgründe, in denen*
> *unterirdisch mein Nebelengel liegt.*

Und zwischendurch lesen wir immer wieder Anspielungen darauf, daß der Verlust der Liebe mit dem Verlust beziehungsweise einer Dämonisierung der Engel zusammenfällt:

> *In deinen Händen,*
> *waren noch, von damals,*
> *gestorbene Flügel und Blätter.*
>
> *Begraben wir's.*
>
> *Liebe. Schattenpolyp,*
> *übler.*

In einem Gedicht mit der Überschrift «Das Morgendämmern mit der Namengebung» wird das Ringen des Dichters, seine Engel besser zu verstehen, deutlich. Namen werden durchgespielt: «Fehlgelaufener Traum», «Engel ohne Ausweg», «verworren weinendes Licht», «Kristall ohne Klang». Alle Benennungen werden verworfen bis auf eine: «Irrtum des Schnees im Wasser. Das ist dein Name.» Wie können wir das verstehen? Der Schnee ist zu kalt, um sich mit dem Wasser zu verbinden, er muß für sich bleiben – wie der Schutzengel hinter dem Ich, dem keine Berührung mehr gelingt. Engel = Irrtum der Kälte? Das sind keine Traditionsengel mehr, die eine tiefsinnige Schutzsymbolik bergen. Das sind Boten von irgendwoher, die keine Botschaft mehr bringen. Nur letzte Anspielungen auf biblische Engel werden gewagt, kaum noch identifizierbar, mehr trauernd um den Verlust als hinweisend:

> *Ein Kind, ein einsames Kind, das zu einem nachtdunklen*
> > *Stein heranwuchs,*
> *zum gleichgültigen Engel einer Leiter ohne Himmel ...*

Engel werden auf geheimnisvolle Weise für die Existenz der Seele wie für ihren Tod (Selbst-Verlust) verantwortlich gemacht:

Engelstimmen kündeten dir da an den Stapellauf und den
Untergang deiner Seele.

Nur jemand, dem die Engel einmal viel bedeutet und gegeben
haben, kann eine Sprache für sie finden, wie es Rafael Alberti gelungen ist. Der beschriebene Zustand ist dem eines Kindes vergleichbar, dem seine Übergangsobjekte zerschlagen werden oder
dem die Bezugsperson, mit der diese in Zusammenhang gebracht
werden, plötzlich ihr Schutzangebot – faktisch oder scheinbar –
entzieht. Das ist ein innerer Vorgang, und er muß für die Umgebung nicht einmal spürbar sein. Und so schreibt der Dichter
folgerichtig:

> *Um in die Hölle zu fahren, braucht man weder Platz noch*
> *Stellung zu wechseln.*

Wir erinnern uns: Der Dichter klagt in seinen Erinnerungen im
Zusammenhang mit seiner persönlichen Krise auch über die
Ignoranz seiner Familie. Mag sein, er kannte diese Art von
«Engelverlust» oder «Engelverfremdung» schon aus seiner Kind-
heit. Oder aber er gestaltet seine Fassungslosigkeit über den ge-
genwärtigen Verlust aller bis dahin Geborgenheit vermittelnden
Personen, Mächte und Ordnungen und ist dabei intuitiv genug,
dies in ein Kindheitserlebnis zu projizieren. Er formuliert das
Gegenteil der den kindlichen Schlaf bewachenden Engel in der
Nacht:

> *Wer an die Lebenden denkt, wird tönerne Hohlformen sehen,*
> *bewohnt von treulosen, unermüdlichen Engeln:*
> *den nachtwandelnden Engeln, welche die Umlaufbahnen*
> *der Mühsal vermessen.*

Nicht Bewahrung, sondern Auslieferung an die Nacht symbolisieren
diese Engel. Nur einen verzweifelten Appell an Menschen, nicht an
Engel, kann der Dichter gegen diese Erfahrung setzen:

> *Laßt euch nicht los, haltet euch fest an den Händen!*

Aber dieser Ausruf verhallt im Leeren, und konsequent stellt sich
diesem Dichter die Frage:

Wozu noch weiterwandern?

Falsch ist die Aussage gewesen, daß ein Strick um den Hals
etwas Unangenehmes sei, ...

So ist das Ende des Gedichtzyklus konsequent und inkonsequent
zugleich:

Der letzte Schrei eines Menschen befleckte den Wind mit Blut.
Alle Engel verloren ihr Leben.
Außer einem, verwundet, die Flügel gestutzt.

So, wie es für Rafael Alberti eine Erinnerung an das Paradies gibt
– wie verzerrt und verschwommen auch immer –, so mischt sich
unter all die negativ getönten Engel immer wieder ein «guter Engel» und einmal der «Engel aller Engel». Es ist, als wären dies seine paradiesischen Engel, als stünden sie auch für das, was ihm
«Paradies» war. Der «gute Engel» verbindet sich mit der Erinnerung an die Nähe zu seiner verlorenen Geliebten. Er war so etwas
wie ihr Bote oder Stellvertreter.

Vor Jahren mal, ich schlief schon,
hielt jemand unerwartet vor meinem Fenster inne.

Steh auf! Und meine Augen
sahen Federn und Schwerter.
...
Schau, da ist sie! Ihr Traumbild,
schwebend, hangend am Nichts.
...
Jemand sagte: Steh auf!
Ich stand in deiner Stube.

Im zweiten Gedicht mit der Überschrift «Der gute Engel» zeigt
sich, wie dieser rundum für alles Leben steht. Die Landschaft,
Fenster, Straßen werden belebt. Beziehungen werden wiederher-
gestellt: «Entgleiste Züge kuppeln sich zusammen, rollen weiter.»
Licht und Glockenklang prägen die Umgebung. Da ist wohl auch
die religiöse Dimension noch heil. Die Phantasie (die Kraft, die die
Übergangsobjekte belebt!) vermag noch alles:

Die Welt, obwohl sie noch immer
Welt ist, hat Platz in der Hand
eines kleinen Mädchens.

Die Rückbindung an einen Glauben ist durch den Engel gewährleistet:

Einen Brief aus dem Himmel hat ein
Engel herabgebracht.

In dem dritten der Gedichte mit der Überschrift «Der gute Engel»
wird deutlich, wie das innere Bedürfnis und das aus der Außenwelt an das Ich herantretende Angebot zusammenstimmen, gerade so wie wir es kennen aus jener Entwicklungsphase des Kindes,
in der der intuitive Zugang der Mutter zur Bedürfnislage des
Kindes eine Übereinstimmung schafft zwischen Innenwelt und
Außenwelt. Diese leitet die Entstehung des Übergangsraumes ein.

Es kam der, den ich liebte,
der, den ich gerufen.

Bei der nächsten Strophe erinnern wir uns an die Namengebung:
«Irrtum des Schnees im Wasser».

Nicht jener, der schutzlose Himmel fegt,
Gestirne ohne Unterschlupf,
Monde ohne Heimat,
Schnee.
Schnee, wie er einer Hand entrieselte,
ein Name,
ein Traum,
eine Stirn.
Nicht jener, der sich den Tod
ums Haar geschlungen hat.
Der, den ich liebte.

Das Zusammenkommen von Innen und Außen findet in grenzenloser Harmonie, vollkommen stimmig statt:

Ohne die Lüfte zu schrammen,
ohne Blätter zu ritzen oder Fenster zu rütteln.

Und dieser Engel kommt auch ganz behutsam, ohne Lärm:

> *Jener, der sich die Stille*
> *ums Haar geschlungen hat.*

Wie sehr ein solcher Engel eine progressive Bewegung ins Leben hinein eröffnet, zeigt die letzte Strophe, die mit Bildern des Strömens und des Fahrens auf Wasser arbeitet:

> *Um hier, ohne mir wehzutun,*
> *ein Flußbett lieblichen Lichts in meiner*
> *Brust zu graben*
> *und meine Seele schiffbar zu machen.*

Der «Engel aller Engel» gehört auf seine Weise in den Reigen der «guten Engel» mit hinein. Es ist nicht ganz klar, ob er eine Art Prototyp der Albertischen Engel darstellen soll oder eher im hierarchischen Sinne der Engel aller Engel ist. Ich neige zur letzten Auffassung, da seine Entfernung zum Menschen in besonderer Weise herausgestrichen wird:

> *Nie hat sein Schatten eine*
> *Menschenfigur gekritzelt.*

Dieser Engel wird pointiert vorgestellt als ein von allem Menschlichen unberührter: Er hat seinen Rufnamen vom Meer, den Zunamen vom Wind, den Körper von den Wolken und vom Feuer die Seele, aber nichts von der Erde. Er ist ein reines Phantasiegebilde, zusammengesetzt aus Naturgewalten, aber abgehoben von allem Irdischen:

> *Dies Wandelreich dort,*
> *in der Schwebe gehalten von den Adlern,*
> *weiß nichts von ihr (= der Erde).*

Damit ist dieser «Engel aller Engel» auch weniger verletzlich, und eben auch «jenseits von gut und böse». Das hat er allen anderen Engeln Rafael Albertis voraus. Er kennt keine Ambivalenz. Der Preis ist: Er hat mit den Menschen nichts zu tun, er steht ganz für sich, funktionslos. Insofern ist er – psychodynamisch betrachtet – eine Vorstufe der guten wie der negativ besetzten Engel. Die guten Engel befinden sich bereits in einem so oder anders gearteten paradiesischen Raum, die bösen sind geprägt durch den Verlust desselben. Nur in dieser Qualifizierung können die Menschen von ihnen «Gebrauch» machen. Kinder in der Phase von Übergangsobjekten können nur von den Objekten Gebrauch machen (im Sinne ihrer inneren Bedürfnisse), die sich auf irgendwelchen «leisen» Wegen in eine Verbindung zur primären Bezugsperson und dem durch sie atmosphärisch abgesicherten Raum setzen lassen.

Wir begegnen in den Engelgedichten Rafael Albertis einer präzise ausformulierten Ambivalenz des Lebens, die sich niederschlägt in verschiedenen Polaritäten, wie

Paradies   – Hölle
Vergangenheit – Zukunft
Leben   – Tod,

und die im Gegenüber vom Lichtengel und dem Engel der Finsternis kulminiert. Die Bildwelt des einleitenden Gedichts «Verlorenes Paradies» bewegt sich in der so zwar nicht ausgesprochenen, aber unverkennbaren *Antithese Paradies – Hölle*. Wobei das Paradies – wie oben ausgeführt – keinen heilsgeschichtlichen Bezug mehr hat. Rafael Alberti findet Paradies und Hölle im Menschen selbst. Die «Hölle» wird nur einmal an anderer Stelle ausdrücklich genannt («Um in die Hölle zu fahren, braucht man weder Platz noch Stellung zu wechseln.» s.o.), aber eine ganze Welt voller Schatten und Nebel wird vorgestellt. Der Engel der zweiten Strophe wird in der dritten als Schatten bezeichnet. So ist hier zum erstenmal seine kommunikative Funktion zum Negativen hin angedeutet, Präludium zu einem den ganzen Zyklus bestimmenden Sog, die Grenzen zu verwischen. Die erste Berührung mit der dunklen Welt löst Schrecken und den Wunsch zur Umkehr aus:

O Bresche dustrer Schatten!
Brodelnder Sud der Welt!
Welch ein Wirrwarr von Zeiten! –

Zurück, zurück! Wie grauenhaft
dies Dunkel ohne Stimmen!
Wie verloren meine Seele!

Ich kann Bernward Ophey zustimmen, wenn er die implizite Antithese von Paradies – Hölle kommentiert: Im «Verlorenen Paradies» «ist die christliche Herkunft der dominierenden Bilder offenkundig und gibt dem Gedicht eine Art mythologischer Kohärenz, auf der jener Eindruck der Geschlossenheit beruht, der schon bei der ersten Lektüre entsteht. Zugleich ist aber der christliche, übernatürliche Sinn der Suche nach dem Paradies aufgegeben zugunsten eines innerweltlichen, innermenschlichen Sinnes, die christliche Symbolik ist säkularisiert».

Die *Antithese Vergangenheit – Zukunft* (beziehungsweise Gegenwart) ist mehrfach angedeutet. Erwähnt sei hier das Gedicht «Der Kohlenengel». Der frühere Engel wird dem gegenwärtigen, offenbar in Kellergemachen heruntergekommenen, gegenübergestellt. Letzterer muß heftig abgewehrt werden: «Mir aus den Augen!» – Früher gab es mit dem Engel eine progressive Bewegung voller Leben:

> *Früher, schneeglitzernd, golden,*
> *im Schlitten durch mein Herz.*

Jetzt hat der Engel einen Weg «durch Abstellschuppen» hinter sich, durch «die Dachkammern der kaputten Träume». Er ist ein «Schattenpolyp» geworden, «voll Ruß und Schlamm», «kohlschwarz» und «verdreckt», gezeichnet von Spinnweben, Motten, Staub. Nicht mehr an Paradies und Liebe läßt er partizipieren. Nur mit unangenehmen Erinnerungen an die Vergangenheit verbindet sich seine Erscheinung:

> *Beschmiert von deinen Händen*
> *meine Möbel, die Wände.*

> *Allem hast du*
> *dein Andenken aufgestempelt*
> *mit Sudelschwarz und Schmotz.*

So drückt jemand Ekel aus, von dem er sich kaum befreien kann. Verbrennen soll diese Erscheinung:

> *Ins Feuer mit dir!*

Auch die *Antithese von Leben und Tod* finden wir bisweilen angedeutet, wobei auch hier die Grenzen verschwimmen können, gerade so als wäre in aller Verwirrung, in der das Ich steckt, der Unterschied und Kontrast von Leben und Tod nicht einmal mehr auszumachen:

> *Toter Engel, erwach doch!*

Wie soll das angehen? Hier wird der Engel «benutzt», um eine Verwischung der Grenze zwischen Leben und Tod zu erwirken. So ähnlich ist es mit dem «toten Feuer» oder der «Helle ohne Leben», als wäre ein letzter Rest Leben nur dem Tod abzuringen. Dieser Gedanke zieht sich wie ein roter Faden bis zur ausdrücklichen Todesphantasie im vorletzten Gedicht durch den Text:

> *... Es ist an der Zeit, daß ihr mir die Hand gebt*
> *und mir das bißchen Licht zusammenscharrt, das ein Loch*
> *noch aufschnappt, während es sich schließt ...*

Hier dreht sich alles um die *Erfahrung des Todes im Leben* – wie schon in einem früheren Gedicht formuliert wird:

> *Dieser Mann da ist tot*
> *und er weiß es nicht.*

Auf diesem Hintergrund müssen wir uns nicht wundern, daß auch ein «Lichtengel» einem «Engel der Finsternis» gegenübersteht. Als die «Lichter abgestürzt» sind, erscheint der «aschgraue Engel». Er kommt «im Nachen der Nebelwogen», also da, wo alles zerfällt und verschwimmt.

> *Schlingernd, irre torkelnd, rollte*
> *die Welt durch das Nichts, verendet.*

Ein «Lichtengel» soll im Kampf gegen den «Nebelengel» helfen. Der «Lichtengel» ist – geradezu traditionell – vorgestellt als «Beschützer», der andere als «kalter Engel aus Staub, bar nun der Herrlichkeit, in das Dunkel gestürzt!» – Manchmal wird deutlich, daß «gute» und «böse» Engel sich nicht selbstverständlich unterscheiden lassen:

> *Böse oder gute Engel,*
> *ich weiß nicht,*
> *warfen dich mir in die Seele.*

Die Zuschreibung von Eigenschaften an die Engel läßt uns beim Lesen hin- und herirren zwischen Himmel und Erde, so auch bei der Frage nach dem «dummen Engel», mit «kindsblöder Seligkeit» geschlagen:

> *Wenn er vom Himmel ist, so himmlisch dumm*
> *warum dann auf der Erde? Sag mir.*
> *Sagt doch.*
> *... Ob der wohl irdisch ist!*
> *Ja, den gibt's bloß auf Erden.*

Himmlisch oder irdisch? Himmlisch dumm oder kindsblöd und irdisch? Wir werden hineingezogen in eine Verwirrung, deren Auflösung nicht erfolgt. Die Antithesen in den Gedichten stecken einen weit ausgespannten Rahmen, innerhalb dessen wir hin und herpendeln müssen, um Rafael Albertis Engeln zu folgen. Wir werden in die Verwirrung hineingezogen und können eine einst dagewesene Klarheit über sie nur ahnen. Es muß die «böse Minute» gewesen sein, die alles durcheinander brachte. Ihr widmet der Dichter ein eigenes Gedicht. Als die Welt noch paradiesisch war,

> *da übergipste mir jemand die Brust und den Schatten,*
> *heimtückisch, hinterrücks.*

In der Brust sitzt das Leben, und ein Mensch ohne Schatten verliert seine Lebendigkeit. Licht und Schatten gehören zusammen und markieren die Bipolarität aller Lebensprozesse. Die «böse Minute», in der dem Ich das innere Leben oder seine Lebendigkeit genommen wurde, das war

> *die Minute des Telegramms, das zur Unzeit eintraf,*
> *und der Entdeckung von Blut,*
> *die Todesminute des Wassers, das immer zum*
> *Himmel blickte.*

Wir finden Andeutungen darüber, daß der Dichter den entscheidenden Augenblick dieses Selbstverlustes – der im weitesten Sinne ja das Erlöschen aller Lebensprozesse beinhaltet – in der Kindheit ansiedelt. So finden wir in der Gedichtgruppe «Tod und Gericht», die sich ebenfalls in dem Zyklus der Engelgedichte befindet, die folgenden, in ihrer Symbolik anrührenden Zeilen:

> *achtet auf zwei Augen, die nach den Nebenflüssen*
> *des Himmels fragen,*
> *achtet auf eine Erinnerung, die sich verirrt hat*
> *zwischen Namen und Daten.*
> *Kind.*

In der Kindheit ist der Engel versteinert. Aus einem Vermittler zum Paradies wurde ein Bote des Nichts:

> *Engel, der zum nachtdunklen Stein heranwuchs,*
> *zum Grenzstein zwischen dem Tod und dem Nichts.*
> *Du: ich: Kind.*

Rafael Alberti hat in seinen Engelgedichten einer stürmischen inneren Auseinandersetzung mit Selbstfragmenten Gestalt gegeben. «Beziehungslose Wirklichkeitsreste» – so formuliert Hildegard Baumgart – mischen sich mit Erinnerungsfetzen traditioneller Engelvorstellungen und aufgewühlten Elementen aktueller Selbsterkenntnis. Er schrieb diese Gedichte als zorniger junger Mann, «halb Engel – halb Narr». So seine eigenen Worte. Nichts bleibt im Dichten seines Engelschwarms unangetastet, kein Wert, keine Gewohnheit, keine Beziehung. Er wirft von sich, was nicht trägt. Und er «überlebt» – nicht unversehrt, aber befreit, zu ganz Neuem fähig. So wird an diesem Engelzyklus besonders deutlich, wie Engel einen progressiven, inneren Prozeß begleiten und fördern können, wie sie einen Übergang ermöglichen hinein in einen neuen Lebensabschnitt mit neuen Werten und inneren Ausrichtungen.

Die kritische Auseinandersetzung mit dem traditionellen, in der Familie vermittelten Katholizismus war bereits ein frühes Thema des Protests in der Kindheit Rafael Albertis. Es war ihm offenbar schon in jungen Jahren wichtig, und er hat es auch verstanden, die Widersprüchlichkeit der Erwachsenen in Sachen Religion ans Tageslicht zu fördern und deutlich werden zu lassen. So berichtet er in seinen Erinnerungen «Der Verlorene Hain», wie er die alte Dienerin des Elternhauses, Paca Moy, offenbar an den Rand der Verzweiflung brachte, indem er Schokolade vor der Kommunion verlangte. Was das Kind mit ebenso witziger Unschuld wie frechem Durchsetzungsvermögen in Szene setzte, bringt der postadoleszente junge Mann im Engelzyklus bravourös zum Abschluß. Er ließ von der Religion seiner Kindheit nur überleben, was überlebensfähig und – so würde ich ihn interpretieren – überlebenswürdig war.

Mehrfach formuliert Rafael Alberti – wenn auch nur andeutungsweise, aber dennoch klar – um welches Ziel es in diesem inneren, schweren Kampf ging. Am deutlichsten benennt er es wohl, wenn er – wie oben schon zitiert – schreibt, daß es galt, aus seiner Dunkelheit und Verwirrung heraus «einen Weg zur bewohnten Oberfläche, zur reinen Luft des Lebens zu erfinden». Als einer, der «im Innersten zerbrochen» ist, sucht er nach einer Möglichkeit des Heilseins und der Ganzheit. Dies tut sich kund als Suche nach einer Sprache für das, was in ihm vorgeht: «... wie sollte ich sprechen, wie schreiben, wie diesem Gestrüpp, durch das ich mich schlug, Form geben ...?» – Sein Kampf gestaltet sich wie eine Flucht vor seinem Inneren, eine Suche nach einem neuen inneren und äußeren Standort: «... ich wollte entkommen aus dieser Höhle der Dämonen, der langen Schlaflosigkeiten, der Alpträume.» Indem er sich Scharen von Engeln erstehen und sie dann auch wieder verschwinden läßt, entkommt er. Er entkommt seinem Chaos auf dem Weg über die Engel. Sie helfen ihm, seine inneren Dunkelheiten von außen anzusehen und sie dann hinter sich zu lassen. Das Neue, das sich für Rafael Alberti als Leben und Überleben gestaltet, verbindet sich ihm mit Begriffen wie «Republik, Faschismus, Freiheit». Die Idee, Dichtung könne politisch sein, dämmert ihm: «Damals kam aber auch niemandem der Gedanke, daß Dichtung noch etwas anderes zu bieten haben könnte als intimen Genuß. Nein, das fiel niemandem ein. Doch die Winde, die wehten, waren schon von Vorahnungen voll.»

Eine neue Liebe beginnt kurze Zeit später: «Eines Tages – wir hatten es so beschlossen – ging ich nicht mehr nach Hause. Wir begannen beide ein neues Leben, frei von Vorurteilen und ohne uns darum zu kümmern, was die Leute sagten – diese Hauptsorge des scheinheiligen Spaniens, das wir haßten.» Es läßt sich ganz einfach sagen, wohin diese Engel den Dichter gebracht haben: Er ist ein eigener Mensch geworden – erwachsen und frei.

Offensichtlich mischt sich in den persönlichen inneren Kampf ein religiöser Selbstbefreiungskampf, heraus aus den Einengungen jesuitisch-katholischer Prägung und engstirnig-katholischer Erziehung in seiner Familie. So kann er diese vielfältigen, guten, bösen und ambivalenten Engel provozieren beziehungsweise sehen – tief religiös und tief lästerlich zugleich. Daß diese Engel nicht nur die Seele beeinflussen, sondern gleichzeitig Teile der Seele sind, zeigen fast alle Gedichte. In seinen Gedichten findet sich oft das für symbiotische Beziehungen typische «Ineinander von Subjekt und Objekt, die Unklarheit darüber, wer eigentlich spricht». Typisch für diese Eigenart ist das Gedicht «Der verlogene Engel». Es bleibt völlig unklar, ob dieser als Engel der Lüge gemeint ist oder als deren Opfer:

> *Man hat mich erledigt,*
> *mich, ohne Gewalt,*
> *mit Honig und Worten.*

Ein Gedicht wie das vom «guten Engel» könnte auch ein moderner christlicher Dichter schreiben. Nicht ganz zustimmen kann ich Hildegard Baumgart, wenn sie schreibt: «Aber bei Alberti ist eine katholisch-traditionelle Interpretation ausgeschlossen. Lediglich könnte man annehmen, daß eine Sehnsucht nach der Gläubigkeit der Jugend in ihm lebendig bleibt. Bei ihm bringt der Engel keine Nachricht von Gott, sondern das Gedicht symbolisiert wie alle anderen seines Buches, einen Seelenzustand, hier die zeitweilige Rückkehr in den Einklang mit der Welt». Es geht Rafael Alberti um den Abschied von bestimmten Gottesvorstellungen. In seinen Engeln kann er gleichzeitig – implizit – die Gottesfrage stellen und leer zurückbleiben (sie haben ihn verlassen), d.h. zurückbleiben mit einem neuen Lebenskonzept. Eine neue Gottesvorstellung wird nicht formuliert, aber mehr persönliche Ganzheit erlangt.

Übergangsobjekte und -phänomene ändern im Laufe des Lebens ihre Gestalt. Die Engelgedichte Rafael Albertis sind ein Beispiel dafür, wie Übergangsphänomene im letzten Stadium des Erwachsenwerdens bei dem Schritt in eine ganz eigene, selbstgeschaffene Realität helfen können. Der traditionelle Gott in Gestalt unzähliger Engel muß abgeschüttelt werden. Alles ist in Frage gestellt. Alles wird verwandelt, vieles muß sterben. Nichts bleibt, wie es war. Was zu Ende geht, weiß der Dichter, was die Zukunft bringt, deutet sich erst an. Auch darum überlebt ein Engel. Einer genügt. Wenn nun am Schluß dieser einzige Engel bleibt und überlebt – verletzt, die anderen Engel sind tot – dann höre ich hier heraus, wie ein letzter Rest der katholischen Erziehung bleibt, so wie einzelne Gedichte einen «guten Engel» erstehen lassen, fast traditionell in seiner schützenden und freisetzenden Funktion. Hildegard Baumgart meint zwar: «Es ist nicht klar, was dieser überlebende Engel, nach dem das ganze letzte Gedicht seinen Namen hat, bedeuten soll. Man kann ... aus der Tatsache des Überlebens einen positiven Schluß ziehen und in dem verwundeten, flügellosen Wesen den ‹Engel des Lebens› sehen ... Will man das sonst ganz negative Ende des Buches aber nicht von der allerletzten Zeile her gewaltsam umdeuten, so muß man diesen Engel als ein letztes Symbol von Einsamkeit und Isoliertheit ansehen.»

Aber Rafael Alberti hatte von seinen Gewissensbissen, Zweifeln und seiner Höllenfurcht geschrieben; es mag durchaus sein, daß die Engel, die gegangen sind, diese Belastungen mitgenommen haben. Dann ist es auch möglich, daß sie einen Menschen zurücklassen, der freier geworden ist, sich für oder gegen einen Gott zu entscheiden. Dazu würde die Beobachtung Hildegard Baumgarts passen, daß im dritten Teil des Buches, «der der surrealistischen Inspiration ganz freien Lauf läßt», es oft schwer ist, «zu erklären, warum Alberti einigen Gedichten Titel gegeben hat, in denen Engel vorkommen, und anderen wieder nicht ... Die Engel scheinen sich zu verflüchtigen, ihre Verbindung mit der Seele ist nicht mehr so deutlich wie am Anfang». Dann haben sie ihm quasi im Gehen einen Übergang ermöglicht zu mehr Klarheit über sich selbst und seinen Weg und zu mehr Freiheit, diesen seinen Weg konsequent zu gehen.

Die angedeutete Krise des Dichters scheint zusammenzufallen mit dem endgültigen Verlust seines anerzogenen Glaubens. In theologischer Perspektive stellt sich die Frage, ob die Engel mit den Glaubensvorstellungen verschwinden. Oder heißt seine Aussage vielmehr: Trotz des Verlustes der Glaubensvorstellungen bleiben wenigstens die Engel beziehungsweise wenigstens einer, wenn auch beschnitten? Wir müssen dann fragen: Wofür steht ein solcher überlebender Engel? Versagt sich ein Engel der Aufgabe, zwischen Mensch und Gott zu vermitteln, so bleibt ihm die Möglichkeit, beim Menschen die Frage nach Gott aufrechtzuerhalten – unabhängig von der individuellen Antwort, zu der sich der Einzelne durchringt. Wir hätten es dann mit einer Aussage darüber zu tun, daß die religiöse Fragestellung eine in jedem Fall zum Menschen gehörige Dimension kennzeichnet. Der Bereich fragloser Überzeugungen bleibt unangetastet und erschließt sich mit neuer Klarheit.

9. Engel in Rainer Maria Rilkes «Duineser Elegien»

> Ich ließ meinen Engel lange nicht los,
> und er verarmte mir in den Armen
> und wurde klein, und ich wurde groß:
> und auf einmal war ich das Erbarmen,
> und er eine zitternde Bitte bloß.
>
> Da hab ich ihm seine Himmel gegeben, –
> und er ließ mir das Nahe, daraus er entschwand;
> er lernte das Schweben, ich lernte das Leben,
> und wir haben langsam einander erkannt.
>
> Rainer Maria Rilke

Einen weit gefaßten Zwischenbereich zwischen poetischem Spiel und tiefem existentiellen Ernst markieren Engel im Werk Rainer Maria Rilkes (1875–1926), in besonderer Weise in seinem bedeutendsten Spätwerk, den «Duineser Elegien», und von diesen zehn Elegien wiederum vor allem in den beiden ersten sogenannten Engel-Elegien. So sehr es sich bei den Elegien um eine Art weltbildlichen Entwurf handelt, so sehr entziehen sie sich doch einer glatten Gesamtdeutung. Die Rilke-Forschung, die sich diesem Werk widmet, füllt Bibliotheken; wobei die verschiedensten Interpretationsansätze auffallend darin übereinkommen, daß sie in großem Umfang zurückgreifen auf Rilke-Zitate, etwa in dem Sinn: Rainer Maria Rilke interpretiert sich selbst. Dichterische und persönliche Aussagen sind in den Elegien ungewöhnlich dicht miteinander verquickt.

Erstes Hören oder Lesen der Elegien vermittelt eine Mischung aus Ratlosigkeit, Staunen und Wiedererkennen, dies nicht zuletzt durch viele Brüche im Gedankenfluß, Abbrüche der Sätze, Neuansätze und einen insgesamt immer wieder einhaltenden Sprachfluß. Erst nach mehrfachem Lesen ist es, als wüchsen die Elegien zu einem kompliziert komponierten Ganzen zusammen. Aus Fragmenten – nicht nur in stilistischer, sondern auch in inhaltlicher Hinsicht – wächst Weltsicht zusammen, wächst so etwas wie ein Bekenntnis zur Erde, wir könnten auch sagen: zum Leben und seinen Realitäten. Das tiefsinnig differenzierte Auftreten der Engel (in der 1., 2., 4., 5., 7., 9. und 10. Elegie) macht dieses Hinwachsen zur Erde an einem einzelnen Phänomen besonders deutlich. Ich werde in diesem Kapitel aufzeigen oder eher nachzeichnen, wie die Engel sich von der ersten bis zur letzten der «Duineser Elegien» *verwandeln* und wie sich darin ihre Bedeutung für Menschen- und Weltsicht verändert. Was Rainer Maria Rilke in den «Duineser Elegien» besingt, ist mit den Worten von Hans Egon Holthusen «ein sinnverkehrtes Gegenstück zum Kosmos der christlich-abendländischen Überlieferung: hierarchisch geordnet zwischen Tieren und Engeln, aber ganz nach ‹innen› genommen, eine ganz aus Gefühl gemachte, im Unsichtbaren triumphierende Welt. In der All-Einheit dieses verinnerlichten Kosmos ist die Grenze zwischen Leben und Tod nicht mehr gültig und nicht der Gegensatz von Immanenz und Transzendenz».

Zunächst sei ein zusammenfassender Überblick über den Inhalt der Elegien gegeben. Die ersten beiden, die sogenannten Engel-Elegien, hat Rainer Maria Rilke 1912 begonnen und vollendet. Sie bilden eine motivische Einheit und werden in der Regel als solche interpretiert. Sie handeln von dem vergänglichen, flüchtigen Wesen der menschlichen Existenz angesichts eines stärkeren Daseins des Engels. In der ersten Elegie sind die abrupten Übergänge zu verschiedenen Motivkomplexen noch auffälliger als in den übrigen Elegien. Nach dem Motiv der Liebenden folgt unvermittelt das der jungen Toten, der Frühverstorbenen. Dies Thema wird dann wiederum abgelöst durch das der Heiligen. Gegen Ende der ersten Elegie ist der Engel verschwunden. Klage und die Schwierigkeit der menschlichen Existenz sind nun ihr Inhalt. In der zweiten Elegie wird dieses Schlußthema der ersten Elegie – nach der Engelanrufung – wieder aufgenommen: die Unsicherheit des Lebensgefühls, das geringe Vertrauen in die menschlichen Möglichkeiten, die Gefährdung und Labilität des Gefühlslebens.

Im Gegensatz zu den ersten beiden stehen die dritte, vierte und fünfte Elegie ganz für sich und bilden keine motivische Einheit. Der Engel wird in ihnen vereinzelt genannt, aber nicht mehr besonders hervorgehoben in seiner Bedeutung. Aber er kommt vor! Thematisch bewegen sich diese Elegien in sehr viel realeren menschlichen Bereichen, jede in einem ganz anderen, und das Verbindende ist auch hier die Schwierigkeit der menschlichen Existenz. Die dritte Elegie (1912/13) handelt von der Not des Geschlechts, genauer dem Problem der männlichen Liebe, dargestellt als Widerspruch zwischen der reinen Liebe und dem geschlechtlichen Trieb. Die dritte Elegie ist insgesamt eindeutig und einsinnig im Gegensatz zur vierten, im Jahr 1915 verfaßten Elegie. Hier wird die Unsicherheit des menschlichen Existenzgefühls durch den Gegensatz zu der Sicherheit der sich ihrer selbst nicht bewußten, instinktgeleiteten Natur umrissen. Diese Elegie bringt auch die aufregende Verbindung von Puppe und Engel, auf die noch ausführlich einzugehen sein wird. Ferner spielt in dieser Elegie die Kindheit eine große Rolle, ein für Rainer Maria Rilke insgesamt mehr gefährdeter als geschützter, keineswegs in sich ruhender Zustand. Und so bricht die vierte Elegie mit dem tragischen Motiv des Kindertodes ab, verklingt gleichsam in Klage. Sie ergibt mit ihren assoziativ aneinandergefügten Motiven in sich kaum eine Einheit.

Dies verhält sich anders bei der erst 1922 verfaßten fünften Elegie. Arme Existenzen, Gaukler, Straßenakrobaten stehen hier im Mittelpunkt. Sie repräsentieren die Bodenlosigkeit der Existenz, werden beschrieben als Figuren des Leids. Dies ist die zuletzt gedichtete Elegie. Die sechste Elegie, 1913 begonnen und 1922 beendet, kehrt dann einen ganz anderen Aspekt menschlicher Existenz hervor. Sie wird als die «Heldenelegie» bezeichnet. Beispiel für eine geglückte Existenz ist in diesem Gedicht der Held. Der Feigenbaum wird zum Symbol für die Idee des Helden, weil er – aus Rainer Maria Rilkes Sicht – keine Blüte entwickelt, sondern gleich die Frucht. Das schnelle Erreichen eines Ziels wird bildhaft verdeutlicht. Der Held verkörpert für ihn etwas ganz und gar Positives, Wertvolles. So liegt hier in der sechsten Elegie mit dieser positiven Seinsmöglichkeit ein Gegensatz zur fünften, andererseits eine Vorarbeit zur siebenten Elegie.

1922 verfaßt, hat diese siebente Elegie das beglückende Erlebnis der Frühlings- und Sommernatur zum Inhalt. Hier gewinnt der Mensch einen völlig neuen Standort gegenüber dem Engel: Am Ende wird das Ich nicht mehr um den Engel werben. Verwandlung wird zum zentralen Thema. Und wenn dann schließlich doch wieder eine Hinwendung zum Engel geschieht, so aus einer neugewonnenen Sicherheit des Menschen heraus: seine schöpferische Kraft steht nun im Mittelpunkt. Der hier entscheidende Gedanke der Verwandlung wird noch einmal fallengelassen beziehungsweise aufgehoben bis zur neunten Elegie, der aber die achte vorangeht. In der achten, an einem einzigen Tag im Jahr 1922, gleichzeitig mit der siebenten, vollendeten Elegie wird erneut die leidvolle Gegenüber-Situation des Menschen, die durch sein Bewußtsein gegeben ist, thematisiert. Der Mensch kann nicht glücklich als unbewußter Teil des außermenschlichen Seins existieren wie das Tier und das Kind. Aussagen der siebenten Elegie werden gleichsam zurückgenommen. Diese Elegie ist Klage, das menschliche Dasein wird aufs neue sehr problematisch gesehen.

Die neunte, 1912 in den ersten Sätzen begonnene und 1922 beendete Elegie nimmt die entscheidenden Motive der siebenten Elegie dann wieder auf, überprüft noch einmal das dortige Verwandlungsmotiv und findet eine, wohl die einzige, Möglichkeit seiner Verwirklichung. Der Engel wird hier in einen ihm eigenen Bereich verwiesen, der Mensch behauptet nun den seinen, den Bereich der Worte. Der Standort des Menschen wird darin gefunden, daß er nicht nur ein fühlendes, sondern ein sprechendes Wesen ist.

In Thema und Gestalt unterscheidet sich die zehnte Elegie, geschaffen zwischen 1912 und 1922, dann sehr von den übrigen. Rainer Maria Rilke arbeitet hier mit den beiden Allegorien der «Leid-Stadt» und der «Landschaft des Klagens». Ihr Thema ist die andere Seite des Lebens, der Tod. Sie endet damit, daß auch, was fällt, ein Glück der Erneuerung birgt, wie im Kreislauf der Natur. Dies ist – bei allen Mängeln notwendiger Kürze der Darstellung – die geistige Landschaft, in der der Dichter seine Engel gleichzeitig vorfindet wie erstehen läßt.

Rainer Maria Rilke hat zu der psychischen Verwurzelung oder Verquickung seiner Engel gestanden, ihre religiöse, unter Umständen gar christliche Dimension dagegen abgewehrt. Im Zuge seiner eigenen inneren Auseinandersetzung mit der Frage, ob er sich einer Psychoanalyse unterziehen sollte oder nicht, hat er «seine» Engel massiv argumentativ eingebracht. So schrieb er am 24. 1. 1912 an Lou Andreas-Salomé: «Ich weiß jetzt, daß die Analyse für mich nur Sinn hätte, wenn der merkwürdige Hintergedanke, nicht mehr zu schreiben ... mir wirklich ernst wäre. Dann dürfte man sich die Teufel austreiben lassen, da sie ja im Bürgerlichen wirklich störend und peinlich sind, und gehen die Engel möglicherweise mit aus, so müßte man auch das als Vereinfachung auffassen ... Aber bin ich der Mensch zu einem solchen Versuch mit allen Konsequenzen dieses Versuchs?» Er hat seine Engel beim Schreiben erlebt und gebraucht: «Darum sehne ich mich so nach meiner Arbeit, weil mir von ihr aus immer alles recht war, da war nie ein Schreckliches zu erleben, ohne daß ein Engel aus dem Gegenteil

112

neben einen trat und mit hineinsah. Sicher reicht unser Herz nicht nur vom Entsetzlichen zum Seligen, sondern es umfaßt einen Kreis, und wir kennen nur die Hälfte.» Dementsprechend ist sein Gottesbegriff einer, der bewußt alles einbezieht: «... ich konnte mir Gott immer nur als den denken, der alles zuläßt, dem fortwährend das ganze unerschöpfliche Geschehen abgewandelt gegenübersteht».

Es gibt bei Rainer Maria Rilke bisweilen eine klar geäußerte Ahnung davon, daß die Engel der Wirklichkeit des Menschen ihre Konturen geben. So heißt es im «Brief des jungen Arbeiters» (1922) im Rahmen von Äußerungen über alte Kirchen: «Hier ist auch das Arge und Böse und das Fürchterliche: das Verkrüppelte, das was in Not, das was häßlich ist und das Unrecht –, und man möchte sagen, daß es irgendwie geliebt sei um Gottes willen. Hier ist der Engel, den es nicht giebt, und der Teufel, den es nicht giebt; und der Mensch, den es giebt, ist zwischen ihnen, und ich kann mir nicht helfen, ihre Unwirklichkeit macht ihn mir wirklicher.»

Christliche Jenseitsvorstellungen hat Rainer Maria Rilke in verschiedenen Zusammenhängen strikt abgelehnt. So schrieb er am 6. 1. 1923 an die Gräfin Sizzo: «Ich liebe nicht die christlichen Vorstellungen eines Jenseits, ich entferne mich von ihnen immer mehr, ohne natürlich daran zu denken, sie anzugreifen ... ; ... für mich enthalten sie zunächst die Gefahr, uns nicht allein die Entschwundenen ungenauer und zunächst unerreichbarer zu machen –; sondern auch wir selbst, uns in der Sehnsucht hinüberziehend und fort von hier, werden darüber weniger bestimmt, weniger irdisch ...! Was mich angeht, so starb mir, was mir starb, sozusagen in mein eigenes Herz hinein ...» Rainer Maria Rilke macht den modernen Religionen den Vorwurf, daß sie den Tod beschönigen, statt den Menschen «Mittel ins Gemüt zu geben, sich mit ihm zu vertragen und zu verständigen». Seine eigene Weltsicht und religiöse Einstellung macht er besonders deutlich in dem berühmt gewordenen Hulewicz-Brief vom 13. 11. 1925: «Lebens- und Todesbejahung erweist sich als Eines in den ‹Elegien› ... es gibt weder ein Diesseits noch Jenseits, sondern die große Einheit, in der die uns übertreffenden Wesen, die ‹Engel›, zu Hause sind». Dementsprechend definiert er in eben diesem Brief seine Engel: «Der Engel der Duineser Elegien hat nichts mit dem Engel des christlichen Himmels zu tun (eher mit den Engelgestalten des Islam) ... Der Engel der Elegien ist dasjenige Geschöpf, in dem die Verwandlung des Sichtbaren in Unsichtbares, die wir leisten, schon vollzogen erscheint. Für den

Engel der Elegien sind alle vergangenen Türme und Paläste existent, weil längst unsichtbar, und die noch bestehenden Türme und Brücken unseres Daseins schon unsichtbar, obwohl noch (für uns) körperhaft dauernd. Der Engel der Elegien ist dasjenige Wesen, das dafür einsteht, im Unsichtbaren einen höheren Rang der Realität zu erkennen. – Daher ‹schrecklich› für uns, weil wir, seine Liebenden und Verwandler, doch noch am Sichtbaren hängen. Alle Welten des Universums stürzen sich ins Unsichtbare, als in ihre nächsttiefere Wirklichkeit; einige Sterne steigern sich unmittelbar und vergehen im unendlichen Bewußtsein der Engel –, andere sind auf langsam und mühsam sie verwandelnde Wesen angewiesen, in deren Schrecken und Entzücken sie ihre nächste unsichtbare Verwirklichung erreichen. Wir sind, noch einmal sei's betont, im Sinne der Elegien, sind wir diese Verwandler der Erde, unser ganzes Dasein, die Flüge und Stürze unserer Liebe, alles befähigt uns zu dieser Aufgabe (neben der keine andere, wesentlich, besteht).»

Rainer Maria Rilke hat auf eine sehr eigene, ungewöhnliche Weise mit «seinen» Engeln gerungen. In einer Aufzeichnung aus der frühen Entstehungszeit der Elegien (Januar 1913) heißt es: «Ich, der ich so recht an den Dingen mich an das Hiesige gewöhnt habe, ich muß gewiß (und das ist es, was mir so schwerfällt in diesen Jahren) die Menschen überschlagen und gleich zu den Engeln (lernend) übergehen». In einem Bild aus dem gleichen Jahr weist er darauf hin, wie sehr die Engel für ihn mit dem Bemühen um ein Verstehen der Menschen oder der menschlichen Existenz zu tun haben: «da ich mich, von Dingen und Tieren gründlich herkommend, danach sehnte, im Menschlichen ausgebildet zu sein, da wurde mir, siehe, das Übernächste, das Engelische beigebracht, und darum hab ich die Leute übersprungen und schau zu ihnen zurück mit Herzlichkeit».

Überhaupt klingt ein Vergleich von Mensch und Engel bei ihm immer wieder an. So stellt er auch die Schwierigkeiten menschlicher Beziehung der Nähe der Engel zueinander gegenüber, dies beispielsweise in einer Strophe, die er im Juli 1914 in Paris niederschrieb: «Wo wir uns hier, ineinanderdrängend, nicht nie finden: beginnen die Engel sich zu gewahren, und durch die tiefere Nähe in heiligem Eilschritt wandeln sie endlos sich an.» Und er offenbart, aus welchem «Stoff» seine Engel sind: «Bin ich nicht so recht darauf angelegt, gerade um dies herum, was sich nicht leben ließ, was zu groß, was vorzeitig, was entsetzlich war, Engel, Dinge, Tiere zu bilden, wenn es sein muß, Ungeheuer?»

Die Fähigkeit, in der eigenen Phantasie, im Zwischenbereich zwischen Ich und Welt, Engel erstehen zu lassen, ist durchaus abhängig von der äußeren Umgebung, und hat diese einen sehr schützenden Charakter, so kommt es fast zu einer Verschmelzung von Ich und Engel. An Ellen Delp schreibt er 1915 über die spanische Landschaft Toledo: «Erscheinung und Vision kamen gleichsam überall im Gegenstand zusammen, es war in jedem eine ganze Innenwelt herausgestellt, als ob ein Engel, der den Raum umfaßt, blind wäre und in sich schaute. Diese, nicht mehr von Menschen aus, sondern im Engel geschaute Welt ist vielleicht meine wirkliche Aufgabe, wenigstens kämen in ihr alle meine früheren Versuche zusammen; aber um die zu beginnen, Ellen, wie müßte einer beschützt und beschlossen sein!» Und ähnlich rätselhaft schreibt er über den Zustand, in dem die Engel entstehen, einige Jahre später an Nanny Wunderly-Volkart (1919): «... zu Zeiten reißt michs dorthin, in dieses ‹Dunkel aus Licht›, unter diese Sternbilder des Herzens, in diese reine Überwindung, die das Leben der Engel ist».

Für Rainer Maria Rilke hatte dieser Zustand, in dem die Engel kommen, etwas zu tun mit den frühesten Erfahrungen des Menschen, der ursprünglichen Unschuld, dem Status des Anfängers: «Wenn der Engel zu kommen wagt, dann weil man ihn überzeugt hat, nicht mit Tränen, sondern mit der demütigen Entscheidung, immer anzufangen: ein Anfänger zu sein!» Die Engel kommen in einen leeren, noch nicht besetzten Raum! Und gleichzeitig macht Rainer Maria Rilke sehr deutlich, daß diese seine Engel nicht einfach «machbar» sind, er erwartet sie als auf sich zukommend, quasi geschenkt in eine Haltung der Sehnsucht hinein, die nicht zuletzt, auch wenn er sich selten explizit politisch äußert, durch die Erfahrungen des Ersten Weltkrieges bestimmt ist: «... die Verstörung der vergangenen Jahre ist ja nicht von heut auf morgen zu beheben und auszugleichen, ich sagte immer, um das Unheil, das Menschen sich angethan haben, wirklich zu versöhnen, müßten schon Engel eingreifen, ich warte hier auf die Engel ... Aber wer hat die in seiner Macht! Im Grunde will ich auch nur das Eine versichern: daß meine Erwartung inständig ist, unbedingt, unbeschränkt; von einer geistigen Sehnsucht, wie ich sie noch nie zu fassen vermochte. Etwas Größeres wird mir für solche Verfassung gegeben sein, wenn ich nur stark genug bin, in ihr zu verharren, – was es denn auch sei, es kann nichts Geringes sein».

Es entspricht durchaus solchem Rückgriff auf biographische Quellen, wenn Hans Franck diesen Vorgang in folgende Worte faßt: «Rainer Maria Rilke ist eine jener seltenen Naturen, denen ihre Kunst eine zweite, nie endende Kindheit schenkte». Auch andere Autoren sehen diesen unmittelbaren Bezug zu psychischen Vorgängen der frühen Kindheit: «Eine einzige Haltung gibt es, die ihn fähig macht, die Mächtigkeit jener Wesen zu ertragen, das ist die Einfalt», schreibt Romano Guardini. «Der Engel ist die einfache, fast kindlich einfache Antwort des Dichters auf die Frage, für wen er singt», lesen wir bei Max Kommerell. Romano Guardini erläutert den Begriff der Einfalt, indem er verdeutlicht, daß hier, trotz aller kindlichen Anleihen, keine regressive, sondern eine progressive Dynamik gemeint ist: «Einfalt meint nicht Idylle, die immer Verkleinerung bedeutet, sondern die Haltung, welche der Begegnung mit dem Übermenschlichen fähig ist; das gesammelte, große und zugleich schlichte, starke und demütige Dasein.» Hier wird eine Haltung der Offenheit nach vorne markiert.

Lou Andreas-Salomé dagegen, die langjährige Vertraute Rainer Maria Rilkes, hat eine sehr tiefsinnige und nachdenkliche Interpretation seiner Engel formuliert, die darin gipfelt, daß der Engel den Menschen derartig weit «entwertet», daß er ihn damit auch «entwirklicht». Der Engel, meint sie, entstand dem Dichter «aus dem Drang nach dem, was noch ‹in den Tieren Ruhe hat und in den Engeln erst Sicherheit›, – aus dem Drang, sich vor Vollkommenem zu neigen – neben sich aufgerichtet zu sehn das, woran er gleichzeitig ganz zum Schöpfer und ganz zum Geschöpf werden könnte». Sie formuliert den Versuch der Verschränkung von Innen und Außen, des Ichs und des ganz Anderen, wenn wir so wollen des Diesseits und des Jenseits: «Der Boden der Kunst erscheint damit zu tief aufgeschürft, im sehnsüchtigen Verlangen zutiefst auf eine letzte Gemeinsamkeit beider ‹Wirklichkeiten› zu stoßen. Die Existenz des Engelbereiches – nicht mehr nur geschaffen als vollkommen schöner Schein eines Seins – wird in eigene Existenzialität hineingerissen, er gerät in Gottexistenz, ohne aber auch, wie diese es täte, das Menschenheil mit zu verbürgen; er ist und muß sein – obschon nur erreichbar via Religion – eine nicht wiederliebende Gottheit: denn nur so, indem der Mensch aller Habe und aller Rechte entkleidet, als verlorener Sohn vor ihm steht, beglaubigt der Engel seine Eigenwirklichkeit, als eine nicht menschengeschaffene bloßen Scheines». Dieser Engel, den Lou Andreas-Salomé bei Rainer Maria Rilke entdeckt, bleibt ein Paradoxon, das den Menschen mehr bindet als freigibt. «Alle Hingebung gilt dem wirklichkeitsusurpierenden (= in etwa: wirklichkeitsraubenden; d. Vf.) Engel, der, gleichsam empfangen und gezeugt im verkehrten Mutterleib, das Liebeszentrum mit sich verstrickt hält: der Engel ward zum Liebespartner.» Dies schreibt eine Frau, die eine jahrelange Liebesbeziehung zu Rainer Maria Rilke lebte, und es klingt wohl an, daß sie hier noch weit mehr über sein Leben als über seine Engel aussagt.

Ein sehr viel klareres Verständnis der Engel in den Elegien klingt in einem Brief Katharina Kippenbergs an Rainer Maria Rilke (13. 12. 1925) an: «Der Engel ist mir so nahe – nicht Erfindung, nein, Namengebung. Könnte man ihn nicht das nach außen gestellte reinste und beste Eigene nennen oder das göttlich auf uns Zukommende und uns Hinreißende – es käme ziemlich auf eins heraus, aber warum erklären? Er ist da und wir brauchen ihn. Sie haben ihm seine Größe wiedergegeben ...»

Viel problematischer als alle Versuche eines psychologischen Verständnisses erscheinen religiöse Zugriffe jeder Art, vor denen Hans Georg Gadamer in seinem brillanten Essay über die «Duineser Elegien» warnt: «Wer das Reflexionsniveau gewinnen will, auf dem die ‹Duineser Elegien› zu Hause sind, muß sich zunächst von allen theologischen und pseudoreligiösen Vorgriffen freimachen, als ob auf dem diskreten Umweg über den Engel hier von Gott die Rede wäre.» Hans Georg Gadamer betont ausdrücklich, daß der Engel der Duineser Elegien «zwar ein übermenschliches Wesen» ist und als ein uns im Fühlen unendlich übertreffendes Wesen angerufen wird, «aber in keiner Weise erscheint er als ein Bote oder Stellvertreter Gottes und bezeugt überhaupt keine Transzendenz im religiösen Sinne», vielmehr ist es «eine höchste Möglichkeit des menschlichen Herzens selber, die hier als Engel angerufen wird».

Der Gedanke an den Engel entsteht immer entweder aus der Macht oder aus der Ohnmacht des menschlichen Fühlens. Sein Fühlen ist nicht von anderem begrenzt, sondern nimmt ihn so ein, «daß sein Gefühl mit ihm ganz und gar identisch ist. Ein Gefühl, das sich nicht verflüchtigt, sondern in sich steht, das heißt bei Rilke Engel, weil solches Fühlen den Menschen übertrifft». So unterstellt

Hans Georg Gadamer, Rainer Maria Rilke habe die Engel-Theologie des Mittelalters überhaupt nicht gekannt. Der Engel der Elegien ist nach seiner Auffassung «weder eine menschliche noch eine göttliche Erscheinung». Sein Erscheinen ist abhängig von der Eindeutigkeit des menschlichen Herzens, die ihn herbeirufen kann. Und hier finden wir wieder eine klare Definition dessen, was andernorts als Umschreibung des «Selbst», also des ureigensten Kerns des Menschen definiert ist: ... «Was man selber weiß, wessen man so inne und innerlich gewiß ist, daß es von einem selbst untrennbar ist: das ist es, was hier (mit Rilke) Fühlen und Gefühl genannt wird». So wird der Engel zum «Grenzbegriff unseres eigenen Seins», und als solcher als handelnde Person angerufen. Rainer Maria Rilke hat – so Hans Georg Gadamer – «in einer mythenlosen Gegenwart die Erfahrungswelt des menschlichen Herzens ins Mythisch-Dichterische» erhoben, dabei geleitet von der «Selbstvergessenheit des mythischen Bewußtseins». Die «ganze Erfahrungsdimension des menschlichen Herzens ist es, die in die Selbsttätigkeit freien personalen Daseins poetisch freigesetzt ist».

Zur Verbindung von dichterischem Schaffen und Engel gibt es eine sehr aufschlußreiche frühe Passage in einem Brief Rilkes an Clara Rilke (April 1903): «... und dann will ich daran bauen mit aller Andacht, die ich in meinen Händen habe und will von keiner Stelle lassen, solange sie geringer ist als ich selbst, und will jede zu einem Engel machen und mich von ihm überwinden lassen und ihn zwingen, daß er mich beuge, obwohl ich ihn gemacht habe». Rainer Maria Rilke markiert hier einen inneren Prozeß, der im wesentlichen die Handlungslinie der «Duineser Elegien» vorwegnimmt: Ein Gegenstand wird geschaffen, der seinen Schöpfer übertrifft, ihn «beugt». Paradoxerweise behält das Ich die Oberhand, so daß der Vorgang auch wieder umgekehrt werden kann. Genau dies war das Winnicottsche Paradox des Übergangsobjekts! «Ähnlich ergeht es», so schreibt der Rilke-Kenner Anthony Stephens, «dem Engel der Elegien, der anfangs mit allen Attributen der die Menschen übertreffenden Herrlichkeit ausgestattet wird, damit am Ende die ‹Werbung› um ihn zurückgenommen und die Herrlichkeit nunmehr auf das ‹Hiersein› übertragen werden kann».

Der Engel der «Duineser Elegien» ist in erster Linie eine Aussage über den Menschen. Emil Gasser hat eine Geschichte zu Hilfe genommen, um Rainer Maria Rilkes Sicht des Menschen zu verdeutlichen: «Die Sage erzählt vom Engel Dabor. Erhob er seine

Stimme, so klangen die der andern Engel leise an; begann er zu schreiten, so schritt er im Rhythmus der Sphären, und schlug ihm das Herz, so zitterten die Himmel mit. Eines Tages fehlte er und wurde verstoßen auf Jahre hinaus. Neugeweiht kehrte er wieder zum himmlischen Glanz. Aber seine Seele krankte: Er war ein Fremder geworden im heiligen Reigen. Er litt bittere Qual und vereinsamte mehr und mehr. In seinem Innern aber arbeitete es fieberhaft. Jeden Blick, jede selige Gebärde der Engel fing er auf und fühlte sie; die ganze Herrlichkeit, von der er ausgeschlossen war und blieb, sog seine dürstende Seele in sich hinein, damit er wenigstens in seinem Herzen den Einklang aller Himmelsdinge vernehme. Innerlich genoß er die Fülle des Daseins, und er war beinahe selig, wie einst wenn er die Augen schloß. Die andern aber sahen außer sich, Aug in Auge ruhend, und boten sich das ewige Lächeln.» Der Mensch der «Duineser Elegien» ist so ein Verstoßener im Weltall, hilflos verlassen und fremd gegenüber Tier, Mensch und Engel, «nicht sehr verläßlich in der gedeuteten Welt». Es ist ganz und gar eine Frage der individuellen Perspektive, wie wir Rainer Maria Rilkes «Lösung» für diesen so beschriebenen Menschen werten: ist es «nichts», was er ihm bietet, oder ist es «alles»? Max Kommerell meint: «Das äußerste, das der Mensch im Exil, der moderne Mensch ohne Mutter vom Orakel dieses seines Dichters erwarten darf, ist das Ahnen einer Wegspur. Er erfährt keinen Gott, wohl aber sich selbst, den Verlorenen, in Nachbarschaften und im Zusammenhange: Rilke ist der Dichter des Bezugs.»

Wenden wir uns nun dem Text der «Duineser Elegien» zu. Die *erste Elegie*, vor allem ihren Anfang, durchzieht die Klage über das Trennende, den Abstand zwischen Mensch und Engel.

> *Wer, wenn ich schriee, hörte mich denn aus der Engel*
> *Ordnungen? und gesetzt selbst, es nähme*
> *einer mich plötzlich ans Herz: ich verginge von seinem*
> *stärkeren Dasein.*

Engel werden als furchterregend dargestellt:

> *Ein jeder Engel ist schrecklich.*

Sinnlos scheint es, sich an sie zu wenden, so daß «der Lockruf dunkelen Schluchzens» verhalten wird.

> *Ach, wen vermögen*
> *wir denn zu brauchen? Engel nicht, Menschen nicht,*
> *und die findigen Tiere merken es schon,*
> *daß wir nicht sehr verläßlich zu Haus sind*
> *in der gedeuteten Welt.*

Und der Unterton der Flüchtigkeit menschlichen Daseins gipfelt in dem Satz:

> *Denn Bleiben ist nirgends.*

Für die Engel ist die Grenze zwischen Leben und Tod fließend, die Menschen setzen Grenzen. Das unterscheidet und verbindet doch gleichzeitig Mensch und Engel, läßt eine gemeinsame Sicht beider in einem größeren Ganzen zu, «Verwandtschaft» wird zaghaft gesucht:

> *Aber Lebendige machen*
> *alle den Fehler, daß sie zu stark unterscheiden.*
> *Engel (sagt man) wüßten oft nicht, ob sie unter*
> *Lebenden gehn oder Toten. Die ewige Strömung*
> *reißt durch beide Bereiche aller Alter*
> *immer mit sich und übertönt sie in beiden.*

Völlig offen bleibt in der ersten Elegie, ob die hier genannte Art Engel ganz für sich steht, losgelöst von jedem Hintergrund, oder ob Boten irgendeiner anderen Wirklichkeit gemeint sind. Nur ihre Unerreichbarkeit, ihre Unbrauchbarkeit für den Menschen ist Thema – und der Umstand, daß die Grenze zwischen Leben und Tod ihnen nichts anhaben kann.

Es ist, als wagte das Ich der *zweiten Elegie* einen ganz zaghaften Schritt auf die Engel zu, indem es nun wenigstens zu fragen wagt:

> *Wer seid ihr?*

Dieses, obgleich der Anfang wiederum den Abstand so kraß und unverkennbar markiert:

> *Jeder Engel ist schrecklich.*

Bedrohlich ist es, die «tödlichen Vögel der Seele» anzusingen. Die «Tage Tobiae» sind dahin. Das waren die Tage, in denen ein Engel plötzlich an der Haustür stehen konnte, ein Reisebegleiter, kein bißchen furchtbar, ein beruhigender, jederzeit zu erwartender Anblick. Das ist auch eine Anspielung auf das Buch Tobit. Geschähe dies heute:

hochaufschlagend erschlüg uns das eigene Herz.

Wir leben in Zeiten, in denen diesen so «vertrauten» oder «verwandten» Engeln keiner gewachsen ist. Der hier so furchtsam und zaghaft die Engel ansingt, ringt nach Worten, sich ihnen zu nähern:

Frühe Geglückte, ihr Verwöhnten der Schöpfung,
Höhenzüge, morgenrötliche Grate
aller Erschaffung – Pollen der blühenden Gottheit,
Gelenke des Lichtes, Gänge, Treppen, Throne,
Räume aus Wesen, Schilde aus Wonne, Tumulte
stürmisch entzückten Gefühls und plötzlich, einzeln,
Spiegel: die die entströmte eigene Schönheit
wiederschöpfen zurück in das eigene Antlitz.

Diese Engel scheinen keines Gegenübers zu bedürfen, in ihre eigene Schönheit vertieft, ganz und gar im Spiegelbild mit sich selbst beschäftigt, fragen sie nicht nach dem Menschen. Das sind keine Beziehungswesen, keine Abhängigen, sie sind die

Verwöhnten der Schöpfung.

Und über das Ende der ersten Elegie hinaus verdichtet sich die Frage, ob denn irgendetwas sie und uns verbindet, etwas von uns sie erreicht, ob wir sie anrühren können.

Schmeckt denn der Weltraum,
in den wir uns lösen, nach uns? Fangen die Engel
wirklich nur Ihriges auf, ihnen Entströmtes,
oder ist manchmal, wie aus Versehen, ein wenig
unseres Wesens dabei? Sind wir in ihre
Züge soviel nur gemischt wie das Vage in die Gesichter
schwangerer Frauen? Sie merken es nicht in dem Wirbel
ihrer Rückkehr zu sich. (Wie sollten sie's merken.)

Gibt es außer dem großen Abstand und dem großen Schrecken zwischen Mensch und Engel ein Stück Ähnlichkeit, ein Verbindendes, ein gegenseitiges Einandertun? Mit dieser Frage verschwinden die Engel aus der zweiten Elegie zugunsten der Liebenden, die nun Thema sind.

Die *dritte Elegie*, die um die Not des Geschlechts, Liebe und Triebhaftigkeit kreist, kennt keine Engel. Und so sollen sie in dieser Thematik bei Rainer Maria Rilke wohl auch keinen Platz haben.

Viel näher scheint der Engel in der *vierten Elegie* gerückt zu sein. So etwas wie die Bühne des eigenen Herzens wird angeschaut:

> *Wer saß nicht bang vor seines Herzens Vorhang?*
> *Der schlug sich auf: die Szenerie war Abschied.*

Der verkleidete Bürger auf der Bühne – wohl eine Erinnerung an eine Phase in Rainer Maria Rilkes eigenem Leben – wird abgelehnt.

> *Nicht der. Genug!*
> ...
> *Ich will nicht diese halbgefüllten Masken,*
> *lieber die Puppe. Die ist voll. Ich will*
> *den Balg aushalten und den Draht und ihr*
> *Gesicht aus Aussehn. Hier. Ich bin davor.*

Die Puppe steht im Zentrum, bevor der Engel wieder ins Spiel kommt. Der Wille zum «Aushalten» markiert eine negative Einstellung zur Puppe, und es schließen sich Verse an, die von der 1915 immer leidvoller werdenden Situation des Menschen sprechen, der Situation des Gegenüberseins, des «Davor» und des «Zuschauens». Und dies ist ohne Ende:

> *Ich bleibe dennoch. Es giebt immer Zuschaun.*

Die Puppe ist so etwas wie ein Symbol der Angstsphäre der Kindheit. 1914 hat Rainer Maria Rilke sie in seinem Essay «Puppen» beschrieben. Die Puppe, heißt es da, «war die erste, die uns jenes überlebensgroße Schweigen antat, das uns später immer wieder aus dem Raume anhauchte, wenn wir irgendwo an die Grenze unseres Daseins traten».

122

Es folgt erneut eine Strophe über die Schwierigkeit, geliebt zu werden. Nicht Liebe ist das Schicksal, sondern nur «Anschauen», die Situation vor der «Puppenbühne»; und hier kommt nun der Engel auf ganz eigenartige Weise ins Spiel.

> *Und ihr, hab ich nicht recht,*
> *die ihr mich liebtet für den kleinen Anfang*
> *Liebe zu euch, von dem ich immer abkam,*
> *weil mir der Raum in eurem Angesicht,*
> *da ich ihn liebte, überging in Weltraum,*
> *in dem ihr nicht mehr wart ...: wenn mir zumut ist,*
> *zu warten vor der Puppenbühne, nein,*
> *so völlig hinzuschaun, daß, um mein Schauen*
> *am Ende aufzuwiegen, dort als Spieler*
> *ein Engel hinmuß, der die Bälge hochreißt.*
> *Engel und Puppe: dann ist endlich Schauspiel.*
> *Dann kommt zusammen, was wir immerfort*
> *entzwein, indem wir da sind. Dann entsteht*
> *aus unsern Jahreszeiten erst der Umkreis*
> *des ganzen Wandelns. Über uns hinüber*
> *spielt dann der Engel.*

Der Sinn dieses Abschnittes, vor allem des zentralen Verses «Engel und Puppe: dann ist endlich Schauspiel» ist vielfach diskutiert worden. Offenbar sind für das Ich auf eine Weise Puppe und Engel von gleicher Wesensart. Beide – so schreibt Käte Hamburger – «repräsentieren das schweigende Sein ihm gegenüber, und durch ihr Zusammenspiel würde kein Mißklang, keine Entzweiung entstehen wie zwischen uns und ihnen: ‹Dann kommt zusammen, was wir immerfort entzwein, indem wir da sind›. Entzweiung entsteht nur durch uns, die wir immer gegenüberstehn, wie dem Engel, so als Kind schon der Puppe. Aus den beiden Seinsgestalten, der kleinen und der großen, entsteht der volle Anblick des Seins, das Schauspiel, das die Puppenbühne noch nicht darbieten konnte». Etwas später wird das bereits vorher in dieser Elegie aufgetauchte Motiv der Kindheit wieder aufgenommen, das Kind, das zwischen Vergangenheit und Zukunft nicht unterscheidet, das nur in der Gegenwart und in den Dingen, die es umgeben, lebt:

> *Und waren doch, in unserem Alleingehn,*
> *mit Dauerndem vergnügt und standen da*

im Zwischenraume zwischen Welt und Spielzeug,
an einer Stelle, die seit Anbeginn
gegründet war für einen reinen Vorgang.

Der Platz des Kindes ist der «Zwischenraum» zwischen «Welt und Spielzeug», dort, wo der «reine Vorgang» – offenbar: des Lebens ohne Weltwissen, des unbewußten Kinderlebens – noch möglich ist. Und ist nicht dies dann eigentlich auch der Ort der «Puppenbühne» Rilkes und damit des Auftritts des Engels in der vierten Elegie? Dann wäre der Engel wohl auch eine Gestalt dieses «Zwischenraumes zwischen Welt und Spielzeug», hier also ganz unverkennbar ein Übergangsphänomen im Winnicottschen Sinne. Vielleicht muß an dieser Stelle auch noch einmal eigens erwähnt werden, daß Kindheit für Rainer Maria Rilke immer ein sicherungsbedürftiger Zustand ist. So wechselt denn auch unmittelbar an dieser Stelle das Thema, und das Ende dieser Elegie handelt vom Kindertod! Engel werden nicht mehr erwähnt.

Der Engel der *fünften Elegie* ist einer, der ganz vorsichtig den Weg bahnt zu noch verschlossenen Möglichkeiten. Er wird angerufen inmitten einer symbolischen Darstellung der Flüchtigkeit, der Unsicherheit und der Bodenlosigkeit der Existenz durch die Gaukler und Straßenakrobaten. Das «in halber Pause» blindlings, zwischen Tränen geschenkte Lächeln wird als «kleinblütiges Heilkraut» dem Engel zur Verwahrung angeboten:

> *Engel! o nimms, pflücks, das kleinblütige Heilkraut.*
> *Schaff eine Vase, verwahrs! Stells unter jene, uns noch nicht*
> *offenen Freuden; in lieblicher Urne*
> *rühms mit blumiger schwungiger Aufschrift:*
> «Subrisio Saltat».

Fast – mit diesem Hauch erhoffter Möglichkeit der Bewahrung – nähert sich dieser Engel dem traditionellen Schutzengel. Aber es ist ein sehr jenseitiger, nicht im irdischen Leben angesiedelter Schutz – «in lieblicher Urne» – der hier nur erwartet wird für das «Lächeln der Tänzer».

Der Schluß dieser Elegie ist ein erneuter Anruf des Engels:

124

Engel: Es wäre ein Platz, den wir nicht wissen und dorten,
auf unsäglichem Teppich, zeigten die Liebenden, die's hier
bis zum Können nie bringen, ihre kühnen hohen Figuren des
                                                    Herzschwungs,
ihre Türme aus Lust, ihre
längst, wo Boden nie war, nur aneinander
lehnenden Leitern, bebend, – und könntens,
vor den Zuschauern rings, unzähligen lautlosen Toten:
Würfen die dann ihre letzten, immer ersparten,
immer verborgenen, die wir nicht kennen, ewig
gültigen Münzen des Glücks vor das endlich
wahrhaft lächelnde Paar auf gestilltem
Teppich?

In der zweiten Elegie hatte Rainer Maria Rilke den Liebenden die
Möglichkeit völligen Erfülltseins und Gelingens ihrer Liebe abge-
sprochen. Hier läuft der Gedankengang nun weiter: sie werden dies
erst «dorten» erreichen, im imaginären Reich der Engel. Die Liebenden, die er sich vorstellt, werden in eine Akrobaten-Figuration
transponiert, gefügt aus den Momenten der Liebe. Zum erstenmal
werden hier den Liebenden Attribute wie «wahrhaft lächelnd»,
«ewig gültiges Glück» und «gestillt» beigefügt. «Aber ebenso»,
können wir mit Käte Hamburger feststellen, «ist die innere Dialektik zu vermerken: daß es das Jenseits ist, das dem Hier des
zweiten Verses dieser Strophe entgegensteht, das Reich der Toten,
der imaginäre Ort der Engel. Die Attribute des Glücks gelten nur
dort, nicht in der Realität des Menschen, der Realität der Saltim-
banques, des Leids, der Unwahrhaftigkeit und Unechtheit. Nur im
Irrealen, im Nichtmehrhiesigen, existiert ein Glück». Der Engel der
fünften Elegie ist kein wirklich naher Engel, aber er ist ansprechbar oder anrufbar, er hat unter Umständen bewahrenden Charakter, und er befindet sich in einem imaginären Raum gelingenden
Glückes und gelingender Liebe. Dieser allerdings ist der Raum der
Toten, nicht real: so mischen sich am Ende dieser Elegie Klage und
Hoffnung ganz dicht in eines.

Die *sechste, sogenannte Heldenelegie* erwähnt keine Engel. War in
der ersten Elegie und in der zweiten Elegie der Engel geradezu
übermächtig und furchterregend, so zeigt die siebente Elegie ein
wachsendes, tätiges Ich, geschaut von einem nun nicht länger

umworbenen Engel. Es ist, als habe sich das Kräfteverhältnis geradezu verkehrt.

Werbung nicht mehr, nicht Werbung, entwachsene Stimme ...,

so fängt diese siebente Elegie, die insgesamt eine Hinwendung zu einem positiveren Lebensgefühl einläutet, an. «Entwachsene Stimme» – das klingt nach Lösung aus Abhängigkeit, nach eigenständigen Worten. Das Leben gewinnt eine hellere Tönung: «Hiersein ist herrlich». Glück erscheint als Möglichkeit im Blick:

Denn eine Stunde war jeder, vielleicht nicht
ganz eine Stunde, ein mit den Maßen der Zeit kaum
Meßliches zwischen zwei Weilen -, da sie ein Dasein
hatte. Alles. Die Adern voll Dasein.

Aber auch hier wird deutlich: Das Entscheidende, das Wesentliche ist und geschieht innerlich:

Nirgends, Geliebte, wird Welt sein, als innen. Unser
Leben geht hin mit Verwandlung. Und immer geringer
schwindet das Außen.   .

Aber die Menschen sind nicht in der Vergangenheit, und nicht in der Zukunft zu Hause.

Jede dumpfe Umkehr der Welt hat solche Enterbte,
denen das Frühere nicht und noch nicht das Nächste gehört.
Denn auch das Nächste ist weit für die Menschen. Uns soll
dies nicht verwirren; es stärke in uns die Bewahrung
der noch erkannten Gestalt. – Dies stand einmal unter
                                          Menschen,
mitten im Schicksal stands, im vernichtenden, mitten
im Nichtwissen-Wohin stand es, wie seiend, und bog
Sterne zu sich aus gesicherten Himmeln.

In den vorangegangenen Versen hatte Rainer Maria Rilke sich damit auseinandergesetzt, wie der Zeitgeist «gestaltlos» schafft, keine «Tempel» mehr kennt, also nichts, wozu der Mensch eine innere Beziehung hat. Hier nun werden jene Menschen beklagt, die keinen inneren Bezug mehr zu den Dingen haben. Aber da sind auch die, die jenen inneren Halt an den Dingen noch haben: «Uns soll dies nicht verwirren ...» «Wenn nun», da stimme ich Käte Hamburger zu, «im selben Atemzug, wieder Hinwendung zum Engel erfolgt, so geschieht das nicht mehr im Gefühl der Nichtigkeit und Flüchtigkeit des Menschen, sondern seines sich behauptenden Eigenwertes».

> *Engel,*
> *dir noch zeig ich es, da! in deinem Anschaun*
> *steh es gerettet zuletzt, unendlich aufrecht.*

Und er zählt so manches Menschenwerk auf, das ihm das Selbstbewußtsein gibt und das er dem Engel zeigt, damit er es bestaune.

> *O staune, Engel, denn wir sinds,*
> *wir, o du Großer, erzähls, daß wir solches vermochten,*
> *mein Atem reicht für die Rühmung nicht aus.*

Dieser fast naiv anmutende Stolz hält an bis zum Ende der Elegie und steigert sich schließlich bis zur Abweisung des Engels, bis zur Zurücknahme der Werbung um ihn. Der Mensch hat die ihn einst umgebenden Räume gefüllt, er ist schöpferisch tätig geworden:

> *So haben wir dennoch*
> *nicht die Räume versäumt, diese gewährenden, diese*
> *unseren Räume ...*

Es ist, als stünde das Ich nun auf dem ihm zugehörigen Platz, nicht mehr abhängig, sondern schöpferisch und seinerseits aktiv.

> *Glaub nicht, daß ich werbe,*
> *Engel, und würb ich dich auch! Du kommst nicht.*
> *Denn mein Anruf ist immer voll Hinweg; wider so starke*
> *Strömung kannst du nicht schreiten.*

Und dann endet diese Elegie mit einer doppeldeutigen, ambivalenten Geste dem Engel gegenüber. Der Engel bleibt groß, aber das Ich ist es selbst geworden, der Größe des Engels gewachsen:

> *Wie ein gestreckter*
> *Arm ist mein Rufen. Und seine zum Greifen*
> *oben offene Hand bleibt vor dir*
> *offen, wie Abwehr und Warnung,*
> *Unfaßlicher, weitauf.*

Die Motive der siebenten Elegie werden erst in der *neunten Elegie* wieder aufgenommen, während dazwischen die *achte Elegie* noch einmal einen Rückfall in die Klage über das leidvolle Gegenüber-Sein des Menschen bringt. Die schöpferische Macht über die Räume scheint dort verloren:

> *Wir haben nie, nicht einen einzigen Tag,*
> *den reinen Raum vor uns, in den die Blumen*
> *unendlich aufgehn.*

Nicht der Mensch, der dem Engel vorzeigt, was er geschaffen hat, steht hier im Mittelpunkt, sondern der, dem keine Wahl bleibt und keine Möglichkeit, von sich aus das Leben und die Welt zu ge-stalten:

> *Und wir: Zuschauer, immer, überall,*
> *dem allen zugewandt und nie hinaus!*
> *Uns überfüllts. Wir ordnens. Es zerfällt.*
> *Wir ordnens wieder und zerfallen selbst.*

Dann aber, in der neunten Elegie, hat das Ich seine Handlungs-freiheit wieder, gewinnt das Eigene Konturen, das er dem Engel aufweist. Der Engel scheint etwas ferner gerückt zu sein, er wird nicht mehr direkt angeredet, sondern erscheint in der dritten Per-son. Gesprochen wird nun von Mensch zu Mensch, der Ort des Engels ist das Weltall.

> *Preise dem Engel die Welt, nicht die unsägliche, ihm*
> *kannst du nicht großtun mit herrlich Erfühltem;*
> *im Weltall, wo er fühlender fühlt, bist du ein Neuling. Drum zeig*
> *ihm das Einfache, das, von Geschlecht zu Geschlechtern gestaltet,*
> *als ein Unsriges lebt, neben der Hand und im Blick.*
> *Sag ihm die Dinge. Er wird staunender stehn; wie du standest*
> *bei dem Seiler in Rom, oder beim Töpfer am Nil.*

Zeig ihm, wie glücklich ein Ding sein kann, wie schuldlos
und unser,
wie selbst das klagende Leid rein zur Gestalt sich entschließt,
dient als ein Ding, oder stirbt in ein Ding –, und jenseits
selig der Geige entgeht. – Und diese, von Hingang
lebenden Dinge verstehn, daß du sie rühmst;
vergänglich, traun sie ein Rettendes uns, den
Vergänglichsten, zu.

Die Welt des Menschen steht der des Engels nun gegenüber, jede im Blickfeld der anderen Seite. Dem Engel gehört das Weltall; fühlender als der Mensch ist er dort zu Hause, wo der Mensch ein Neuling wäre. Dem Menschen dagegen ist das Einfache, Irdische zugeordnet, das über Generationen gestaltete und weitergegebene, die Dinge, das Vergängliche, demgegenüber der Mensch doch auch eine rettende Funktion hat. Dieser Mensch steht nicht mit leeren Händen vor dem Engel. Aber: seinen eigentlichen Reichtum hat er in seinem Innern, in seiner Verwandlungsfähigkeit – dies Thema kehrt hier deutlich wieder:

Wollen, wir sollen sie ganz im unsichtbarn Herzen verwandeln
in – o unendlich – in uns! Wer wir am Ende auch seien.
Erde, ist es nicht dies, was du willst: unsichtbar
in uns erstehn? – Ist es dein Traum nicht,
einmal unsichtbar zu sein? – Erde! unsichtbar!
Was, wenn Verwandlung nicht, ist dein drängender Auftrag?

Und da steht nun eine klare Entscheidung des Menschen zur Erde: «Erde, du liebe, ich will.» Und er lebt und genießt das Leben ganz gegenwärtig:

Siehe, ich lebe. Woraus? Weder Kindheit noch Zukunft
werden weniger ... überzähliges Dasein
entspringt mir im Herzen.

Die Gedankenführung der Elegien wäre nicht vollständig ohne die Thematisierung des Todes als die zugehörige andere Seite des Lebens in der *zehnten Elegie*. Und in diesen Ausblick auf den Tod gehört der Engel nun wieder hinein; dann wird er auch wieder in die zweite Person rücken und direkt angeredet werden:

Daß ich dereinst, an dem Ausgang der grimmigen Einsicht,
Jubel und Ruhm aufsinge zustimmenden Engeln.

Die Engel werden dem Menschen zustimmen! So sind sie, hier am Ende, in eine dienende Funktion gerückt, der Mensch gibt sozusagen den Ton an. «Leid-Stadt» und «Landschaft der Klagen» werden allegorisch gezeichnet in dieser letzten und so ganz anderen Elegie. Da gibt es den Jahrmarkt, der die Hohlheit des Lebens widerspiegelt – «von Beifall zu Zufall» –, da wird geworben für das «Todlos», da werden «Perlen des Leids» und «Schleier der Duldung» gezeigt, da gibt es bisweilen noch «ein Stück geschliffenes Ur-Leid», «Tränenbäume» sieht man dort und «Felder blühender Wehmut», «Tiere der Trauer» weiden dort und «Sterne des Leidlands» markieren in ihren Bildern, was die Klage meint. Und die Toten steigen in die «Berge des Ur-Leids». In dieser Landschaft läßt Rainer Maria Rilke nun wieder einen Engel erstehen, der hier wohl dem Ernst der existentiellen Situation des Menschen den Platz hält gegenüber jeder Art billiger Vertröstung:

O, wie spurlos zerträte ein Engel ihnen den Trostmarkt,
den die Kirche begrenzt, ihre fertig gekaufte:
reinlich und zu und enttäuscht wie ein Postamt am Sonntag.

Rainer Maria Rilkes Engel ist kein Engel billiger, das heißt ohne Verwandlung erworbener Vertröstung, sondern einer, der zur ganzen Realität von Leben und Tod hingeleitet; er ist ein Engel, der auch die Negativität aushält; und was am Schluß der letzten Elegie an Trost bleibt, ist ausschließlich das, was diesem so zu tiefem Ernst bewegenden Engel standhält:

Und wir, die an steigendes *Glück*
denken, empfänden die Rührung,
die uns beinah bestürzt,
wenn ein Glückliches fällt.

Hier sei nun abschließend ein zusammenfassender Überblick über den *Wandlungsprozeß des Engels in den «Duineser Elegien»* gegeben. Engel und Mensch sind sich zunächst fremd, mehr noch: der Engel löst Erschrecken beim Menschen aus. Darüber hinaus gelingt keine Verständigung zwischen beiden, der Abstand ist zu groß. Es gibt bestenfalls eine zaghafte Suche nach Verwandtschaft zwischen Mensch und Engel. Dieser Engel, der so «schrecklich» genannt wird, hört den Menschen nicht, ist für ihn nicht zu brauchen und kennt darüber hinaus keine Todesproblematik. Ihm ist diese für den Menschen existentiell so bedeutsame Grenze nicht wichtig. Es stellt sich die Frage, warum dieser Engel den Menschen hören sollte, warum er für den Menschen zu brauchen sein sollte. Wenn er denn ein Engel ist, wessen Bote soll er sein? In welchem oder wessen Dienst steht er, was vermittelt sich durch ihn? Nur vom Ende der Duineser Elegien her läßt sich diese Frage beantworten. Das Ich durchläuft durch alle zehn Elegien hindurch einen langen Weg mit vielen Stationen. Der Engel begleitet oder vermittelt diesen Weg. Am Ende steht die Liebe zur Erde, das Selbstbewußtsein, das sich aus dem Eigenen des Menschen speist. Da könnten wir wohl auch feststellen: am Ende steht die volle Bejahung des Menschseins wie es ist mit seinen Möglichkeiten und Grenzen, seiner schöpferischen Kraft wie seiner Endlichkeit: die Annahme von Leben und Tod. Am Schluß steht der *Selbst*-gewordene Mensch, der die ihm verfügbaren Räume ausschöpft und füllt. In diesem Sinne ist Rainer Maria Rilkes Engel in den «Duineser Elegien» auch ein Engel, der den Weg zum Selbstsein vermittelt, der über die zehn Elegien diesen ständigen Verwandlungsprozeß begleitet, mal nahe, mal fern, mal mehr innen, mal mehr außen, vorgefunden und geschaffen, angerufen und abgewiesen, erschreckend und – bis ins Detail – bewahrend, im imaginären Raum der Liebe ebenso zu Hause wie im «Leid-Land» des Todes.

Gehen wir zurück zum Anfang. Der Schrecken einjagende Engel der *ersten Elegie* wird in der *zweiten Elegie* zumindest anfragbar und damit ansprechbar: «Wer seid ihr?» Damit ist der zarte Anfang einer Beziehungsstiftung versucht. Aber diese Beziehung ist noch so vage, daß die Erinnerung an die «Tage Tobiae» mit den vertrauten Engeln an der Tür sich nur als Kontrast ausmachen kann. Diese Engel der zweiten Elegie sind keine Beziehungswesen, sie sind sich selbst genug und brauchen kein Gegenüber. Ihrer Unabhängigkeit gegenüber klingt die Frage: «Wer seid ihr?» geradezu hilflos. Aber so wie das Motiv der Verwandlung den Weg des Menschen durch die zehn Elegien kennzeichnet, so macht der Engel Rainer Maria Rilkes einen entsprechenden Prozeß durch.

Und es zeigt sich, wie sehr beide Verwandlungsprozesse einander bedingen, fördern und kennzeichnen. Nachdem die dritte Elegie mit der sexuellen Thematik keine Engel kennt, finden wir in der vierten Elegie Engel, zu denen Beziehung über das Anschauen läuft. Wobei der Engel gegenüber der Puppe das lebendige, die Bälge hochreißende Objekt ist. Der Engel spielt über die Jahreszeiten hinüber, hat also den weiteren Handlungshorizont. Aber im Gleichklang mit der Puppe repräsentiert er dem Menschen gegenüber das schweigende Sein.

Nicht nur angeschaut, sondern zaghaft angerufen werden kann dann schon der Engel der *fünften Elegie*, auch eine Vorstellung von Schutz oder Bewahrung läßt sich mit ihm verbinden. Er wird in einen imaginären Raum gestellt, den die Phantasie nun füllen kann: im Reich der Liebenden, wo ihnen das Ihrige gelingt, findet er sich, – aber das ist auch das Reich der Toten. Nach wie vor gehört der Engel in eine andere Welt als der Mensch.

Die sechste, sogenannte «Heldenelegie» hat im wahrsten Sinne des Wortes keinen «Raum» für Engel. So viel Zielstrebigkeit, wie hier gepriesen wird, kann die Engel nur verdrängen. Die *sechste* und die *achte Elegie* machen deutlich, welche Lebensbereiche «engelfremd» sind: Sexualität und Leistung. Psychoanalytisch gesprochen: Ihre Welt ist eine frühere – von der individuellen psychischen Entwicklungsgeschichte her verstanden.

Die *siebente Elegie* zeichnet dann ein völlig neues Begegnungsmuster zwischen Mensch und Engel: ein auf den Kopf gestelltes Kräfteverhältnis zwischen einem nun nicht mehr länger umworbenen Engel und einem umso mehr erstarkten Menschen, dem seine schöpferische Kraft verfügbar ist, dem das «Hiersein» so wohltut, daß er sich nicht in die Engelferne sehnen muß, der dem Engel seinen Stolz darbieten kann und diesen auch abzuweisen vermag. Unabhängig, aber auch ambivalent tritt der Mensch hier dem Engel gegenüber. Bewunderung und Distanzierungsbedürfnis mischen sich.

Die *achte Elegie* bringt einen «Rückfall» in die leidvolle, lähmende Situation des Gegenüberseins des Menschen. Hier wird geklagt, aber keinem Engel. Ein solcher wird auch nicht geschaut, geschweige denn angerufen. Es ist, als habe es noch gar keine «Verwandlung» gegeben.

Umso prägnanter wird dies dann das Motiv der *neunten Elegie*. Ein verwandelter Mensch tritt einem verwandelten Engel gegenüber. Jeder hat seinen ganz eigenen Bereich (erworben), und doch spielen beide ineinander. Deutlich wird, was der Engel dem Menschen voraus hat, aber auch, was des Menschen Ureigenstes ist, dem Engel mit großem Selbstbewußtsein vorzeigbar. Dem Engel gehört das Weltall, da ist er – im Gegensatz zum Menschen – zu Hause; dieser aber ist beheimatet im Irdischen. Der Engel ist hier insofern etwas in die Ferne gerückt, als er in der dritten Person erscheint. Das Ich steht in aller Klarheit da, sich seiner selbst bewußt: «Ich lebe», das heißt auch: unabhängig von einer Beziehung zum Engel.

Hier könnte ein progressiver Verwandlungsprozeß enden, aber bei genauerer Betrachtung ist die *zehnte Elegie* alles andere als überflüssig. Sie thematisiert den Tod als die andere Seite des «Ich lebe». In dem Ausblick auf das Land des Todes wird der Engel wieder ein Wesen, mit dem sich die Hoffnung auf seine Ansprechbarkeit verbindet. Er wird wieder in der zweiten Person benannt, und dieser Engel hat eine dienende Funktion. Er hält der existentiellen Tiefe des progressiven Verwandlungspozesses des Ichs der Elegien stand, bewahrt ihm den Ernst. Am Ende steht ein «reifer» Engel, dem Jubel und Ruhm des Menschen nach der «grimmigen Einsicht», nach dem Prozeß der verwandelnden Lebenserfahrung wohl, zustimmend. Es ist, als fänden Selbst und Selbst-Symbol zueinander, Leben und Tod bejahend und in «steigende» und «fallende» Bewegung versöhnt einstimmend.

Von einem mehr tiefenpsychologisch bestimmten Ansatz ausgehend haben wir die Möglichkeit, der Bedeutung des Engels in den «Duineser Elegien» und seinem progressiven Bedeutungswandel die Entwicklungsgeschichte des Übergangsobjekts in der individuellen Psychogenese gegenüberzustellen. Es zeigt sich dabei, daß Rainer Maria Rilke hier Muster nacherschaffen und nacherlebt hat, nach denen es dem Kleinkind (und später dem Erwachsenen) gelingt, mittels eines Übergangsobjekts oder Übergangsphänomens die Kluft zwischen Ich und Du, zwischen Ich und äußerer Realität gleichzeitig wahrzunehmen, zu akzeptieren und zu überwinden. Dieser Prozeß setzt ein, wie oben ausführlich dargelegt wurde, bei der Inanspruchnahme eines (fast beliebigen) äußeren Objekts oder inneren Bildes zur Besetzung mit inneren Vorstellungen. Dieses Objekt vermittelt dann eine Verschränkung von «Innen» und «Außen», die Möglichkeit, Anwesenheit und Abwesenheit der haltenden, nährenden und sorgenden Mutter oder primären Bezugsperson innerlich zu verknüpfen.

Selbstwerdung wird in den «Duineser Elegien» als ein Prozeß der Vermittlung zur Erde hin, zur Erde als der Realität menschlicher Existenz deutlich. «Erde» steht hier für die Bejahung eigener Begrenztheit, für die – nur bedingte – Möglichkeit, über die Quellen des Seins zu verfügen, und für die Selbstbescheidung, als Mensch andere Möglichkeiten zu haben als die Engel. Wir werden hier erinnert an die Spielarten des Kindes, sich der abwesenden Mutter über Phantasien und Übergangsobjekte anzunähern. Hat das Selbst aber erst einmal seine Begrenzung erlangt, so kann diese sowohl akzeptiert als auch immer wieder überwunden werden. In der doppelten Ausrichtung zwischen Sehnsucht als Wunsch nach Selbstausdehnung und Bescheidenheit im Sinne von Selbstbegrenzung wird in den «Duineser Elegien» deutlich, was das Erreichen dieses Reifeschrittes bedeutet.

Dies soll zum Schluß dieses Kapitels ein Zitat aus einem Brief Rainer Maria Rilkes an Ilse Jahr verdeutlichen. Dieser Brief entstand 1923, also unmittelbar nach Fertigstellung der «Duineser Elegien»: «Ich fing mit den Dingen an, die die eigentlichen Vertrauten meiner einsamen Kindheit gewesen sind, und es war schon viel, daß ich es, ohne fremde Hilfe, bis zu den Tieren gebracht habe ... Dann aber tat sich mir Rußland auf und schenkte mir die Brüderlichkeit und das Dunkel Gottes, in dem allein Gemeinschaft ist. So nannte ich ihn damals auch, den über mich hereingebrochenen Gott, und lebte lange im Vorraum seines Namens ... Das Faßliche entgeht, verwandelt sich, statt des Besitzes erlernt man den Bezug, und es entsteht eine Namenlosigkeit, die wieder bei Gott beginnen muß, um vollkommen und ohne Ausrede zu sein. Das Gefühlserlebnis tritt zurück hinter einer unendlichen Lust zu allem Fühlbaren ..., die Eigenschaften werden Gott, dem nicht mehr Sagbaren, abgenommen, fallen zurück an die Schöpfung, an Liebe und Tod ... Mehr und mehr kommt das christliche Erlebnis außer Betracht; der uralte Gott überwiegt es unendlich. Die Anschauung, sündig zu sein und des Loskaufs zu bedürfen als Voraussetzung zu Gott, widersteht immer mehr einem Herzen, das die Erde begriffen hat. Nicht die Sündhaftigkeit und der Irrtum im Irdischen, im Gegenteil, seine reine Natur wird zum wesentlichen Bewußtsein, die Sünde ist gewiß der wunderbarste Umweg zu Gott ..., aber warum sollten die auf Wanderschaft gehen, die ihn nie verlassen haben? Die starke innerlich bebende Brücke des Mittlers hat nur Sinn, wo der Abgrund zugegeben wird zwischen Gott und uns –; aber eben dieser Abgrund ist voll vom Dunkel Gottes, und wo ihn einer erfährt, so steige er hinab und heule drin (das ist nötiger, als ihn überschreiten). Erst zu dem, dem auch der Abgrund ein Wohnort war, kehren die vorausgeschickten Himmel um, und alles tief und innig Hiesige, das die Kirche ans Jenseits veruntreut hat, kommt zurück; alle Engel entschließen sich, lobsingend zur Erde!» Rainer Maria Rilkes Gottheit tritt nur als Ahnung oder Andeutung in Erscheinung, eher sprachlos und sprachlos machend, aber dennoch als eine alles durchwirkende Kraft – stark im Wecken intensiver Wünsche, wie es schon im «Stundenbuch» zum Ausdruck kommt:

> *Nur meine Sehnsucht ragt dir bis ans Kinn*
> *und steht vor dir wie aller Engel größter:*
> *ein fremder, bleicher und noch unerlöster,*
> *und hält dir seine Flügel hin.*

III. Engel im Gespräch – im Gespräch mit Engeln?

Die im ersten Hauptteil ausgeführte psychologische Theorie der Anfänge des Übergangsraumes in der vorsprachlichen Entwicklungsstufe des Menschen vermochte zu erklären, warum Engel und Engelerfahrungen auf der Grenze zwischen Sprachlosigkeit und Sprachfindung angesiedelt sind. Die Betrachtung von vier Beispielen der Engel-Poesie des 20. Jahrhunderts im zweiten Hauptteil machte deutlich, wie Dichterinnen und Dichter Sprache finden für eine Erlebniswelt, die besonders schwer in Worte zu fassen ist. Dichtungen von Peter Härtling, Ilse Aichinger, Rafael Alberti und Rainer Maria Rilke können wir wie eine Einladung verstehen, eigenes Erleben in ihren Worten wiederzufinden, uns mit ihren Texten zu identifizieren und sie wie ein Stück Sprachhilfe in Anspruch zu nehmen – oder aber das Besondere eigener Erfahrungen in Abgrenzung von ihrem Engelverständnis klarer zu erkennen.

Doch Engel sind keineswegs nur ein Thema der Psychologie oder der Poesie. Immer häufiger treten sie hervor als ein Thema *nicht alltäglicher Erfahrungen im Alltag.* Wie läßt sich darüber reden? Können wir mit Kindern über Engel sprechen? Ist das gut für sie, oder laufen wir eher Gefahr, sie damit zu verwirren? Was ist von den vielen Angeboten in Veranstaltungen und Büchern zu halten, die zu lehren versuchen, wie wir uns Engel verfügbar machen können, uns sogar ihrer Kraft bemächtigen und ihren Einfluß auf unser Leben verstärken? Wie sind schließlich Berichte von persönlichen Engelerfahrungen zu bewerten?

Engel tauchen gehäuft auf am Anfang und am Ende des Lebens. Diesen Bogen soll der dritte Hauptteil schlagen und dabei auch die anderen Engelerfahrungen nicht auslassen, die zwischen Geburt und Tod Menschen in Verwunderung geraten lassen, nachdenklich machen, verwirren oder aber mit neuen Impulsen und gestärktem Realitätssinn die Gestaltung des weiteren Lebens beeinflussen. Das abschließende 16. Kapitel wird die verschiedenen Ergebnisse dieses Buches zusammenfassen unter der Leitfrage: Brauchen wir die Engel wirklich?

10. Engel zwischen Erwachsenen und Kindern

> Es kann vom Schutzengel überhaupt
> nur in einer gewissen Sphäre von
> Kindlichkeit gesprochen werden.
> Claus Westermann

«Darüber möchte ich mit meiner Enkelin reden.» «Das Engelbild werde ich unserem sechsjährigen Nachbarssohn zeigen.» «Ich wüßte gerne, ob ich meinen Kindern auch etwas von Engeln erzählen sollte.» Solche Sätze und Anfragen habe ich oft gehört, wenn ich in Gemeinden oder anderswo mit Gruppen über Engel geredet habe. Sobald Menschen den Zusammenhang zwischen kindlichem Erleben und Engelglauben besser verstehen und ihnen deutlich geworden ist, wie «seelennah» die Engel den Kindern sind, möchten sie auch mit den Enkeln, Töchtern, Söhnen und ihnen nahestehenden Kindern darüber reden. Erinnerungen an den eigenen Kindheitsglauben werden wach. Das Gefühl drängt sich auf, Kindern mit dem Reden von den Engeln etwas Wichtiges zu geben oder geben zu müssen.

Die Vielzahl von Kinderbüchern über Engel, die in den letzten Jahren erschienen sind, macht ebenso deutlich, daß Engel ein Thema zwischen Erwachsenen und Kindern sind. Pfarrerinnen und Pfarrer erleben nicht selten, daß Taufeltern und Taufpaten auch ohne vorgeprägten christlichen Hintergrund von *Schutzengeln* ihrer Kinder reden. Sie wünschen sich biblische Verse, die von Engeln handeln, als Taufspruch, z.B. Psalm 91, 11f.: *«Denn er wird seinen Engeln gebieten, dich zu behüten auf allen deinen Wegen. Auf den Händen werden sie dich tragen, damit dein Fuß nicht an einen Stein stoße.»* Und oft können sie überhaupt nur in einer Sprache, die sich der Engel bedient, ausdrücken, warum sie ihre Kinder taufen lassen. Dies gilt es ernstzunehmen als eine legitime Ausdrucksweise ebenso ursprünglichen Glaubens an oder ahnungsweiser Hoffnung auf einen liebenden und sorgenden Gott. Wünsche, mit Kindern über Engel reden zu können, hören wir natürlich in erster Linie aus kirchennahen Kreisen oder aber von Menschen, die ernsthaft zu fragen anfangen nach dem, was sie ihren Kindern sinnvollerweise mit auf den Lebensweg geben sollten.

Nun möchte ich aufzeigen, daß es gewiß manchmal sehr hilfreich und wichtig sein kann, im Gespräch mit Kindern Engel ins

Spiel zu bringen, daß jedoch mit dem Wort «Engel» auch – und gerade gegenüber Kindern – viel Mißbrauch getrieben wird. Insofern ist es dringend erforderlich, darauf zu achten, welche Bedeutungen für Kinder bei dem Wort «Engel» mitschwingen.

Theodor Fontane konnte in seinem autobiographischen Roman «Meine Kinderjahre» vor etwa hundert Jahren noch mit großer Selbstverständlichkeit von dem Schutzengel der Kinderzeit, seinem Mitwachsen und schließlich stillem Rückzug in der Pubertät berichten: «Es ist ein hübsches Wort, daß die Kinder ihren Engel haben und man braucht nicht sehr gläubig zu sein, um es zu glauben. Für die Kleinen ist dieser Engel eine mit einem langen weißen Lilienschleier angetane Fee, die lächelnd zu Füßen einer Wiege steht und entweder vor Gefahr bewahrt oder wenn sie schon da ist, aus ihr hilft. Das ist die Fee für die Kleinen. Ist man aber aus der Wiege, beziehungsweise dem Bettchen heraus und schläft man bereits in einem richtigen Bett, mit andern Worten, ist man ein derber Junge geworden, so braucht man freilich auch noch seinen Engel, ja, man braucht ihn erst recht; aber statt des Lilien-Engels muß es eine Art Erzengel sein, ein starker, männlicher Engel, mit Schild und Speer, sonst reicht seine Kraft für seine mittlerweile gewachsenen Aufgaben nicht mehr aus. Ich war nicht eigentlich wild und wagehalsig, und alle meine Kunststücke, die mir als etwas Derartiges angerechnet wurden, geschahen immer nur in kluger Abmessung meiner Kräfte; trotzdem hab ich, im Rückblick auf jene Zeit, das Gefühl eines beständigen Gerettetwordenseins, ein Gefühl, in dem ich mich auch schwerlich irre. Denn als ich mit 12 Jahren aus dem elterlichen Hause kam, in einem Alter also wo die Fährlichkeiten recht eigentlich erst zu beginnen pflegen, wird es mit einem Male ganz anders, so sehr, daß es mir vorkommt, als habe mein Engel von jenem Zeitpunkt ab wie Ferien gehabt».

Kindheit vor mehr als hundert Jahren bedurfte – folgen wir Theodor Fontane – der Engel und war auch geprägt von einem sehr selbstverständlichen Glauben an sie. Mit einer gewissen Selbstverständlichkeit gehörten sie zum Kindsein und Größerwerden dazu, sie wuchsen quasi mit, bis sie schließlich zum Zeitpunkt ersten Selbständigwerdens «in Ferien» gingen. Das *«Gefühl eines beständigen Gerettetwordenseins»*, das mit den Engeln in Verbindung gebracht wurde, signalisiert uns nach allen Ausführungen Donald W. Winnicotts, daß Kindheit hier einen «Rahmen» hatte. Sie fand in einem von der Erwachsenenwelt gewährleisteten «Spielraum» statt, der sich schrittweise vergrößerte, bis schließlich mit der Eröffnung der Weite des Erwachsenenlebens die Engel zurücktreten konnten. Oder sie verwandelten sich in Hintergrundswesen, die – in der Diktion Theodor Fontanes – «Ferien» machten.

Diese Selbstverständlichkeit der Engel ist heutiger Kindheit völlig abhanden gekommen. Manche Kinder haben eine Ahnung von Engeln, und formulieren diese auch. Einige Beispiele wurden oben im 1. Kapitel (S. 15ff.) erwähnt. Viele Kinder können aber auch gar nichts mit Engeln anfangen, weil sie einfach noch nie von ihnen gehört haben. Die zehnjährige Svenja, befragt, was ihr zu Engeln einfalle, antwortet: «Weiß ich gar nicht», und ergänzt noch leise: «nein, weiß ich eigentlich nicht». Die zwölfjährige Julia beantwortet die Frage so: «Engel? Gibt's nicht! Schutzengel? Nein, daran glaub ich auch nicht. Wenn mir jemand hilft, dann ist das Gott. Ich glaube, daß es vielleicht so Flämmchen gibt, die die Kraft von Gott bringen, die ich von ihm bekomme, wenn er mir hilft. Aber so Engel, die irgendwo rumfliegen, nein, die gibt's nicht. Es gibt nur Gott». Die dreijährige Antje fragt zurück: «Was ist das? Kann man das essen?» Der zehnjährige Heiko antwortet: «Engel sind die Helfer von Gott. Wie? Ja, das weiß ich nicht. Aber Gott tut ja was. Und da helfen sie ihm eben. Engel sind immer gut. Wenn wir tot sind, werden einige von uns auch Engel, aber nur ganz ganz wenige».

Svenja und Antje wissen überhaupt nichts über Engel, Julia glaubt auch nicht an sie, nur an Gott. Aber an ihrer Antwort ist spannend, daß für sie, sozusagen zu ihrem Glauben an Gott dazugehörig, ein eigenes religiöses Übergangsphänomenen oder eine eigene Phantasie Bedeutung hat: «Flämmchen, die die Kraft von Gott bringen». Nur Heiko versteht die Engel als «Helfer von Gott». Er idealisiert sie in besonderer Weise. Sie sind «immer gut», und – was noch auffälliger ist – nur ganz ganz wenige Menschen (vermutlich denkt er an die ganz «guten») werden, wenn sie tot sind, auch Engel. Wie läßt sich mit diesen Kindern über Engel reden?

Bevor wir uns dieser Frage nähern, ist es wichtig, zunächst sehr realistisch zu erfassen, daß *Kinderwelten* heute weitgehend *engellose Welten* sind. Nur noch wenige Kinder haben Vorstellungen von Engeln, den meisten sind sie überhaupt nicht mehr vertraut. Oder sie verbinden sich mit sehr obskuren Vorstellungen, die mit den traditionellen Kinderschutzengeln nichts mehr gemeinsam haben. Heute reden nach meinen Beobachtungen mehr die Erwachsenen als die Kinder von Engeln. Die Vielzahl der Engelbücher für Kinder, die in den letzten Jahren erschienen sind, sagen uns zunächst einmal sehr viel über erwachsene Kinderbuchautoren und -autorinnen, aber noch nicht viel über einen Engelglauben bei den Kindern. Eine Ausnahme bilden selbstverständlich die Kinder, die bewußt religiös oder gar christlich erzogen werden und die früh von Engeln hören. Dieses Phänomen der engellosen Kindheit bedarf zunächst des genaueren Hinschauens:

Das weitgehende *Fehlen der Engel in heutigen Kinderwelten* interpretiere ich als *Symptom* eines viel weiter reichenden Mangels. Kindliche Übergangswelten, als deren Repräsentanten wir immer auch Engel zu verstehen gelernt haben, sind zunehmend Übergriffen der Erwachsenenwelt ausgeliefert. Sie unterliegen Verfremdungen, Verfälschungen und schließlich auch mißbräuchlicher Kommerzialisierung. Diese Behauptung bedarf der Erklärung.

Mir scheint, daß heutige Kinder und Jugendliche mit starken Feinden zu tun haben. An die Stelle einschränkender oder disziplinierender Maßnahmen der Erwachsenen, die – zugegeben – bis an das Niveau der sogenannten «schwarzen Pädagogik» heranreichen konnten und sicher nicht zu bejahen waren oder sind, treten immer mehr gesellschaftlich vermittelte Mechanismen, die nicht selten kindliche Ohnmacht und konsequente Behinderung von Selbstwerdungsprozessen zur Folge haben. Die Engellosigkeit heutiger Kinderwelten ist ein Symptom eines Mangels an Übergangsraumerfahrungen. Anderes, Fremdes und nicht Kindgemäßes tritt zunehmend an deren Stelle. Und erst, wenn wir diese Entwicklung mit Hilfe der Erkenntnisse über den kindlichen Übergangsraum verstanden haben, können wir ermessen, welchen *religionspädagogischen Stellenwert* heute das Reden über Engel haben könnte.

Kinder und Jugendliche erobern sich ihre Wirklichkeit schrittweise über Handeln, Probehandeln und Spiel. Handelnd und experimentierend erschließen sie sich ihre Wirklichkeit, spielend gewinnen sie Distanz gegenüber der Übermacht der äußeren Wirklichkeit, die handhabbar gemacht, also den eigenen Spielregeln altersentsprechend unterworfen werden muß. In dem Maße, in dem es einem Kind gelingt, diese Wirklichkeit nach seinen Kriterien zu strukturieren, kann es sie zugleich aneignen und objektivieren. So gewinnt es «Spielraum» gegenüber einer für seine Wahrnehmung so durchschaubar gemachten Außenwelt.

Eine Autorin, die sich mit besonderer Sorgfalt und mit Einfühlungsvermögen der Bedeutung des Übergangsraums für das Erleben schwieriger Jugendlicher gewidmet hat, ist Dorothea Dieckmann. In ihrem Buch «Kinder greifen zur Gewalt» beschreibt sie, wie das Fehlen von Übergangsräumen und deren Ersatz durch *Echowelten* und *Oberflächenwelten* Gewalt provozieren. Was haben wir darunter zu verstehen?

Eine *Welt fiktionaler Medien*, die Welt der Bildschirme, ist eine Welt, die nur noch das eigene «Echo» zurückhallen läßt. Kinder, die immer ausschließlicher in solchen Welten leben, sind allein. Die Welt, in der sich viele Kinder und Jugendliche heute wiederfinden, «zeigt alle Merkmale einer Oberflächenwelt, die nicht preisgibt, was sie ‹im Innersten zusammenhält›, einer Echowelt, die ihnen Zuspruch und Widerspruch versagt». Aber Kinder sind zur Entwicklung eines Selbst auf *lebendige und individuelle Reaktionen und Resonanz* angewiesen. Gelingt es ihnen nicht, der Außenwelt eine originäre Antwort zu entringen, so greifen sie schließlich zur äußersten Provokation, nicht selten zur Gewalt. Die zunehmende kindliche Gewalt, die oft die Form eines völlig sinnlosen Tuns annimmt, verbirgt einen subjektiven Sinn. Dieser verweist auf eine kranke Gesellschaft.

Die Wurzel der Krankheit unserer späten Zivilisation, die sich in kindlichen und jugendlichen Gewaltphänomenen äußert, liegt in der Störung des Zusammenspiels zwischen Außenwelt und menschlichem Handeln. Tritt die Außenwelt von vornherein nur als «Oberflächenwelt» in Erscheinung, so nimmt die Entwicklung der Fähigkeit, sich spielerisch vom Druck des Äußeren zu befreien Schaden. Eine Wirklichkeit, an der ein Kind seine Spielregeln entwickeln und erproben kann, muß die wiederholt mit allen Sinnen identifizierbare Präsenz der Bezugspersonen und räumliche sowie zeitliche Kontinuität gewährleisten. «David» kann einen konkreten, benennbaren Riesen «Goliath» bezwingen, aber keinen «Scheinriesen». Eine Wirklichkeit ohne Beständigkeit und inneren Zusammenhang ist durch kein Spiel mehr zu fassen. Heutigen Kindern wird medial eine weitgehend unkörperliche wie auch täuschende Realität vermittelt, ein «Scheinriese». Je mehr aber die Umgebung mit uns spielt, umso unbeweglicher werden wir. Auf das *eigene Spiel* kommt es an. Nur: man kann nicht gegen eine gespielte Realität spielen. Das aber ist die fiktionale Medienwelt, die das Leben der Kinder und Jugendlichen zunehmend bestimmt. Sie beansprucht inzwischen im Leben vieler Kinder mehr Zeit als die Schule, die auf jeden Fall noch eine reale Beziehungswelt darstellt, wie gut

141

oder schlecht auch immer sie sein mag. Vor der Herausforderung des Kampfes gegen «Scheinriesen» kapitulierend, verschwinden die Grenzen der Selbst- und Fremdwahrnehmung, die Grenzen zwischen Ich und Welt. Spielraum aber braucht seine Grenzen.

In der unendlichen Aneinanderreihung von Spielersatz und in der grenzenlosen Medienwirklichkeit wird jede Zerstörung und jeder Tod wiederholbar und unfühlbar. Jugendliche werden so und auf vielen anderen Wegen immunisiert gegen jede Phantasieleistung. Aus Mangel an Einmaligkeitserleben und gestaltbarem Gegenüber spielraumlos geworden, fehlt ihnen die Möglichkeit, sich einen Begriff davon zu bilden, was Gewalt tatsächlich bedeutet. Sie können kein Konzept für die Endgültigkeit der Gewalt und des Todes entwickeln. So müssen sie «mit dem Tod spielen». Wenn Kinder keine eigene, aus ihnen selbst geschöpfte Phantasie entwickeln können, greifen sie zur Gewalt. Sie haben zu wenig Gelegenheit gehabt, *ihre* Ideen und Bilder an einer Außenwelt zu erproben. Es fehlt Ihnen das Erleben jener Welt mit hohem Anregungs- und Aufforderungscharakter, die beispielsweise einem Theodor Fontane und Kindern seiner Zeit zur Verfügung gestanden haben muß, wenn sie gewahr werden konnten, wie ihre Engel mitwuchsen. Im Leben einer zunehmenden Zahl von Kindern gibt es nichts oder immer weniger, das den eigenen Entwürfen einen Horizont entgegensetzt, der ihnen als Grenze Widerstand und Halt, als Hintergrund Tiefe gibt.

Die Situation von Kindern, die weitgehend auf sich selbst gestellt und an medial vermittelte «Oberflächen- und Echowelten» verwiesen sind, ist sicher nicht für alle Kinder typisch, aber sie zeigt doch wie in einem Brennglas Trends auf, die Kinderwelten zunehmend bestimmen. Die minderjährige Momo, auf der Straße lebend, erklärt in einem Interview: «Ich habe mich für mein Leben entschieden. Ich lebe in meiner Welt, einer Welt aus Phantasie. ... Viele Leute, eigentlich fast alle, erklären mich für verrückt, weil sie mich nicht verstehen. Ich habe mich eine Weile darin geübt, nur in der Phantasie zu leben, und ich habe festgestellt, daß Phantasiepersonen manchmal wirklicher sind als Menschen aus Fleisch und Blut. Ich fühle mich manchmal ziemlich einsam, weil in meine Welt nur wenige Eingang finden. Meine beste Freundin ist Vivien, meine Wasserpfeife. Ich bin auf der Suche nach dem vollkommenen Ewigen.» Diese Äußerung ist sicher ein Hinweis auf eine besonders tragische Kindheitsgeschichte, in der die Bedingungen für das Entstehen eines kindlichen Übergangsraumes kaum oder gar nicht gegeben waren. Was mag Momo meinen? Wir müssen genau hinhören.

Kinder, die im Extremfall die Straße ihrem Zuhause vorziehen (und das werden immer mehr), sind in ganz besonderer Weise – was immer sie sonst noch sein mögen – *spielraumlose Kinder*. Ihre Situation ist extrem, aber gerade darin auch zunehmend symptomatisch für die Situation von Kindern in gegenwärtigen hochzivilisierten Ländern. Immer mehr Kinder sind heute «spielraumlos». Mit diesem grundsätzlichen Problem der Pädagogik überschneidet sich die religionspädagogische Fragestellung nach einem sinnvollen Reden über Engel.

Ich betrachte den unterschwellig mitlaufenden Gedanken an Gott auch im Umgang mit Kindern als eine Garantie dafür, daß die Dinge nicht so bleiben müssen, wie sie sind, daß uns im Umgang mit Kindern mehr und Besseres als Disziplinierung *oder* Alleinlassen in Oberflächen- und Echowelt einfallen könnte. Aus theologischer Sicht geht es um das Öffnen von Gegenwart und Zukunft für umfassenderes und tieferes Selbst-Sein, das immer auch Selbst-Sein vor Gott bedeutet. Hier wäre die Richtung markiert, in der sich Umgangsweisen mit Kindern suchen lassen, denen keine inneren Spielräume oder Übergangsräume zur Verfügung stehen.

Versuchen wir jedoch zunächst, zu verstehen, was die Veränderung von Kinderwelten hin zu «Echowelten» oder «Oberflächenwelten» im Zusammenhang mit der Wirklichkeit von Engeln bedeutet. Ein Blick auf «*Oberflächen-Engel*» oder «*Echo-Engel*», die es – wie sollte es anders sein? – inzwischen natürlich auch gibt, kann im Kontrast verdeutlichen, worum es geht. Die «Mutter von 10 Millionen» titulierte vor zwei Jahren eine Tageszeitung die Japanerin Aki Maita (32 Jahre alt), deren vierte Kindergeneration aus dem Stamme «Tamagotchi» sich für ein ganzes Tamagotchi-Zeitalter, also genau ein paar Monate, als «*Engel Tamagotchi*» in Millionen Kinderstuben einnistete. Die junge Marketing-Fachfrau hatte das erfolgreichste Spielzeug seit Jahren erfunden. Nur einige Kinder waren von Anfang bis Ende «Tamagotchi-resistent». Aki Maita hatte den Markt für Videospiele, die Jugendliche zwischen zwölf und fünfzehn Jahren interessieren, beobachtet. Ihr fiel auf, daß sich in dieser «Oberflächenwelt» Spiele, die in irgendeiner Weise mit «Hegen und Pflegen» zu tun hatten, besonderer Beliebtheit erfreuten. Irgendwann standen so die drei zwingenden Eigenschaften des Tamagotchi-Kükens fest: 1. Ein Haustier mußte es sein. 2. Die Besitzer mußten es hegen und pflegen und 3. auch mitnehmen können.

In der vierten Generation wurden dem virtuellen Haustier kurzerhand Engelsflügel hinzugefügt, noch ein paar kleine Abänderungen, und siehe da, es ward ein Engel: «Tamagotchi Angel». Nun mußte der Spieler oder die Spielerin nicht mehr, wie ursprünglich beim piepsenden Tamagotchi-Küken, erzieherische Funktion übernehmen, sondern er oder sie wurde von nun an von einem Engel «beschützt». Der ließ sich anflehen und um Glück bitten. «Engel Tamagotchi» wird im Laufe der Zeit, wenn es mit dem Knopfdrücken und Anflehen alles richtig läuft, immer engelhafter, meßbar an sogenannten Engel-Punkten. Dauert das Engelleben lange genug (das hängt von der über kleine Knöpfe zu leistenden «Pflege» ab), so können sich auch Engel-Zwillinge entwickeln, aber auch die böse Variante, der «Teufel», kann dabei herauskommen. Da bedarf es vieler Ratschläge, die massenweise über das Internet weitergeflüstert werden:

«Gib ‹Tamagotchi Engel› Süßes, um seine Engelmacht zu verstärken». «Füttere ihn, wenn er hungrig ist». «Spiel mit ihm, um ihn glücklich zu machen». «Mach das Licht aus, wenn er sich krank fühlt, damit er ausruhen kann». «Lob ihn, wenn er es braucht». «Lob ihn nicht, wenn er es nicht braucht». Zu den Tricks schließlich zählte auch dieser: «Wenn der Engel wach ist, kann er schnell krank werden. Mach das Licht kurz aus und dann gleich wieder an. Nach dem dritten Mal wird er in sein Himmlisches Zuhause zurückkehren».

So bekamen die Kinder der «Echo- und Oberflächenwelt» von der Erwachsenenwelt einen «Echo- oder Oberflächenengel». In manchem Wesenszug einem echten Übergangsobjekt ähnlich, auf jeden Fall mit gleicher Intensität geliebt, gehegt und gepflegt, dann aber auch sehr schnell verworfen (wer spielt heute – zwei Jahre danach – noch mit «Tamagotchi Engeln»?), führte er doch nie ein Eigenleben, das ihn zum *ganz anderen*, von außen an die Kinderwelt quasi anklopfenden «Boten» werden ließ. Er war und blieb ganz *in der Hand der Kinder*, darin eher *Fetisch* als Übergangsobjekt, mehr trügerische Illusion eigener Omnipotenz sogar angesichts der himmlischen Engelwelt als Anstoß zur Selbstwerdung, mehr Echo als Antwort, kein Raum und Zeit auslotender Bote Gottes, sondern auf Miniaturgröße in Kinderhand gefesselte Plastikhülle mit unergründbarem Inneren. Die Schöpferin des Tamagotchi, des Kükens wie des Engels, muß etwas geahnt haben von der mangelnden Dialogfähigkeit ihrer Brut, betonte sie doch sehr schnell, der kommunikative Wert des Tamagotchi läge im Gespräch der Jugendlichen untereinander über die Pflege desselben. In der Tat war solchen Gesprächen am ehesten ein pädagogischer Wert abzugewinnen.

Was bedeutet es, wenn Erwachsene Kindern einen «Tamagotchi Engel» erfinden oder schenken? Dieser «Engel» hat einen besonders krassen Nachteil: er ist nicht lebendig, er ist einfach ein Computer-Engel, oder ein kleiner Computer – einer mehr – der vorgibt, ein «Engel» zu sein. Und eine Zeitlang gelingt ihm das sogar. Was ihn von Engeln in besonderer Weise unterscheidet: Er hat Ansprüche. Und von deren Erfüllung hängt sein Funktionieren ab, seine vermeintliche Schutzengelfunktion! Er wird – das ist noch auffälliger – von seinen Besitzern (ja, er wird «besessen») gebraucht. In gewisser Hinsicht sind diese Engel tatsächlich «besessen» in dem Sinne, daß sie ein Teil ihrer Besitzer sind – nicht Mittler zu irgendwem. Sie sind nicht einmal Mittler zu der Person, die sie vielleicht geschenkt hat. Sie *binden das Kind*, geradeso *wie es sie bindet*. Aber ein «Tamagotchi Engel» reduziert die verwirrende Komplexität schutzbedürftigen Lebens oder sagen wir: der Lebensrealität, auf überschaubare Formen. Er hat so etwas wie ein Eigenleben, aber in Wirklichkeit ist es ein *Als-Ob-Leben*. Denn er kann jederzeit ausgeschaltet werden. Dieser Engel befindet sich in seiner eigenen Welt oder Wirklichkeit, die keine Verbindung hat zu dem besitzenden Kind – außer über die Knöpfe, die dieses selber drücken muß. Echte Überraschungen gibt es nicht. Nach einer bestimmten Zahl durchlaufener Engelleben weiß jedes Kind, wie es weitergeht. Ein echter «Echo-Engel» ist das. Er reagiert nicht auf Gefühle, Sorgen, Ängste des Kindes, vielleicht sogar seinen ursprünglichen Engelglauben, wenn er denn mal da war. Insofern ist er langfristig eine große Enttäuschung, ein Betrug der Erwachsenen an einer zarten religiösen Hoffnungswelt der Kinder.

Ich vermute, daß jene Kinder, die sich von Anfang an nicht täuschen ließen, die sozusagen «Tamagotchi-resistent» waren, über etwas Besseres verfügen: über eine von Beziehung getragene, gehaltene und begrenzte Spielwelt, in der sie nicht ihr *eigenes Echo* sondern Antwort bekommen, nicht den unendlich wiederholbaren Heimweg des Engels ins Himmlische Reich durch Knopfdruck beliebig auslösen und so den Himmel verlieren, sondern die Grenzen vorfinden, an denen sie lernen und erfahren können, was

Leben und was Tod bedeutet. Ihre Spielwelt ist nicht auf die Oberfläche kleiner Computer beschränkt, sondern erstreckt sich über *Raum und Zeit,* die durch *Beziehungswelten* gespannt sind zwischen Kindern und Erwachsenen. «*Tamagotchi Engel*» sind ein besonderes Symptom einer Kindheit, der die Übergangsräume in dem Maße verlorengehen, in dem sie sich immer mehr auf Echo und Oberfläche reduziert.

Es gibt viele Arten, auf die Erwachsene heute Kindern die Engelwelt rauben. Die *Pervertierung kindlicher Bedürfnisse nach Übergangswelten* finden wir nicht nur dort, wo Übergangsräume ersetzt werden durch Echo- und Oberflächenwelten, wo Mini-Computer mit einem Pseudo-Innenleben der kindlichen Phantasie keinen Raum mehr lassen, sondern kindlichem Tun nur noch widerspiegeln, was jemand selber eingibt. Wir leben in einer Zeit, in der *Kinder selber* zunehmend auch wie *Übergangsobjekte der Erwachsenen* behandelt werden. Das ist ein alarmierender, gesellschaftsverändernder Trend, der hier am Beispiel einer besonderen Art Gefährdung von Kindheit erläutert werden soll.

Die Benutzung von Kindern als Werbeträger hat in den vergangenen Jahren in beängstigender Weise zugenommen. Viele spannende Beobachtungen dazu entnehme ich dem Buch «Kinder der Werbung» von Gabrielle Bieber-Delfosse, die sich mit den Einflüssen der Mediengesellschaft auf das Aufwachsen der Kinder unter dem besonderen Aspekt der Werbung auseinandergesetzt hat.

Verschiedene Untersuchungen zeigen, daß es eine Verbindung gibt zwischen dem gesellschaftlichen Bild des Kindes beziehungsweise dessen Stellenwert (der sich u.a. in der Geburtenrate äußert) und dem Ausmaß des Einsatzes des Kindes in der Werbung. Durch die weitgehende Einhelligkeit der Medien und die Kumulation identischer Botschaften über «das Kind» wird «die Vorstellung von Kindheit stereotypisiert, einseitig verzerrt und der Vielfalt kindlichen Werdens und Seins beraubt. ... Die Individualität und die kindliche Eigenart gehen verloren – (also das, was das Selbstsein des Kindes ausmacht; d. Vf.), – und an deren Stelle wird ein künstliches, irreales und latentes Normverständnis über das Kind gesetzt, gespeist aus zweckgebundenen Darstellungsweisen der Werbung und Erwartungen, Vorstellungen der Werberezipienten im allgemeinen und im besonderen, also auch der Eltern und der Kinder selbst.» Für die Erwachsenenwelt wird Kindheit mehr denn je zum Konstrukt. Nur wenige wissen noch, was Kinder wirklich erleben und tun. Bei Anlässen des familiären Zusammenseins fungieren Kinder nicht selten als «Visitenkarten» der Eltern.

Jede Gesellschaft schafft ihre eigene «Wirklichkeit» von Kindheit, die wesentlich bestimmt wird von der Vorstellung von Welt, Weltordnung und Leben allgemein. Unsere Gesellschaft wendet sich zunehmend ab von der Vorstellung, daß Kinder «defizitär», also noch nicht «vollständig wie ein Erwachsener» sind. Damit läßt sich die Abkehr von einer «Bewahrungspädagogik» in Bezug auf Medien hin zur «Medienpädagogik» als Schritt in Richtung eines «neuen Kindheitsparadigmas» werten.

Tritt ein Kind in der Werbung auf, so ist «nicht das Kind in personam gemeint, sondern dessen symbolische Bedeutung. Offenbar mangelt es ... unserer (Überfluß-)Gesellschaft an Geborgenheit, Wärme, Zärtlichkeit, persönlicher Zuwendung und Anerkennung, kurz Emotionalität. Und genau diesen Mangel nutzt die Werbung mit ihren idealbildartigen Darstellungen von Kindern, deren sozialem Umfeld und Beziehungen.» Die Funktion, ein familiales Binnenklima zu schaffen, wird hier quasi an das Kind delegiert. Das diffuse, unerkannte, unbewußte Begehren nach Geborgenheit und Wärme kann allein durch die Darstellung des Kindes natürlich nicht befriedigt werden. «Erst mit der Wandlung zum symboldarstellenden Werbegeschöpf, das aus der Verbindung der Werbeidee mit der Markenpersönlichkeit, also dem kindlichen Protagonisten, entsteht, wächst ein emotionales, inneres Bild, eine Art Schlüsselbild ..., und somit die Möglichkeit der Ersatzbefriedigung durch Erwerb. Die Symbolfunktion des Kindes mit seiner ‹Aura› von Unschuld, Reinheit usw., die aus dem Obhutsmodell ... bekannt ist, bildet die Basis für diesen Effekt.»

Werbebotschaften besetzen alle Lebensbereiche, auch die Kindererziehung und die Entwicklung des Kindes. Tragischerweise besetzen sie genau jene inneren Räume und Übergangsräume, die zur Ausbildung eines eigenen Selbst so dringend nötig sind. Wenn der schöpferische Zwischenraum zwischen Kind und Mutter oder Kind und Eltern von Werbebotschaften erobert wird, gehen die eigenen Botschaften, die ursprünglichen *«Gesten»* des Kindes, wie Donald W. Winnicott das nannte, immer mehr verloren, weil sie im Gegensatz zu den durchsetzungsstarken Werbespots *leise* und *von tastend probierender* Art sind. Zunehmend warnen Pädagogen und Psychologen vor dieser Entwicklung, mit der gleichzeitig eine zunehmende *Infantilisierung der Erwachsenenwelt* einhergeht. Wer schätzt noch Alter, oder Erfahrung oder gar Weisheit? Die kleinsten Automodelle werden zum «Spielzeug für Große». Hier ließe sich eine ganze Liste von Beispielen nennen.

Wer spielt hier mit wem? Unverkennbar ist der Trend, daß Erwachsene mit Kindern spielen, aber die Erwachsenen und die Kinder spielen nicht *miteinander*. Vielmehr werden Kinder zu *Mittlern von Erwachsenenbotschaften* in einer Welt, die nicht die ihre ist. Sie werden ihrer Personalität beraubt, ihr «Dingwert» steigt mit dem «Kaufwert». Diese Botschaft erreicht nicht nur die kindlichen Models, die am Werbegeschehen unmittelbar beteiligt sind, sie erreicht heute praktisch alle Kinder.

Eine ganz andere Inszenierung sei hier noch vorgestellt. Ich entnehme die folgende Zusammenfassung dem Buch «Kult ums Kind» von Hanne Tügel. Schauplatz Belfast:

«Bei seiner offiziellen Visite in Nordirland im Winter 1995 besucht der amerikanische Präsident Bill Clinton eine Metallfabrik in Belfast. Zwei Kinder, eins katholisch, eins evangelisch, treten ans Rednerpult. ‹Jetzt ist es hier schön ruhig›, sagt die neunjährige Catherine Hamill. ‹Ich mag es, wenn Frieden und Ruhe herrschen und die Menschen nicht schießen und sich gegenseitig umbringen. Zu Weihnachten wünsche ich mir, daß es für alle Zeiten in Irland Frieden und Liebe geben wird.› Die Weltöffentlichkeit ist gerührt.

Catherine hat besonderen Grund, so zu reden, denn sie ist nicht irgendeine süße kleine Nordirin, sondern eine vom Schicksal gezeichnete, und auch das erfährt das internationale Publikum: ‹Mein Vater starb im Bürgerkrieg. Das war der schlimmste Tag meines Lebens. Ich denke dauernd an ihn›. Das Bild im deutschen Prominenten-Klatschblatt ‹Gala› zeigt einen jungenhaft lächelnden Präsidenten neben einem ernsten rotblonden Mädchen mit Pferdeschwanz und gelber Schleife. Überschrift: ‹Was wir alle von einem 9jährigen Mädchen lernen können›».

Hanne Tügel fragt nach dieser Darstellung völlig zu Recht: «Welche Aktivitäten mögen dieser Szene vorausgegangen sein? Haben PR-Berater des Präsidenten die Stadt Belfast durchforstet, um eine weise Waise zu finden, die besonders geeignet erschien, die richtigen Worte für den Frieden ihres Landes zu sprechen? Gab es GegenkandidatInnen, die abgelehnt wurden, weil sie schon zwölf waren oder nicht blond genug oder ihre Väter nur schwerbeschädigt und nicht tot? Wurde Catherines Familie vor der ehrenvollen Begegnung vom CIA und vom britischen Geheimdienst durchgecheckt?»

Die Inszenierung war auf jeden Fall perfekt: Ein Kind als «*Frie-densengel*» neben dem amerikanischen Präsidenten. Niemand wird sich darüber wundern. Zu häufig werden wir mit solchen Szenen über die Medien berieselt. Wie viele Kinder mögen sich gewünscht haben, an Catherines Stelle zu sein? Aber das eben nicht, weil sie in der Lage wären, den Erwachsenen etwas vom Frieden beizubringen. Denn damit sind sie überfordert. Und so kann ich Hanne Tügel nur zustimmen, wenn sie abschließend kommentiert: «Die ernsteste Frage ist, ob die Erwachsenen tatsächlich die Nachhilfe von Neunjährigen benötigen, um zu begreifen, daß Menschen ‹besser nicht schießen und sich gegenseitig umbringen› sollten. Offensichtlich kommen wir Erwachsenen, die wir ja noch gar nicht so lange und so gern erwachsen sind, mit der Welt nicht klar, die wir von unseren Eltern geerbt haben. Nun versuchen wir, aus der Not eine Tugend zu machen. Die Volljährigen fragen die Minderjährigen um Rat.»

So und ähnlich von außen okkupierter Kindheit gehen die Räume verloren. Sie birgt kein Geheimnis und keinen Zauber mehr. Und ehe hier gar Engel Raum fänden, werden die Kleinen *engelgleich* verkleidet zu «Friedensengeln», aber auch – und noch schlimmer – zu engelgleichen «Lolitas», an denen sich die Erwachsenenwelt ergötzt. Schließlich wird den Erwachsenen von diesen Kleinen nichts abverlangt – weder vom «Friedensengel» noch von der «Lolita». Wem dürfte eine Catherine heute politische Forderungen offerieren?

Und die «Lolitas»? Damit kommen wir zu der krassesten Variante des Themas «Engel» im gegenwärtigen Austausch zwischen Erwachsenen und Kindern. In engellosen, also phantasielosen, Welten werden «Engel gemacht». Eine der verschiedenen Spielarten des «Engelmachens» möchte ich an dieser Stelle ausführen in Anlehnung an einen Artikel von Zsusa Szemes «Ich werde ein Engel».

In der Ichform erzählt sie die Geschichte vielfachen sexuellen Mißbrauchs aus der Sicht eines vielleicht drei- oder vierjährigen Mädchens. Es bleibt offen, ob es sich um einen autobiographischen Text handelt, auf jeden Fall zeugt er von hohem Kenntnisreichtum im Blick auf Umgangsweisen unreifer Erwachsener mit Kindern, die nicht Kind sein dürfen. Details bezüglich des Mißbrauchs in dem genannten Text muß ich hier nicht zitieren.

Ebenso schockierend wie vielsagend ist der erfolgreiche Versuch der in diesem Text beschriebenen Erwachsenen, dem kleinen Mädchen die *Rolle des «Engels»* nicht nur aufzuzwingen, sondern auch «schmackhaft» zu machen im wahrsten Sinne des Wortes:

«Und dann nimmt mich der Onkel Gastwirt vom Schoß und sagt: Du mein goldiges Engelchen und gibt mir noch ein großes Stück Kuchen.» Das Mädchen spielt die Rolle des unsichtbaren Engels perfekt. Unsichtbar zu sein bietet ihm Schutz. «Ich sitze in der Bettecke und bin unsichtbar. Ich weiß schon, wie man sich unsichtbar machen kann. Man bemerkt mich kaum, aber ich seh alles und weiß alles. Und wenn man mich schlägt, dann kann ich meine Hand so schnell vor das Gesicht heben, daß mich möglichst wenig Ohrfeigen erreichen. Ich sehe das aufgedunsene Gesicht meiner Mama. Mein Papa hat ihre Nase zerkratzt … Mein Papa knirscht im Traum mit den Zähnen. Aber sonst ist es still. Ich bin unsichtbar, aber ich weiß, ich werde einmal ein Engel. Ich werde ein Engel». Immer wieder schwankt sie zwischen Gegenwart und Zukunft, wenn es um ihr Engelsein geht. Hier spricht ein orientierungsloses, von Erwachsenen verwirrtes Kind, dessen Identität zerstört wurde, bevor sie richtig entstehen konnte. Ein selbst-loses Kind im Doppelsinn des Wortes.

Das Mädchen lernt in einer Welt mißhandelnder und mißbrauchender, trinkender und faulenzender Erwachsener die Rolle zu spielen, die die Erwachsenen von ihm erwarten und «brauchen». Dabei treibt der Hunger das Kind mehr an als die Irritation über den noch kaum verstandenen Mißbrauch. Das ist die «Falle», die die Erwachsenen dem Kind stellen. «Und wenn mein Papa nicht trinken kann, wird er traurig und prügelt. Dann ist es besser, wenn ich unsichtbar bin und aus seinen Augen verschwinde. Dabei liebe ich meinen Papa sehr. Wenn er fragt. Wer liebt mich? Wer ist meine kleine goldige Hure? Wer gibt mir zu trinken, wenn ich alt bin? Dann breitet er seine Arme aus, und ich laufe zu ihm, damit er mich hochhebt und sagt, mein goldiges Engelchen, du bist die einzige Freude deines Vaters.» «Mein goldiges Engelchen, sagen sie. Wie klug du bist. Das sagen sie. Und ich weiß, daß sie mich lieben.» Die «kleine Hure» und das «goldige Engelchen» sind eins.

Diesen Text können wir nur für sich sprechen lassen. Er bedarf keiner Interpretation. Nur Erwachsene, denen keine eigenen Übergangsräume, kein Spielraum und keine Phantasie zur Verfügung stehen, agieren ihr Bedürfnis nach Macht und eigenem Handlungsvermögen manchmal so brutal an Kindern aus, daß sie deren eigene Persönlichkeit nicht wahrnehmen beziehungsweise vernichten, um mit ihnen nach eigenem Gutdünken ihr «Spiel» treiben zu können. Das ist Mißbrauch.

Wenn wir heute Wege finden wollen, als Erwachsene mit Kindern sinnvoll über Engel zu reden, dann dürfen wir nicht stehenbleiben bei den «heilen Welten» jener Kinder, die vielleicht tatsächlich noch eine Ahnung haben von der Wirklichkeit der Engel in ihrem ursprünglichen Sinn. Wir müssen dann auch genau hinsehen und zu erfassen suchen, wie gestört und krank die ganze Bandbreite der Versuche Erwachsener, Kinder und Engel in einen Zusammenhang zu bringen, sein kann. Erst auf diesem Hintergrund läßt sich ohne Einschränkung erfassen, was Engel tatsächlich im Kinderleben bedeuten können. Und erst, wenn wir alle perversen und kranken Konnotationen der Verbindung Kind und Engel verstehen, wird es gelingen, einen religionspädagogisch verantworteten Ansatz des Redens über Engel zu formulieren.

Wir nähern uns jetzt der Frage des religionspädagogisch bedachten Redens von den Engeln im Umgang mit Kindern, indem wir unsere Aufmerksamkeit zunächst auf den Versuch richten, dies mit Hilfe von Kinderbüchern zu tun. Kinderbuchautorinnen und -autoren versuchen, eine kindliche Sprache zu finden für das, was sie selber gerne glauben würden oder auch wirklich glauben, beziehungsweise wovon sie meinen, es sei für Kinder hilfreich und unter Umständen glaubensfördernd. Das kann nur heißen: Kindern zu vermitteln, was ihnen Vertrauen in den Grund des Lebens und in einen schützenden und tragenden Gesamtzusammenhang ihrer vielen alltäglichen Einzelerlebnisse und -erfahrungen gibt.

In den Kinderbüchern über Engel finden wir alle bereits erörterten Beziehungsmuster zwischen Mensch und Engel wieder, und zwar auch die gestörten oder kranken Weisen des Umgangs mit Engeln oder der Art ihrer Darstellung. Doch es gibt durchaus eine Vielzahl phantasievoller, theologisch tief reflektierter, pädagogisch und künstlerisch altersentsprechend und anspruchsvoll aufgemachter Bücher. Im Anhang werden eine Reihe sehr unterschiedlicher Engelbücher für Kinder und Jugendliche vorgestellt.

An dieser Stelle sei lediglich exemplarisch an Hand des Buches «Die unsichtbaren Freunde» von Elisabeth Kübler-Ross auf die *Gefahr, Störungsmuster im Übergangsbereich auf vermeintlich kindgerechte Darstellungen zu übertragen*, hingewiesen.

Dieser 1982 erstmals in den USA erschienene Band ist das einzige Kinderbuch der Ärztin und Sterbeforscherin Elisabeth Kübler-Ross. Engel sind in diesem Buch das Geheimnis zweier Kinder in notvoller Lebenssituation. Susanne hat vor einem Jahr ihren

Vater verloren und lebt mit ihrer Mutter in Armut. Peter wird von Susannes Mutter versorgt, bis sein großer Bruder und seine Schwester aus der Schule kommen. Seine Eltern müssen beide arbeiten. Susanne und Peter, zwei Kinder im Vorschulalter, haben außerkörperliche Erfahrungen und stehen in engem Kontakt mit ihren Schutzengeln, die wie reale Personen beschrieben und bildnerisch dargestellt werden und mit denen beide Kinder wie mit realen Spielgefährten umgehen. «Keiner weiß, daß sie im Sandkasten nicht allein sind. Niemand hört, wenn sie mit ihren Freunden reden. Von den Dingen, die ihre Freunde erzählen, verstehen die Erwachsenen nichts. Vielleicht haben sie sie auch nur vergessen.»

Ohne den Schutzengel «Willi» hätte Susanne ein ebenso trauriges Leben wie ihre Mutter. Peter würde seinen Geschwistern gerne von «Theresa», seinem Schutzengel, erzählen, aber die finden: «Er spinnt ein bißchen.» Eines Tages ist Peter wieder sehr traurig: «Im Traum hört er eine seltsame Musik. Plötzlich beginnt er zu schweben. Eine unbekannte Kraft trägt ihn durchs Kamin, hinaus über die Dächer der Stadt, höher und höher, den Sternen entgegen. ... er merkt, daß er gedankenschnell überall dort hinfliegen kann, wo er sein möchte. Plötzlich fliegen Theresa und Willi neben ihm. Sie freuen sich über Peters strahlendes Gesicht, über die Erregung, die er empfindet, weil er zum erstenmal ohne seinen Körper auf der Reise ist ... Kaum hat Peter an Susanne gedacht, ist er auch schon bei ihr, in ihrem Zimmer.» Susanne ist unglücklich und weint, weil die Mutter ihr vorgeworfen hat zu lügen. Dabei wollte sie nur von Willis Besuchen erzählen. Nun fliegen sie zu viert in eine andere Welt, während Willi singt:

> *Kommt in meine Welt, meine Kinder.*
> *Kommt in das Land des Friedens.*
> *Kommt in das Land der Liebe –*
> *in das Land, wo es keine Tränen gibt*
> *und keinen Schmerz.*
> *Kommt in meine Welt, meine Kinder!*

Sie schweben durch die Luft, «als ob sie Flügel hätten», und sie kommen in ein Land, in dem alles paradiesisch ist. Sie verständigen sich ohne Worte. Jeder liest die Gedanken des anderen. Und Susanne und Peter hören von Willi, daß Gott die Menschen eines Tages zu sich zurückrief und ihnen sagte: «Ich werde neue Seelen schaffen, die alle ein Teil von mir sind. Sie werden einen freien

Willen haben und sich auf der Erde ihre Wohnstätte suchen. Sie werden entscheiden können, wie sie ihr Leben führen wollen. Und sie werden aus dieser Erde einen besseren Ort machen, zum Segen für alle Menschen.» Willi erzählt auch: «Wenn die Seelen ihr Leben gelebt und ihre Arbeit getan haben, dann kehren sie heim zu Gott. Von ihm sind sie gekommen; zu ihm gehen sie zurück. Was sie auf Erden Gutes getan haben, das bringen sie Gott als Geschenk.» Und dann schicken die beiden Engel Theresa und Willi die Kinder Susanne und Peter zurück ins Bett. «Wenn ihr aufwacht, werdet ihr ausgeruht und glücklich sein», sagt Willi. «Ihr werdet an das Erlebte denken wie an einen Traum. Aber es war kein Traum. Vergeßt nie, daß wir bei euch sind, auch wenn ihr uns manchmal nicht sehen könnt. Das soll euer Geheimnis sein.»

Susanne fragt sich: Weshalb wissen die Erwachsenen nicht, «wie schön die Welt ist, in die wir zurückkehren, wenn Gott uns ruft?» Als sie Peter im Spital besucht, will er wissen: «Denkst du an unser Geheimnis?» Diese Frage begleitet Susanne von da an, auch als Peter stirbt. Eine Woche später ist die Beerdigung. Über seinen Tod heißt es: «Peter hatte seinen Körper verlassen wie ein Schmetterling seine Hülle, wenn es Zeit für ihn ist, auszuschlüpfen und wegzufliegen.» Susanne ist nun oft in Gedanken weit weg und hört Willi singen: «Kommt in meine Welt, meine Kinder ...» Sie tröstet sich mit der Gewißheit: «Peter wird mich mit Theresa und Willi von Zeit zu Zeit besuchen.» Als der Pfarrer bei der Beerdigung sagt: «Peter ist jetzt ein Engel», weiß Susanne, daß es richtig ist, so zu denken. «Susanne schloß die Augen. Sie wußte, daß ihre drei zuverlässigen Freunde sie ihr ganzes Leben hindurch begleiten würden: Theresa, Willi und Peter, ihre Schutzengel. Sie wußte, daß auch ihr Vater bei ihr sein würde, wann immer sie ihn brauchte».

Das Buch «Die unsichtbaren Freunde» gehört zunächst und vorrangig in die Kategorie der Kinderbücher über den Tod. Ganz anders als beispielsweise in dem Buch «Julia bei den Lebenslichtern» von Angela Sommer-Bodenburg (vgl. Anhang) werden hier die Realität der Trauer, die Endgültigkeit des Todes und der damit verbundene Schmerz fast ignoriert, auf jeden Fall in ungewöhnlicher Weise bagatellisiert. Es gibt im Ablauf der Geschichte keinen eigenen Zwischenbereich, sondern nur eine äußere und eine innere Realität, wobei die innere zeitweise die äußere Realität völlig verdrängt. Ohne Übergang steigen die Kinder um von einer Wirklichkeit in die andere, der Tod erfährt dabei eine unverantwortliche

153

Verharmlosung. Es ist, als könne er den Kindern nicht wirklich etwas anhaben. Es gibt keine ernsthafte Trennung. Außerkörperliche Erfahrungen von Kindern werden in diesem Buch als selbstverständliche und normale Gegebenheit dargestellt. Dem Umstand, daß diese tatsächlich nur von schwer traumatisierten oder todkranken Kindern und auch nur sehr selten erlebt werden, wird nicht Rechnung getragen. Der *Unterschied Kind – Engel ist aufgehoben*, Realität und Phantasie verschwimmen bis zur Unkenntlichkeit zu einer Wirklichkeit. Insofern ist die Möglichkeit, in einem Zwischenbereich einen «Ruheplatz» zu finden, der zur Rekonstruktion der eigenen Realitätsfähigkeit verhilft, hier außer Kraft gesetzt.

Das Denkmodell, das den Duktus dieses Buches bestimmt, entspricht dem oben beschriebenen Störungsmuster im Übergangsbereich, bei dem die Realität zu Gunsten der Phantasie verlorengeht. Die Phantasie verselbständigt sich. Dementsprechend gibt es keinen Tod. Das liegt übrigens auf der Linie dessen, was die Sterbeforscherin Elisabeth Kübler-Ross, die sich zunächst um die Enttabuisierung des Sterbens große Verdienste erworben hat, in ihren späteren Lebensjahren immer mehr zur zunehmend engen Lebensanschauung erhoben und empfohlen hat. Werner Thiede spricht zu Recht in seinem Buch «Die mit dem Tod spielen» von der «bagatellisierten Grenze». Es drängt sich die Idee auf, dieser einmalige Versuch der Autorin, ihre Gedanken in einem Kinderbuch festzuhalten, sei ein Versuch, eigene Kindheitstraumata zu bewältigen. Dem kann an dieser Stelle leider nicht ausführlich nachgegangen werden.

Kinderbücher über Engel können ein gutes Hilfsmittel sein, Kindern in der Schaffung und Aufrechterhaltung ihrer Übergangsräume Unterstützung zu geben. Sie können aber auch, wenn sie nicht ihrerseits den Spielregeln des Übergangsraumes verpflichtet sind und gezielt *innere Spielräume eröffnen*, falschen Vorstellungen von Realität und Phantasie zuarbeiten. Sie sind dann gerade nicht dem selbst-fördernden Aufbau von Grenzen zwischen beiden Bereichen dienlich. Das hier vorgestellte Kinderbuch «Die unsichtbaren Freunde» zeigt uns ein weiteres Mal, wie großer Behutsamkeit es bedarf, mit Kindern angemessen über Engel zu reden. Und es bedarf durchaus auch psychologischen und theologischen Sachverstands, um hier keine falschen Vorstellungen zu fördern.

Wie ist es möglich, Kindern und Jugendlichen Übergangsräume für ihre Selbstentwicklung zur Verfügung zu stellen? Wir kommen damit zu der Kernfrage, was Kinder heute eigentlich von den

Erwachsenen brauchen. Und nachdem deutlich geworden ist, daß es im Zusammenhang mit der speziellen Thematik der Engel immer um psychologische Fragen des Übergangsraumes geht, soll hier zunächst *die zentrale pädagogische Bedeutung des Übergangsraumes* thematisiert werden. Erst danach können wir uns der speziellen religionspädagogischen Frage zuwenden, was ein angemessenes Reden von den Engeln mit Kindern sein könnte.

Indem wir Erwachsenen uns Kindern und Jugendlichen als *gestaltbares, bewegliches, zuverlässiges Gegenüber* anbieten und indem wir *gestaltbare, nach eigenen Gesetzen veränderbare Räume* zur Verfügung stellen, bilden und bieten wir Grenzen, die Selbstwerdung ermöglichen und die z.B. die Grenzsetzung durch verzweifelte kindliche Gewalt entbehrlich machen. Das ist etwas anderes als die Disziplinierung aus den Zeiten der sogenannten «schwarzen Pädagogik», aber es ist auch nicht das Gegenteil davon. Immer mehr Kinder stellen verschlüsselt *Fragen nach dem Selbst-Sein-Können*. Und wenn sie ihre Fragen nicht verbal an uns richten, dann werden sie ausagiert. Die Erwachsenen haben die Aufgabe, zu verstehen, welches die verschlüsselten Botschaften der Kinder sind. Es sind immer öfter Fragen nach einem ganz klaren *Gegenüber, das Selbst-Sein überhaupt erst ermöglicht*. Dies sind, in ihrer tiefsten Schicht, theologische Fragen.

Donald W. Winnicott, der ein Leben lang das *Lebenkönnen* zum Thema seiner Arbeit gemacht hatte, betonte immer wieder die Notwendigkeit von Spielräumen, in denen Menschen mit Hilfe ihrer Phantasie *die* Strukturen ausbilden können, die schließlich zur Selbstwerdung und zum Selbstsein verhelfen. Als Nichttheologe hat er dieses so verstandene Selbst mit Gott in Verbindung gebracht als etwas, das Menschen sich nicht selber geben können. Ich halte den unterschwellig mitlaufenden Gedanken an Gott auch im Umgang mit Kindern für eine Garantie dafür, daß Gegenwart und Zukunft offen sind für umfassenderes und tieferes Selbst-Sein. Wenn wir Kinder in ihrer Selbstentwicklung fördern wollen, müssen wir ihnen gegenüber so erkenntlich, so grenzsetzend, so sehr Gegenüber sein, daß wir für sie *merk*würdig sind. Burkhard Müller spricht von der Notwendigkeit, «die eigene Merkwürdigkeit» zu «kultivieren im Doppelsinn von humorvoller Selbstrelativierung und der Fähigkeit, Jugendlichen etwas ‹zum Merken› zu geben». Wenn uns das gelingt, ist es für Kinder lohnenswert, sich zu *merken*, was sie mit uns erleben. Und wir müssen so beweglich sein, daß der Raum zwischen ihnen und uns ihr *Spielraum* wird, in dem sie erleben können, daß sie *sie selbst* sein dürfen. Hier läßt sich durchaus mit Burkhard Müller auch von einer «*Pädagogik des Mitspielens*» reden.

Anfangen müssen wir also mit der Frage, wie wir *Gott, Spielen, Glauben und Selbst-Sein* zusammendenken können. Da haben dann auch die Engel ihren Platz. Die richtige Richtung finden wir, indem wir wagen, mitzuspielen. «Mitzuspielen heißt nicht, alle Spiele mitzuspielen, und nicht, alle Spielregeln sich aufdrücken lassen, sondern heißt schlicht: sich einlassen auf dieses Zwischenreich von Phantasie und Realität der Jugendszene und darin die eigene Rolle als Erwachsener und zugleich als zur ‹Resonanz› auf Jugendliche fähiger Mensch zu suchen und zu finden. Dieses Mitspielen als Alternative dazu, sich entweder zum Spielball machen zu lassen oder die Spiele von außen unter Kontrolle zu halten, verlangt zum einen Offenheit und Risikobereitschaft. Zum anderen verlangt es einen bewußten Umgang mit den eigenen Handlungsregeln».

Eine unentbehrliche Voraussetzung des Gesprächs mit Kindern und Jugendlichen über Engel ist: Nur wenn Erwachsene ihrerseits über ihren persönlichen Glauben authentisch reden können und wenn sie selber für besondere Erfahrungen sich einer Sprache bedienen, die auch von Engeln zu reden wagt, macht es überhaupt Sinn, das Thema Engel bei Kindern anzuschneiden. Mit einer Einstellung dagegen, die Engel ausschließlich in die Kinderstube verbannen möchte, sie aber im Erwachsenenleben und -glauben für entbehrlich oder irrelevant hält, sollten wir keinen Versuch unternehmen, Kindern Engel «einzureden». Sie spüren das. Wer einem Kind von Engeln erzählt, der sagt ihm damit sinngemäß vor allem und zunächst: «Es gibt etwas, das auch ich als erwachsener Mensch mir nicht selber geben kann, das größer, mächtiger ist als ich. Und ich möchte, daß du daran Anteil haben kannst. Ich wünsche dir, daß das auch für Dein Leben Bedeutung bekommt.» Natürlich gilt das auch, wenn wir Kindern von Gott erzählen. Das Reden von Engeln erlaubt es den Kindern allerdings, an einer besonders intimen, persönlichen Seite des Erwachsenenglaubens zu partizipieren: Auch die Erwachsenen sind auf Schutz und Begleitung angewiesen, auch sie können in Verwunderung geraten und zutiefst überrascht und betroffen werden.

Erwachsene, die so Kindern gegenüber auch ihre verletzlichen Seiten offenbaren, werden deren Vertrauen gewinnen. Das gilt ganz besonders in dem Maße, in dem Kinder sonst an Oberflächen- und Echowelten abprallen. Sie werden durch das Reden von Engeln angerührt, und es macht sie neugierig. Sie werden spüren: Hier wird mit tiefem Ernst und Ehrlichkeit gesprochen. Hier sind sie mit einer Welt konfrontiert, die nicht einfach einen Widerhall ihres eigenen Tuns darstellt, vielmehr lernen sie eine Welt kennen, die ihnen noch fremd ist, die in dem Maße einen hohen Anreizcharakter hat, in dem sie auch die Erwachsenen «berührt» und verändert. Was die Erwachsenen wirklich erreicht, das interessiert die Kinder immer. Darin liegt die besondere Bedeutung des Redens von den Engeln im Austausch mit Kindern gerade erneut in unserer Zeit.

Es gibt dafür keine Rezepte, keine vorformulierten Texte, Geschichten oder Bücher, und es kann sie auch nicht geben. Wenn Erwachsene Kinderbücher zu Hilfe nehmen, dann sollten sie nur aus den Büchern vorlesen, sie verschenken oder mit einem Kind besprechen, von denen sie selber persönlich angerührt sind. Sie sollten den religiösen Übergangsraum mit dem Kind *teilen* können oder mit ihm zusammen ohne Befremden in diesen Raum «hineingehen» mögen. Erwachsener und Kind müssen die im Kinderbuch vorgegebene Phantasie miteinander spielerisch, angerührt und mit einer gewissen Tiefe des Erlebens gemeinsam genießen können. Nur so können Kinder sich eigene religiöse Erfahrungen *ertasten, erahnen, bebildern, vorstellen, aneignen* und sich schließlich auch Engel *erstehen* lassen, wenn wirkliche Engelerfahrungen sie von außen treffen.

Wagen wir es, im Gespräch mit Kindern über Engel *merk*würdig zu sein, statt nachzuplappern, was Werbung, Medien und Spielzeugindustrie (und manchmal auch Kinderbücher!) diktieren, so werden sich die Kinder zunächst einmal das Gespräch mit uns *merken*. Sie werden sich irgendwann vielleicht erinnern und in einer Situation, die sie unverhofft «Besonderes» erleben läßt, selber sagen können: Ich glaube, ein Engel hat mein Leben berührt, geführt oder beschützt. So werden sie sich auch Gott spielerisch *er*-finden können in dem Maße, in dem er sich finden läßt.

Ich möchte an einigen Beispielen verdeutlichen, was die hier angesprochene Überschneidung der Übergangsräume des Kindes und des Erwachsenen sowie des religiösen Übergangsraumes konkret bedeuten kann. Und so soll sich auch zeigen, wie eine *spielerische Umsetzung der Engelvorstellung* für Kinder hilfreich und eindrücklich ihr Leben prägen könnte.

Benjamin wird nach einer Blinddarmoperation aus dem Krankenhaus entlassen. Es geht ihm gut. Er hört, wie seine Mutter zur Nachbarin sagt: «Unser Benjamin hat einen Schutzengel gehabt».

Das beeindruckt ihn und er findet es auch. Und ihm kommt die Idee, er müsse sich bei seinem Schutzengel bedanken. Viele Ideen gehen ihm durch den Kopf, schließlich weiß er, was er tun will, und er ist sehr stolz auf die ganz eigene Idee: «Ich werde für meinen Schutzengel ein Fest feiern. Und ich lade meine Freunde ein. Und natürlich können die ihre Schutzengel mitbringen.» Und so besorgt er Limonade und Kakao, Kuchen und Kekse, Gummibärchen und Schokolade, seine Mutter hilft ihm dabei, und alle Freunde kommen und feiern für den Schutzengel ein Fest.

«Du hörst ihn nicht und siehst ihn nicht und trotzdem ist er immer bei dir!» sagt Hanspeters Oma. Der zuckt mit den Schultern. «Das ist dein Schutzengel», sagt die Oma und fängt an zu erzählen. «Eine junge Frau, die im neunten Monat schwanger war, mußte noch einmal mit der Straßenbahn in die Stadt fahren. Plötzlich bemerkte die junge Frau, wie bei ihr die Wehen einsetzten. ‹Wie weit ist es denn bis zum Krankenhaus?› fragte sie einen jungen Mann neben sich. ‹Es ist noch ein ganzes Stück›, sagte der, ‹bis zur Endstation›. ‹O, ich glaube, so lange kann ich nicht warten›, sagte die Frau da. Der junge Mann wurde blitzartig aktiv, rannte nach vorne zum Fahrer und sagte: ‹Die Frau muß in zehn Minuten im Krankenhaus sein. Sie bekommt ein Kind›. Da fuhr der Schaffner ohne Halt an allen Haltestellen vorbei bis zur Endstation. Als das Kind im Krankenhaus geboren war, da waren der Schaffner und der junge Mann die ersten Gratulanten. Und weil die Peter und Hans hießen, wurde das Kind Hanspeter genannt. Das warst Du. Damals hat Dein Schutzengel schon angefangen, immer mit dir zu gehen.»

Patrick hat das Gebet von den vierzehn Engeln am allerliebsten. Schließlich will er jeden Abend dieses Gebet sprechen. Aber er möchte mehr als nur sprechen. Bei den Worten «zwei zu meiner Rechten» gibt er seiner Mutter die rechte Hand, bei den Worten «zwei zu meiner Linken» die linke. Bei der Zeile «zwei zu meinen Häupten» muß sie beide Hände auf seinen Kopf legen – wie eine Segensgebärde, bei der Zeile «zwei zu meinen Füßen» muß sie ihm beide Füße streicheln. Als es heißt «zwei die mich decken», muß die Mutter die Decke hochziehen, bei «zwei die mich wecken» ihn einmal kurz kitzeln. Bei der letzten Zeile «zwei die mich weisen zu des Himmels Paradeisen» setzt Patrick sich noch einmal auf, zusammen mit der Mutter zeigt er aus dem Fenster in den Himmel, dann will er in den Arm genommen werden und verabschiedet sich mit einem Gutenachtkuß in den so beschützten Schlaf. Hier spielen Mutter und Kind zusammen in einem Spielraum, den die Engel zur Verfügung stellen.

Die Seelsorgerin Rosemarie Fuchs, die lange bei krebskranken Kindern auf der Station tätig war, berichtet in ihrem bewegenden Buch «Stationen der Hoffnung» über den fünfjährigen Marcus. Als es ihm immer schlechter geht, muß sie immer häufiger für die erschöpfte Mutter einspringen und an seinem Bett wachen. Dabei erzählt sie ihm die Geschichte von Schneewittchen. Als die Märchenprinzessin stirbt, schreit Marcus ganz verzweifelt: «Nein, nein! Sie soll nicht tot sein!» Erst als Schneewittchen wieder aufwacht, ist er zufrieden.

Einige Tage später sagt er zu der Seelsorgerin: «Aber Kinder müssen nicht sterben!» «Doch, sagt sie, auch Kinder. Deswegen sollen die doch auf der Straße immer aufpassen, damit sie nicht überfahren werden.» «Warum müssen die denn alle sterben?» fragt Marcus, und die Seelsorgerin merkt, daß sie antworten muß und keine Zeit zum Überlegen hat. Der Junge ist nicht christlich erzogen worden. Sie hat nicht viele Möglichkeiten, ihm eine Erklärung zu geben. Sie geht mit ihm ans Fenster und schaut alles an: die Vögel, die Blumen, die Bäume. «Das alles hat sich einer ausgedacht, hat es gemacht, damit wir uns freuen. Er hat auch einen Namen, wir nennen ihn den lieben Gott. Ihm gehört alles auf der Welt. Darum kann er auch sagen, daß das alles wieder zu ihm zurückkommen soll. Alle Menschen hat er auch gemacht. Wenn Gott nun will, daß einer nicht mehr hier bei uns ist, sondern bei ihm leben soll, dann ruft er ihn und sagt: Nun komm wieder zu mir zurück! Dieser Mensch macht dann die Augen zu, redet nicht mehr mit uns und hört uns auch nicht mehr zu. Wir sagen dann: nun ist er gestorben. Er kommt in einen Sarg – wie das Schneewittchen – und wird begraben. Jetzt lebt er nicht mehr bei uns, er lebt nun bei Gott!» «Wo ist denn der Gott?» fragt Marcus. «Kann man mit Gott reden?» «Ja, das kann man», sagt die Seelsorgerin. «Ich rede jeden Tag mit ihm und sage, er soll auf dich aufpassen!» Da ist Marcus sehr interessiert: «Tut er das denn?» «Ja, das weiß ich ganz bestimmt!» «Aber du paßt auch auf mich auf?» «Natürlich, das weißt du doch, du mußt gar keine Angst haben!» Da dreht sich Marcus zur Wand um und kann endlich mal wieder schlafen. «Du kannst jetzt gehen», sagt er noch und macht die Augen zu.

Einige Tage später sitzen die Mutter und die Seelsorgerin bei Marcus am Bett, als er ihnen eröffnet, er habe geträumt. Immer wieder hatte er Träume von schrecklichen Ungeheuern erzählt. Nun sagt er, er habe *«schön»* geträumt – «von Schneewittchen». «Schneewittchen war ganz lieb und ganz schön. Ich gehe mit ihr in den Wald – ganz weit weg. Ihr könnt nicht mitkommen, aber ich schreibe euch eine Postkarte!» Die Mutter und die Seelsorgerin sind fassungslos, sie verstehen beide, daß Marcus von seinem bevorstehenden Tod erzählt. Er sagt mit seinen Worten, daß er einverstanden ist, denn Schneewittchen ist «ganz lieb und ganz schön». Er tröstet die Zurückbleibenden. Rosemarie Fuchs meint, ihre Erklärung vom Tod sei wohl zu kompliziert gewesen, aber er habe sich «selber ein Bild geschaffen, das seinem Alter entspricht, das ihm vertraut ist, eben das Schneewittchen – sein Todesengel!» Ich bin sicher, daß sie mit dieser Interpretation Recht hat. Die Gewißheit, daß Gott auf ihn aufpaßt, und die Nähe von Schneewittchen – das zusammen war für ihn wie ein *freundlicher Todesengel*.

Keines dieser Beispiele soll zur Nachahmung animieren. Solche Begegnungen mit Kindern sind nicht übertragbar. Jedes Gespräch zwischen Kind und Erwachsenem über Engel wird seinen ganz besonderen Charakter haben, es wird immer sehr individuelle Züge der beteiligten Menschen und ihrer Beziehung tragen. Sprache, die sich der Engel bedient, ist immer ganz individuelle Sprache, geprägt von ureigenen Phantasien, ganz persönlichem Glauben und gemeinsamer Geschichte. Es werden immer Gespräche sein, die gleichzeitig von tiefem Ernst und spielerischer Leichtigkeit die Geschichte individuellen Glaubens in Worte zu fassen versuchen und die so eine ganze Welt der Geborgenheit zwischen Kind und Erwachsenem zu teilen helfen.

In einer Welt, in der die Kinder so vielem und so vielen zu gehören scheinen, in der so viele auf ihre Seele Anspruch erheben, ist die Botschaft «Du gehörst Gott» besonders wichtig. Das heißt nämlich: «Niemand darf Dich sich verfügbar machen, kein Erwachsener, keine Werbung, kein Computer, keine Ideologie». «Du gehörst Gott» heißt: «Du gehörst nur Dir selbst. Du und Gott, das ist so etwas wie ein *starkes Bündnis*». Das symbolisieren die Engel als seine Boten. Aber die Engel zeigen auch: *Gott bindet nicht*. Er gibt dich spielerisch frei. Du darfst mit Deiner ganzen Phantasie glauben, vertrauen und deine Beziehung zu Gott gestalten. Die Engel vertragen alle Versuche, deine Beziehung zu Gott zu erahnen, zu bebildern, auszudenken, zu gestalten – und zu verwerfen.

Der zwischen Erwachsenen und Kindern geteilte Glaube an die Engel befreit die Erwachsenen von der vielleicht selbst auferlegten Pflicht, die *letztgültige beschützende Instanz* zu sein. Die Engel garantieren, daß weder die Kinder umfassend über die Erwachsenen verfügen, noch die Erwachsenen *umfassend* Halt geben und damit sich und die Kinder binden müssen. In *spielerischer Freiheit* garantieren sie die Kraft der Gottesbeziehung vor allen menschlichen Besitz- oder Bindungsansprüchen. Damit sind sie auch die *Garanten unantastbarer Originalität und wachsenden Selbstseins jedes Kindes.*

11. Können wir die Engel beeinflussen?

Jeden Tag
sehe ich nach dem Flugbrett
für Engel.
Jeden Tag
wisch ich es ab
mit der Hand.
Jeden Tag
liegt es voll Asche
und Staub.
Aber sonst
nur die Spuren von Spatzen.

Heinz Kahlau

In der zunehmenden Gefährdung persönlicher, weltanschaulicher, sozialer und ökologischer Krisen suchen viele Menschen nach Sicherheit. Sie halten auf dem Markt religiöser Angebote Ausschau nach Möglichkeiten, ihr Schicksal zu bewältigen. Einer wachsenden Gruppe von Menschen wird offenbar die sichtbare und berechenbare Welt zu eng und klein. In dieser Situation wird ihnen in vielfältiger Weise Begegnung mit dem Übersinnlichen versprochen. Löst es nicht eine Reihe von Lebensproblemen, sich in einer größeren, geheimnisvollen Welt zu erleben? Entsprechende Erfahrungen zu provozieren, läßt sich – in Grenzen – vorführen und lernen.

In diesen Zusammenhang gehört auch die unüberschaubare Flut von Titeln über Engel, die im letzten Jahrzehnt den Büchermarkt überschwemmten. Der überwiegende Teil dieser Bücher entstammt der Weltsicht des New Age, der Esoterik und bisweilen des Spiritismus. Manche Anleitung zum Umgang mit Engeln oder zu deren Erleben ist harmlos bis naiv, manche verwirrend, einige wohl auch psychologisch riskant. Dabei ist die Benennung «Engel» nicht selten irreführend. An einigen Beispielen soll deshalb gezeigt werden, daß die Bezeichnung «Engel» hier oft fälschlicherweise verwandt wird für Phänomene, die letztlich Kennzeichen eines gestörten inneren Dialogs zwischen Realität und Phantasie sind. Es geht hier nicht selten um Bewältigungsmuster, die den oben genannten Störungsmustern im Übergangsraum entsprechen.

Die Probleme, die sich mit dem sogenannten «Engel-Boom» verbinden, können hier nur kurz skizziert werden. Entscheidend ist, *sachentstellende Rückgriffe auf die Bezeichnung «Engel»* als solche zu erkennen. Leserinnen und Lesern, die im Einzelfall verstanden haben, Störungsmuster im Übergangsraum wahrzunehmen, wird es auch bei der Vielzahl anderer Angebote gelingen, zwischen «Engel» und Engel zu differenzieren.

Eine an infantilen Wunschphantasien orientierte Weltanschauung positiven Denkens, eine Mischung aus New Age und Populärpsychologie, finden wir in dem Buch von Terry Lynn Taylor «Warum Engel fliegen können», das zu den harmloseren Beispielen von Versuchen gehört, durch eigenes Tun einen Zugriff auf Engel zu gewinnen. Auf die Nähe der Engelvorstellungen Terry Lynn Taylors zu einer sehr kindlichen Erlebensweise und Weltsicht habe ich schon oben (S. 21f. und 29f.) hingewiesen. Die Autorin äußert den festen Glauben daran, daß es Engel gibt, daß sie als «vom Himmel entsandte Botschafter immer da sind, um uns zu helfen, in unserem Leben himmlische Zustände zu schaffen». Sie findet es «schwierig, über Engel zu sprechen, ohne Gott zu erwähnen», obwohl sie dies ursprünglich zu vermeiden suchte. Engel werden von ihr eindeutig in der Kinderwelt angesiedelt, die sie dann allerdings insgesamt ins Erwachsenendasein zu retten versucht. So meint sie – ein wenig naiv anmutend – über die Engel: «Für sie ist es unverständlich, warum sich nicht mehr Menschen dem kosmischen Tanz des Universums anschließen. Deshalb kommen Engel so gut mit Kindern aus, weil Kinder nämlich noch richtig spielen und sich freuen können.» Kindliches Verhalten scheint sich als hilfreiche Ausgangsbedingung für den Kontakt mit Engeln zu bewähren: «Seien sie kreativ im Umgang mit ihrem Schutzengel! Wenn Sie allein sind, können Sie sich wie ein Kind verhalten, das einen unsichtbaren Freund und Vertrauten hat – das gefällt den Schutzengeln. Es gibt Kinder, die ihren Schutzengel sehen und mit ihm sprechen, aber meistens nur, bevor sie fähig sind, wirklich mitzuteilen, was sie sehen.» Dies ist aus der Sicht der Psychologie eine banale *Aufforderung zur Regression*, also zur Rückkehr zu einem Zustand, der in der psychischen Entwicklung bereits überwunden ist. Mit Engeln, die letztlich immer den Weg in die Zukunft weisen, hat eine solche Empfehlung, sich als Erwachsener wie ein Kind zu verhalten, nichts zu tun.

Sehr offen und unmißverständlich spricht Terry Lynn Taylor den Zusammenhang zwischen ihren Eltern und ihrem Engelglauben an (S. 29f.). Selten wird auch der Zusammenhang zwischen Schutzengelglauben und Übergangsobjekt so deutlich formuliert, hier in einer Weise, die den Engelglauben als Ablösung des früher bedeutsamen Übergangsobjekts beziehungsweise als Ersatz desselben verständlich macht. Wir erinnern uns (S. 21f.): Terry Lynn Taylors erste Erinnerung an ihren Schutzengel stammte aus der Zeit, als sie drei Jahre alt war. Sie spielte mit ihrem Teddybären in einem Teil des Gartens, den sie eigentlich nicht betreten durfte. Plötzlich fiel der Bär in eine Schlucht. Sie wußte nicht, was sie tun sollte. Sie beschloß, ihn herauszuholen. Als sie einen Schritt auf die Schlucht zu machte, hörte sie auf einmal eine Stimme: «Nein, geh da nicht hin; laß den Teddy und geh ins Haus zurück.» Sie beschreibt, wie sie das Gefühl hatte, als wäre zwischen ihr und der Schlucht eine Schranke.

Auch als erwachsene Buchautorin behält sie das Gespür für den unmittelbaren Zusammenhang zwischen kindlicher Phantasie und Engelglauben, wobei sich den Lesern allerdings der Verdacht aufdrängt, hier seien Engel wie Autorin einfach kindlich geblieben. Die Engel sind immer noch Äquivalente des seinerzeit plötzlich verlorenen Teddys. «Wenn wir einen Engel sehen, nimmt er aller Voraussicht nach die Gestalt an, die wir am ehesten akzeptieren können». Die Phantasie nennt sie richtig die «direkteste Verbindung zu den Engeln», sie übersieht dabei aber die zweite Seite des Phänomens: das, was von außen an uns herantritt, bevor es in uns die Gestalt eines Engels annimmt.

Ein Leben mit solchem, teilweise kindlichen Allmachtswünschen verhafteten Wunschoptimismus wird von ihr treffsicher benannt: «Vergessen Sie also nie, daß Sie Phantasie und Vertrauen brauchen, wenn Sie wollen, daß Engel auf Sie aufmerksam werden und für Sie spielen. Denken Sie positiv und werden Sie ein *Optimystiker*. Pflanzen Sie den Keim der Hoffnung, und die Engel werden ihn gießen. Gestalten Sie Ihre Zukunft: Alles, was Sie dazu brauchen, besitzen Sie bereits. Sie können sich ins Paradies versetzen, nach ein klein wenig Übung brauchen Sie nur noch zu ernten.»

Erinnern wir uns an die Ursprünge des kindlichen Übergangsobjekts: Das Kind «erschafft», was es «vorfindet». Der Aspekt des kindlichen «Erschaffens» tritt bei Terry Lynn Taylor ganz in den Vordergrund gegenüber dem «Vorfinden», also – theologisch gesprochen – der Erfahrung des «extra nos» (dessen, was von außen an uns herantritt). Sie rät kurzerhand, «Engelpost» zu schreiben – das kennen wir von Kindern. Für Erwachsene ist das eine ungewöhnliche, naiv anmutende Vorgehensweise, die hier aber – besondere Kenntnisse über Engel vorgebend – nahegelegt wird: «Wenn es an der Zeit ist, Ihre ‹Engelpost› aufzugeben, dann falten Sie den Zettel mit Ihrer Bitte zusammen, versiegeln ihn und deponieren ihn an einem besonderen Platz. Sie sollten sich darauf gefaßt machen, daß sich in der nächsten Zeit etwas tut, nachdem Sie die Post aufgegeben haben. Nun, da Sie Engel um etwas gebeten haben, sollten Sie auch bereit sein, die Botschaften wahrzunehmen, die auf Ihre Bitte hin eintreffen. Allerdings ist es auch möglich, die Engelpost aufzugeben und die Bitte zu vergessen, bis Sie irgendwann wieder darauf gestoßen werden.»

In diesen Zusammenhang gehört auch das Buch von Dorothy MacLean «Du kannst mit Engeln sprechen». Nach einer Odyssee durch verschiedene religiöse Gemeinschaften gelangte die Autorin nach Findhorn, wo sie Engelbegegnungen in der Natur hatte. Ihre Engel sind so etwas wie *Naturgeister*, folglich benutzt sie bisweilen auch die Bezeichnung «*Devas*». Die Stimme der Engel in Findhorn ist in erster Linie die *Stimme der anklagenden Natur*.

Aufgrund der von der Verfasserin empfangenen Botschaften der Engel kommt es in Findhorn zu einem völligen Umdenken in der Behandlung der Natur. Nun wird nicht mehr ständig gegen Naturgesetze verstoßen, sondern im Einklang mit ihnen – wie sie aus der Botschaft der Engel deutlich hervorgehen – gehandelt. «Ja, ich spreche mit Engeln, mit großen Wesen, deren Leben alles in der Natur schafft und beeinflußt». So fängt das Buch an. Mit Engeln zu sprechen bedeutet für sie eine *feinere Form der Kommunikation:* «Mit Engeln sprechen zu lernen, bedeutet tatsächlich, mit sich selbst und anderen auf neue und weiterreichende Weise ins Gespräch zu kommen. ... Die modernen Kommunikationswege haben sich sehr schnell und eindrucksvoll im physikalischen und technologischen Bereich entwickelt, aber tiefere und feinere Formen der Kommunikation blieben unberührt. Für unsere und unserer Welt Zukunft müssen wir jetzt beginnen, solche tieferen Formen zu erschließen». So geht Dorothy MacLean auch davon aus, grundsätzlich könne jeder mit Engeln sprechen. Unser «höheres Selbst», wie sie es nennt, ist von der Art der Engel, so «daß wir mit Engeln nebeneinander hergehen», deshalb können wir «immer eine Antwort von innen erhalten». Zu den empfangenen Botschaften gehört auch diese Kernaussage des Buches: «Die innere Stimme ist sanft und liebevoll und von unglaublicher Zartheit; die äußeren Stimmen sind rauh und grell. Die innere Stimme ist voller Liebe für dich und alles. Die äußeren Stimmen sind nur an das falsche

Selbst, an falsche Werte und an die Dinge gerichtet, die die Gött-
lichkeit des Menschen herabmindern. Die innere Stimme ist einzig
auf ein Ziel gelenkt; die äußeren Stimmen wissen nicht, was sie
suchen, erst dieses, dann jenes, obgleich alle die Würde des Menschen schwächen; die innere Stimme drängt die Seele zur Vervoll-
kommnung; die äußeren Stimmen führen zu blinder Zerstörung.
Die innere Stimme spricht von Schönheit; die äußeren Stimmen
kreischen von kalten Fakten. Die innere Stimme hält die Wahrheit
wie ein zu pflegender Kern; die äußere Stimme preßt sie in eine
Form, die alle Falschheit aufbläst. Die innere Stimme befaßt sich
mit dem Geschick aller; die äußeren Stimmen sind ganz mit dem
Vorankommen einer Person beschäftigt ...»

Auch hier sind Engel nicht etwa Botschaften, Erfahrungen, die
fremd und von außen an uns herantreten und in unserer inneren
Aneignung als Engel deutlich werden, sondern Engel und Mensch
werden nebeneinander, quasi wesensgleich gesehen. Die Engel repräsentieren die feinen, leisen Töne, eine besondere Art der Kommunikation. Auch hier werden bei dem Begriff «Engel» Anleihen
gemacht für etwas, das ebenso gut anders benennbar wäre. Auch
diese Engel lassen sich nicht ernsthaft als Boten Gottes verstehen.
Sie verweisen nicht auf etwas außerhalb des Menschen, sondern
werfen diesen ausschließlich zurück auf seine Innenwelt und Phantasie. In der Aufzählung endloser Botschaften von den Devas oder
Engeln wird deutlich, wie die Autorin die Phantasie für Realität
nimmt, wie sie die Benennung «Engel» benutzt, um der Erfahrung
von Kontingenz, Spaltung und Fragilität in eine irreale Welt zu entfliehen: «Wiederherstellung der Ganzheit, das war das ständige Thema der Engel. Sie bemerkten außerdem, daß diese Gegensätze dazu
dienten, den Menschen aus seiner Unwissenheit in ein Bewußtsein
der Ganzheit zu leiten.» Aber diese Engel führen letztlich nirgends
hin, sie lassen in einem Zustand beharren, der die Phantasie auf
Kosten der Realität als die Wirklichkeit schlechthin gelten läßt.

Im Mittelpunkt eines Buches von Hans Dieter Leuenberger
«Engelmächte. Vom praktischen Umgang mit kosmischen Kräften»
steht die praktische Arbeit mit Engelmächten. Hans Dieter Leuenberger behauptet, wir könnten durch Visualisierungen und Medita-
tionen zu den «Engelmächten» Verbindung aufnehmen und die
Kraft der Engel zum Aufbau und zur Formung von positiven Veränderungen der eigenen Wirklichkeit einsetzen. Dieser Ansatz, *aktiv
einen Zugriff auf die Engelwelt zu erwirken*, ergibt sich unmittelbar

aus seinem Verständnis derselben: «Engel sind die Bilder, in die der Mensch die als Wirklichkeit erfahrenen kosmischen Kräfte kleidet und die er mit einem Namen verknüpft. Bild und Name zusammengenommen repräsentieren denn auch eine ganz spezifische Art dieser *kosmischen Energie*. Der Begriff Engel steht für kosmische Energie. Der Name sagt aus, in welcher Art und Weise diese kosmische Energie wirkt, das heißt, vom Menschen erfahren wird.» Das «Göttliche ist für den Menschen nicht direkt erkennbar, sondern nur mittels der Verbildlichung der Engel und den Auswirkungen, die diese göttlichen Kräfte in Form von Naturkräften auf unserer Erde haben.»

Hans Dieter Leuenberger beschäftigt sich mit der Frage, wie Engel als bildhafte Darstellungen kosmischer Kräfte vom Menschen bewußt gehandhabt und dienstbar gemacht werden können. Dafür greift er zurück auf magische Techniken, über die er schreibt: «Die magischen Techniken von heute sind ... dazu angetan, den Menschen in einen veränderten psychischen Zustand und damit zu einer Bewußtseinserweiterung zu führen. Und genau in diesem Sinne ist auch die praktische Arbeit mit den Engeln, die Engelmagie, zu verstehen.» Engelmagie ist das bewußt geplante, methodisch angegangene Verfügbarmachen von Kräften, die mit dem Namen «Engel» versehen werden. Hier handelt es sich sicher nicht um eine von außen sozusagen «geschenkte» Erfahrung, die sich im Überschneidungsbereich von innen und außen vollzieht und Menschen eine Rückversicherung im Grunde ihres Seins gewährt. Hier wird unter der Bezeichnung «Kontakt zu Engelmächten» der Trugschluß vermittelt, Menschen könnten sich durch magische Praktiken ihres Schicksals bemächtigen.

Die Vorstellung von der Möglichkeit eines sicheren Zugriffs auf das Wirken der Engel bestimmt in besonders auffälliger Weise auch das Buch von John Randolph Price «Engel-Kräfte. Ihr Zugang zu den 22 himmlischen Energieströmen». Folgen wir diesem Autor, so repräsentieren Engel-Kräfte grundlegende menschliche Energien. «Mit den Engeln zu arbeiten kann ... ein wunderbares Abenteuer der Mitschöpfung sein.» Er gibt Anweisungen, wie in vier Schritten Zugang zu den Engel-Kräften zu gewinnen sei: 1. sich selbst verzeihen; 2. die Probleme der eigenen Persönlichkeit betrachten; 3. Denken, Gefühle, Körper und persönliche Welt vollkommen dem Spirituellen unterwerfen, alles für Gott aufgeben und hingeben; 4. sich die Anwesenheit des innewohnenden göttlichen Geistes ins Bewußtsein holen und damit zu den Engeln in Kontakt treten. Als sicheres Ergebnis der Übungen wird prophezeit: «An einem bestimmten Punkt werden Sie über Ihnen ein Licht wahrnehmen, und Sie werden wissen, daß Sie sich nun auf einen Engel zubewegen. Wenn Sie näherkommen, erkennen Sie, daß ein Licht beginnt, die Form und Gestalt eines physischen Wesens – entweder männlicher oder weiblicher Schwingung – anzunehmen. Blicken Sie in seine Augen, und drücken Sie aus tiefstem Herzen ihre Liebe und Dankbarkeit aus, und fühlen Sie, wie er Liebe erwidert. ... Erkennen Sie, daß es sich dabei nicht um eine geistige Vorstellungsübung handelt ... sie sind real. ... Ein Engel könnte Ihnen auch im Traum erscheinen. ... Sie können gewöhnlich dem Engel die Verantwortung für die Inhalte Ihres Traums zuschreiben. ... Die Engel entzücken uns durch symbolische Handlungen und sogenannte Zufälle.» In den folgenden Ausführungen wird ganz deutlich, daß hier nicht von Engeln die Rede ist, die unverhofft erscheinen, Boten einer übergeordneten Macht sind und eine Botschaft haben, hier wird vielmehr – mit sehr pragmatisch formulierter Methodik – versucht, sich innerer Kräfte zu bemächtigen: «Obwohl diese Unterweisung esoterischer Natur ist, hat sie auch stark praktischen Charakter, das heißt, die Prinzipien müssen in die Tat umgesetzt werden, wenn Sie davon umfassend profitieren wollen. Es handelt sich um eine Reise spiritueller Entfaltung, die den ernsthaft Suchenden reich belohnt.» Inhalte bewußt herbeigeführter Visualisierungen, Tagträume und Träume, also Inhalte aus dem Vorstellungs- oder Phantasiebereich im weitesten Sinne werden hier kurzerhand als «real» bezeichnet und damit die Illusion geweckt, so seien Engelkräfte für menschliche Zwecke verfügbar zu machen. Auch hier ist die *dialogische Beziehung zwischen Realität und Phantasie verlorengegangen.* Solcherart provozierte sogenannte «Engelerfahrungen» verdienen diesen Namen ebenfalls nicht.

Eine besonders krasse Form der Irreführung von Menschen, die sich auf die Suche nach spiritueller Erfahrung begeben und dabei vielleicht explizite Erwartungen an Engel haben, finden wir in einem Buch von Ursula Klinger-Raatz «Engel und Edelsteine. Die geheimnisvollen Kräfte von geschliffenen Steinen und Kristallen». Die Autorin beginnt mit dem Satz: «Dieses Buch wurde mir aus der geistigen Welt übermittelt.» Das haben Leserin und Leser so zu schlucken. «Als ich dann zu schreiben begann, durfte ich mit Erstaunen feststellen, daß ich zwar in den letzten Jahren das Ansprechen und den Umgang mit den Engeln gelernt hatte, daß aber

eine ganz neue Art von Engeln über die Edelsteine zu uns kommt.»
Und dem Leser oder der Leserin wird mit großer Selbstverständlichkeit schon in der Einleitung prophezeit: «Mit der Offenbarung
der Edelstein-Engel kommt ein neues Energiefeld vom Unbewußten
in unser bewußtes Leben. Wir erfahren dadurch einen neuen Teil
kosmischen Bewußtseins und lernen, es zu nutzen.»

Das Buch besteht aus vielen Einzelkapiteln, die sich jeweils einem Edelstein, (z.B. Bergkristall, Granat, Rubin, Amethyst u.a.),
differenziert nach äußeren Formen (z.B. Bergkristall-Eier, Bergkri-
stall-Pyramiden, Bergkristall-Obelisken, Bergkristall-Kugeln etc.)
widmen. Als beliebig herausgegriffenes Beispiel seien Teile einer
Meditationsanregung mit einer Bergkristallkugel zitiert, die für sich
sprechen und deutlich machen, daß hier eher über Fetischismus
als über Engel geschrieben wird:

«Reine, klare Kristallkugeln lassen Engel zu uns kommen, die
uns alle Zusammenhänge des Universums erkennen lassen und
vermitteln eine große Geborgenheit und Energieaufladung. ...
Größere dieser reinen Kristallkugeln sollten an einem besonderen
Ort liegen, auf einem Tuch, in einer Nische, auf einem ‹Altar›,
damit sich von da aus ihr Licht-Wesen wellenförmig verströmen
kann. Sie sind zum Meditieren vorgesehen und lassen in diesem
Zustand ganz besonders die Allverbundenheit in uns wachsen.»

Die eigentliche Meditationsanregung beginnt mit der Aufforderung, eine meditative Haltung einzunehmen und die Kristallkugel in die Hände zu nehmen wie in eine Schale. Eine Bitte um
das Geleit eines Engels der «All-Verbundenheit» soll ausgesprochen
werden. «Wir stellen uns vor, daß aus der Kristallkugel ein großer
Engel in ganz hellem Licht herausschwebt, sich hinter unseren
Rücken begibt und uns mit seinen großen lichtvollen Flügeln an
den Schultern berührt und schließlich diese Flügel über unserer
Brust kreuzt und uns so ganz einhüllt in sein Licht und seine liebevolle Geborgenheit. ... In unserer Vorstellung lassen wir von der
Kugel reines, pulsierendes, wellenförmiges Licht ausströmen. Wir
lassen diese Lichtwellen weitere Kreise ziehen, in der Form einer
immer größer werdenden Lichtkugel.» Es folgt die Aufforderung,
die Lichtkugel weiter wachsen zu lassen, bis sie die ganze Erde und
die Aura der Erde umhüllt, dann noch weiter, bis sie das Sonnen-
system der Erde umfängt, schließlich, bis sie alle Sonnensysteme
umfängt und dann in das Lichtmeer des Universums taucht. Wenn
die meditierende Person ganz von dem allumfassenden Licht erfüllt

ist, kehrt sie voller Licht zurück. Die Kugel wird immer kleiner, bis sie die Erde mit ihrer Aura umgibt, noch kleiner, bis sie das Land umgibt, in dem jemand lebt. «Die Kugel wird noch kleiner, bis sie das Maß der Kristallkugel in unseren Händen erreicht hat. Wir sehen diese Kristallkugel aufleuchten. Sie ist damit wieder gereinigt und aufgeladen. Auch unseres Engels werden wir uns wieder bewußt gewahr. Er hat uns auf unserer Reise ins Licht getragen und beschützt. Nun zieht auch er sich wieder zurück in die Kristallkugel. Wir danken ihm und dem Kristallbewußtsein und auch der universellen Lebensenergie, der göttlichen Liebe, daß sie uns erfüllt hat.»

Hier wird nicht etwa in geheime Welten kundig eingeführt, hier wird einfach Scharlatanerie betrieben, die sich vielleicht nur deshalb einer größeren Zahl von Leserinnen und Lesern beziehungsweise Konsumenten erfreuen kann, weil der Name «Engel» etwas vorgibt, was auf diesem Wege nicht zu finden ist, weil aber auch mit einer kaum zu überbietenden Irrationalität und Unwahrhaftigkeit Behauptungen von «Eingebungen» etc. den Eindruck von Seriosität erwecken sollen. Edelsteine, die auf solchem, scheinbar meditativen Weg zur vermeintlichen Engelbegegnung verhelfen sollen, sind Fetische.

Die Tatsache, daß Bücher von der Art, wie hier nur einige beispielhaft vorgestellt werden konnten, zur Zeit geradezu reißenden Absatz finden, muß uns hellhörig werden lassen. Hier werden tiefe menschliche Bedürfnisse und spirituelle Suchbewegungen einer zunehmenden Anzahl von Menschen aus offensichtlich ausschließlichen Kommerzgründen benutzt, um sie zum Griff nach vereinfachenden, verdummenden und irreführenden Sinnangeboten zu verführen. Der Begriff «Engel» ist nicht geschützt, nicht alles, was als «Engel» verkauft wird, hat - auch nur im entferntesten - mit Engeln zu tun. Hier werden *kranke Erlebensmuster als heilsbringende Wahrheiten* verschleiert. Sie öffnen keine inneren Spielräume, sie dienen nicht der Bewältigung von Realität, sie stehen nicht im Dienst Gottes, sondern sie verleiten in teilweise gefährlicher Weise zur Abwendung von Realität und Gott in gleicher Weise. Die Vortäuschung einer eigenen Möglichkeit, auf Engel einzuwirken und sie erlebbar zu machen, muß jeden, der sich ernsthaft mit der Frage nach Engeln befaßt, aufhorchen und vorsichtig werden lassen.

12. Engel in der Anthroposophie

> Das Kind ist von den Wirkungen
> der Engel umgeben und umhüllt.
> Hans-Werner Schroeder

Rudolf Steiner (1861–1925), der Begründer der Anthroposophie, hat eine sehr detaillierte, eigenständige Engellehre entwickelt, die sich einerseits in vielen Punkten von den Engelvorstellungen der großen christlichen Konfessionen unterscheidet, andererseits aber – eigentlich wider Erwarten – auch überraschende Parallelen oder Ähnlichkeiten deutlich werden läßt, zumindest was die Einbindung von Engeln in die psychische Struktur des Einzelnen und sein Selbstwerden betrifft. Rudolf Steiners Engellehre geht letzten Endes in seiner Lehre vom Menschen auf, die wiederum nur in der weiten kosmologischen Einbindung, die die Anthroposophie der Anthropologie (Lehre vom Menschen) gibt, zu verstehen ist.

Für die Anthroposophie gelten Engel als *Wesenheiten, die eine Bewußtseinsstufe über dem Menschen stehen.* Das Universum ist eine in ständiger Evolution begriffene Manifestation des Göttlichen mit dem Ziel der Überwindung aller materiellen Hindernisse und der bewußten Rückkehr zum göttlichen Ursprung. Die Anthroposophie läßt sich verstehen als eine Verschmelzung östlicher okkultistischer Lehren mit christlich-abendländischem Gedankengut. In seinem umfangreichen Werk räumt Rudolf Steiner den Engeln breiten Raum ein. Er und seine Schüler behaupten, daß die Engel in Vergessenheit geraten sind, weil das alte Hellsehen der Menschen erloschen ist und damit die Erfahrung der Engel verlorenging. Hans-Werner Schroeder, ein Priester der anthroposophisch ausgerichteten Christengemeinschaft, spricht in Anlehnung an Rudolf Steiner davon, daß jeder Mensch seinen persönlichen Schutzengel hat, und er formuliert, was das bedeutet: «Der Engel kennt die Vergangenheit und Gegenwartsschicksalsgestaltung des Menschen, er hat eine vollständige Überschau über die Schicksalswege, die der Mensch gegangen ist, vor allem aber hat er auch eine Überschau darüber, was aus den bisherigen Schicksalswegen, Taten, Leiden und den Versäumnissen des Menschen an Schicksalen notwendig folgen muß. Daraus bildet der Engel an dem künftigen Schicksal des Menschen mit, ohne daß dies künftige Schicksal deswegen

171

vollständig und ohne Lücke festgelegt wäre.» Das «Bewußtsein» der Engel wird verglichen mit dem der Menschen: «Man muß sich nur unbefangen genug vorstellen, daß das Bewußtsein eines Engels weit über dem Bewußtsein des Menschen steht und seine Einsichten in notwendige Zusammenhänge von daher mit einer ungeheuren Leichtigkeit außerhalb der Zeit und außerhalb des Raumes zustandekommen». Die Möglichkeiten der Engel, in das Schicksal einzugreifen, werden als sehr unterschiedlich angesehen: «Je stärker der Mensch sich mit der geistigen Welt verbindet, desto stärker werden die Kräfte des Engels, in der Schicksalsgestaltung des Menschen positive Wendungen herbeizuführen und positive Kräfte zu entfalten», schreibt Hans-Werner Schroeder.

Ein besonderer Zusammenhang zwischen Kindern, vor allem Kleinkindern, und Engeln wird auch in der Anthroposophie gesehen: «Es ergibt sich ..., daß das Kind noch sehr viel stärker mit der Welt, aus der es herausgeboren wurde, verbunden ist, also auch mit den Engelwesen, mit denen es zusammengelebt und das Schicksal herausgebildet hat. Diese Tatsache wirkt noch eine geraume Zeit bei dem verkörperten Menschen, also dem kleinen Kind, nach. Das Kind ist von den Wirkungen der Engel umgeben und umhüllt, was man auch bei kleinen Kindern unmittelbar erleben kann. Es ist noch viel stärker als der Erwachsene mit den Engeln verbunden. Diese Verbundenheit mit den Engeln wirkt in alles hinein, was das Kind in den ersten drei Jahren durchmacht.» In den ersten drei Lebensjahren strömen nach Rudolf Steiner die Kräfte der Engel (der nächsthöheren Hierarchie in seinem Verständnis) in das Ich des Menschen ein. Mit dem Hervortreten des Ichs (im Steinerschen Sinne) verändert sich die Situation des Menschen: «Es ist, wie wenn der Mensch den ganzen Strom des spirituellen Lebens hätte, als ob er zu den höheren Hierarchien hinauflösse und da die Kräfte der höheren Hierarchien auf ihn hereinströmten. Und in dem Augenblick, wo er lernt, Ich zu sagen, ist es so, als ob etwas von der Kraft abgetrennt würde, etwas zu tun von dem, was der Engel vorher tat.» Die Entwicklung des Menschen nach dem dritten Lebensjahr wird betrachtet als eine Art *Entfernung vom Engel bis hin zur totalen Eigenständigkeit:* «Je älter es wird, erwacht das Kind immer mehr für die irdische Welt, es nimmt die irdische Welt zunehmend stärker wahr und gliedert sich mit dem Gehen, Sprechen und Denken in sie ein. Dadurch vollzieht sich die Loslösung von dem Engelwesen immer weiter, bis hin zum 21. und zum 28. Lebensjahr, so daß sich der Mensch im 28. Lebensjahr in seiner Schicksalsgestaltung weitgehend allein vorfindet, es sei denn, daß er nun von sich aus eine bewußte Anknüpfung an die Welt der Engel versucht.»

Schon in einem sehr früh (1909) gehaltenen Vortrag erörtert Rudolf Steiner die besonderen «physischen» Eigenschaften von Engeln, wobei er sich verschiedener Bilder aus der Natur bedient und gleichzeitig auf den grundsätzlich geistigen Charakter der Engel hinweist, weshalb ihnen klare Grenzen fehlen. «Wenn Sie einen Engel aufsuchen wollen, dann müssen Sie berücksichtigen, daß sein Physisches hier unten nur etwas ist wie ein Spiegelbild seiner geistigen Prinzipien, die auch nur im Geistigen zu schauen sind. Im fließenden und rieselnden Wasser, in dem sich im Dunst auflösenden Wasser, ferner in den Winden der Luft und in den durch die Luft zuckenden Blitzen und dergleichen, da haben Sie den physischen Körper der Engelwesen zu suchen. Und die Schwierigkeit besteht zunächst für den Menschen darin, daß er glaubt, ein Körper müsse ringsherum bestimmt begrenzt sein. Dem Menschen wird es schwer, sich zu sagen: Ich stehe vor einem aufsteigenden oder herabfallenden Nebel, ich stehe vor einer sich zerstäubenden Quelle, ich stehe im dahinbrausenden Wind, ich sehe den Blitz aus den Wolken schießen und weiß, daß das die Offenbarungen der Engel sind; und ich habe zu sehen hinter diesem physischen Leib, der eben nicht so begrenzt ist wie der menschliche, ein Geistiges. ... Kurz, wir sehen, daß wir uns alles, was uns umgibt als Wasser, Luft und Feuer der Erde, daß wir uns das vorzustellen haben als in sich enthaltend die Körper der nächsten über dem Menschen stehenden Hierarchie.»

Manchmal spricht Rudolf Steiner statt vom *Engel* vom *Geistselbst* oder vom *Geistesmenschen*. In einem Vortrag (1917) führte er aus, daß Menschen hin und wieder ihrem Geistselbst beziehungsweise ihrem Engel begegnen müssen, um eines Tages selber ein solches in sich aufnehmen zu können. Dabei ist seine Terminologie schillernd: «Engel», «Geistselbst» oder etwa «Genius» sind Begriffe, die er synonym verwendet. Die Begegnung mit dem Engel oder Geistselbst oder Genius findet nach Rudolf Steiner nachts im Schlaf statt. Eine weitere Begegnung ist nicht an den Tagesablauf, sondern an den Jahresablauf gebunden, sie findet in der Weihnachtszeit statt. Die Engel geben den Menschen Bilder ein, die von Zukunftsidealen und dem verborgenen Göttlichen im Menschen geprägt sind. So beleuchten die Engel einen Weg, den der Mensch noch vor sich hat: «Den Menschen zu erfassen als Bild, das sich aus der geistigen Welt heraus offenbart, so ernst als möglich, so stark als möglich, so verständnisvoll als möglich, das wird in die Bilder durch die Angeloi gelegt.» Rudolf Steiner verhandelt im Zusammenhang mit Engeln das, was er als hellseherische Fähigkeit versteht. Diese ist gegenwärtig nur im Keim vorhanden: «Die Menschen wissen heute noch nicht ein Geheimnis des Lebens. ... Dieses ... besteht darin, daß der Mensch, wie er jetzt konstituiert ist – leiblich, seelisch, geistig –, in der Nacht in einer gewissen Weise jedesmal auf die Ereignisse des kommenden Tages blickt, aber so, daß er diese Ereignisse ... nicht immer braucht im vollen Tagesbewußtsein zu haben. Der es hat, das ist sein Angelos. Also, was in einer Nacht erlebt wird in der Gemeinschaft mit dem Wesen, das wir als Engel bezeichnen, ist eine Vorschau auf den kommenden Tag.»

Nach Rudolf Steiner sind die Engel im Gegensatz zu Gott oder – in Rudolf Steiners Sinne: im Gegensatz zu dem Göttlichen und Christus – für die Menschen gerade noch zu ahnen. Und so stellt er die auf jeden Fall diskussionswürdige These auf, *auch wenn von Gott die Rede sei, werde in Wirklichkeit über die Engel verhandelt:* «Noch etwas muß durchschaut werden. Sie wissen, die gegenwärtigen Konfessionen reden viel von Gott und dem Göttlichen. Von was reden sie eigentlich? Sie reden natürlich nur von dem, wovon ein wenigstens ahnendes Bewußtsein in der Menschenseele vorhanden ist. Es kommt ja nicht darauf an, wie man eine Sache nennt, sondern was in der Menschenseele vorhanden ist. Die Menschen reden von Gott, sie reden von dem Christus, aber sie meinen immer nur den Engel. Denn das ist noch dasjenige, zu dem sich die Menschen wenden können, weil das noch einen verwandten Ton in ihren Seelen anschlägt. Gleichgültig, wovon heute die Konfessionen reden, ob von Gott oder Christus oder irgendetwas anderem, das Gedankenmaterial, aus dem heraus gesprochen wird, umfaßt nur die zu den Menschen gehörigen Engelwesen, die Angeloi. Höher kommt es heute nicht als bis in diese Hierarchie, weil die Menschen heute abgeneigt sind, in einer noch umfassenderen Weise als aus dem Egoismus heraus ihr Verhältnis zur geistigen Welt zu suchen.»

Wenn der Mensch träumt, steht er den Engeln am nächsten. Wobei es beim erwachsenen Menschen auch von ihm selbst abhängt, wieweit der Engel mit ihm geht: «Bei Kindern geht er mit, aber bei dem Menschen, der eine gewisse Reife erlangt hat, hängt das tatsächlich von der Gesinnung des Menschen ab, hängt davon ab, ob der Mensch innerlich in seiner Seele eine Verwandtschaft hat mit dem Engel. Und wenn diese Verwandtschaft nicht vorhanden ist, wenn der Mensch nur an das Materielle glaubt, wenn der Mensch nur Gedanken des Materiellen hegt, da geht der Engel nicht mit. ... Nein, sie gehen dann nicht mit, wenn sie bei Tag verleugnet werden!»

Die Entfernung vom Engel sorgt einerseits für die nötige Verbindung mit dem irdischen Dasein, andererseits muß der Mensch nun aus eigener Kraft die Verbindung zum Engel wieder herzustellen suchen: «Dadurch aber, daß der Mensch verlassen wurde von diesen Engeln, kam er so recht erst in Verbindung mit dem irdischen Dasein. Und dieses In-Verbindung-Kommen mit dem irdischen Dasein, das ist es, was den Menschen auf der einen Seite frei macht, das ist aber auch dasjenige, was die Notwendigkeit für den Menschen hervorruft, nun aus seiner Kraft wiederum hinaufzustreben zu dem, was den höheren Hierarchien möglich macht, mit dem Menschen, in seinem Bewußtsein zu leben. Dem muß entgegengestrebt werden, daß wir wiederum solche Gedanken bekommen, daß die Engel mit uns leben können.»

In späteren Jahren hat Rudolf Steiner zu sagen versucht, wie dieses möglich sei: «Es gibt nichts anderes, um während des Schlafens in Bezug auf sein Ich in den richtigen Zusammenhang mit den Urkräften zu kommen, als wirkliche, echte, wahre Menschenliebe, richtiges Interesse für jeden Mitmenschen, mit dem uns das Leben zusammenbringt, nicht Sympathie oder Antipathie, die nur aus irgendetwas herauskommen, das wir nicht überwinden wollen. Echte, wahre Menschenliebe während des Wachzustandes führt uns zwischen dem Einschlafen und Aufwachen in den Schoß der Urkräfte, der Archai, in der richtigen Weise hinein. Und da wird ... das Karma, das Schicksal geformt.»

Zusammenfassend läßt sich über die Bedeutung der Engel in der Anthroposophie also Folgendes sagen: Auch in der Anthroposophie gibt es eine besondere Beziehung zwischen Kind und Engel. Kinder gelten als «von den Wirkungen der Engel umgeben und umhüllt». Mit der Ich-Werdung findet eine Abtrennung vom Engel statt, das heißt, je stärker die Ich-Kräfte eines Menschen werden, desto mehr treten die Engel in den Hintergrund. Auch das war im

Zusammenhang mit einem Verständnis der Engel, das sich an den psychischen Bedingungen des Übergangsraumes orientiert, bereits deutlich geworden – wenn auch dort mit ganz anderen Konnotationen. Mit der «Entfernung vom Engel bis hin zur totalen Eigenständigkeit» erwacht das Kind für die «irdische Welt», das bedeutet, es wird realitätszugewandt, es lernt, sich der Realität zu stellen. Auch nach anthroposophischem Verständnis kann alles zum Engel werden: Nebel, Quelle, Wind und Blitz. Zwar redet Rudolf Steiner in diesem Zusammenhang offenbar bewußt von Naturgewalten, grundsätzlich finden wir hier aber eine Parallele zur Übergangsobjektwerdung beliebiger, von außen an das Kind beziehungsweise den Menschen herantretender Dinge und Phänomene.

Ein Verständnis der Engel in Winnicottscher Terminologie geht immer von einer Überschneidung des «Vorgefundenen», von außen an den Menschen Herantretenden und der aus innerer Kraft und Phantasie stattfindenden «Erschaffung» desselben aus. Dieser paradoxe Charakter des Engelerlebens scheint in der Anthroposophie aufgehoben zu sein in einem Weltbild höherer Ordnung. Die Engel sind dort «reale» Wesenheiten, die nicht etwa vom Kind «mitgestaltet» werden können; lediglich die Begegnung oder der Kontakt mit ihnen kann gesucht werden. Die «vorgefundene» Engelwelt wirkt stark in die ersten drei Lebensjahre hinein und wird nicht etwa erst in dieser Zeit entfaltet. Letzten Endes ist der Engel eines Menschen in der Anthroposophie *er selbst,* aber auf einer anderen Seinsebene. Das ist ein anderes Verständnis als das vom Engel als *Mittler zwischen menschlicher und göttlicher Wirklichkeit.* Wenn die Anthroposophie davon ausgeht, daß der Mensch überhaupt nur die Engel ahnen kann, nicht Christus oder Gott, dann ist hier von einem sehr «fernen» Gott – also einem den protestantischen Kirchen eher fremden Gottesverständnis – die Rede. Die dem Menschen «näheren» Engel treten in der Anthroposophie ganz an die Stelle Gottes. Im Rahmen einer Auseinandersetzung mit der Anthroposophie insgesamt wäre hierauf viel detaillierter einzugehen, im vorliegenden Kontext muß ich mich auf die – zugegeben knappe – Skizzierung des anthroposophischen Engelverständnisses beschränken.

13. Berichte von persönlichen Engelerfahrungen

> Unter der Erde wandern die Engel
> und tragen den Weg.
> Agnes Kunze

Wer einmal anfängt, nach veröffentlichten persönlichen Engelerfahrungen Ausschau zu halten, erlebt bald eine Überraschung: Es gibt sie ohne Zahl. Wir finden solche Berichte vor allem in zwei literarischen Kategorien: Neben einer Vielzahl von Engelberichten, die sich in einem größeren *autobiographischen Kontext* finden, gibt es *Sammlungen* von Berichten über Engelerfahrungen. Hier ist an erster Stelle der holländische Arzt H. C. Moolenburgh zu nennen, der 1982 mit einer Untersuchung über Engelerfahrungen begann und sehr bestimmt und klar die Erwartung äußert, «die Rückkehr der Engel ins menschliche Bewußtsein könnte durchaus eine der größten Überraschungen des zwanzigsten Jahrhunderts werden». Er befragte vierhundert Personen nach Engeln und faßte das Ergebnis zusammen. Als Reaktion auf diese Veröffentlichung unter dem Titel «Engel als Beschützer und Helfer des Menschen» erhält er seitdem von ihm so benannte «Engelpost», aus der sein zweites Buch «Engel – Helfer auf leisen Sohlen» entstanden ist. Es handelt sich um eine bunt gemischte Zusammenstellung von persönlichen Begebenheiten, die von den betroffenen Personen als Engelerlebnisse dargestellt und interpretiert werden. Ebenfalls als ein zweites Engelbuch hat Sophy Burnham ihre Sammlung «Die Nähe deiner Engel» aus «Engelbriefen» von Leserinnen und Lesern ihres ersten Engelbuches «Engel. Erfahrungen und Reflexionen» verfaßt. Daneben gibt es noch eine Reihe vergleichbarer Sammlungen, die fast alle um Themen von Bedrohung und unerwarteten Schutzerfahrungen kreisen. Eine kleine Auswahl von Berichten über persönliche Engelerlebnisse im Kontext autobiographischer Literatur soll hier vorgestellt werden.

Der russische Maler Marc Chagall (1887–1985), dessen Werk Engel und engelähnliche Wesen in verschiedensten, biblischen und nichtbiblischen Zusammenhängen bevölkern, schildert in seiner Autobiographie «Mein Leben», wie er – weil seine finanziellen Mittel es nicht erlaubten, ein Zimmer zu mieten – bei einem Arbeiter auf der Bettkante übernachten mußte und ihm in dieser Situation in einem traumähnlichen Zustand ein Engel erschien: «In diesen Zimmern, mit Arbeitern und Straßenhändlern als Nachbarn, blieb mir nichts anderes übrig, als mich auf den Bettrand zu legen und über mein Leben zu grübeln. Worüber sonst? Und Träume suchten mich heim: ein viereckiges Zimmer, leer. In einer Ecke ein Bett und ich darin. Es wird dunkel. Plötzlich öffnet sich die Zimmerdecke und ein geflügeltes Wesen schwebt hernieder mit Glanz und Gepränge und erfüllt das Zimmer mit wogendem Dunst. Es rauschen die schleifenden Flügel. Ein Engel! denke ich. Ich kann die Augen nicht öffnen, es ist zu hell, zu gleißend. Nachdem er alles durchschweift hat, steigt er empor und entschwindet durch den Spalt in der Decke, nimmt alles Licht und Himmelblau mit sich fort. Dunkel ist es wieder. Ich erwache.»

Bisweilen werden Engelerlebnisse geschildert, ohne daß sie direkt als solche benannt werden. Ein solches Beispiel finden wir bei Margret Bechler in ihrem Buch «Warten auf Antwort», in dem sie ihr «deutsches Schicksal», ihre Haftzeiten im Dritten Reich und dann über mehr als ein Jahrzehnt in der ehemaligen DDR sowie den Verlust ihrer Kinder und das Warten auf ein Wiedersehen mit ihnen schildert. Die von ihr beschriebene Situation gehört in das Ende ihrer Haftzeit, das sie zu diesem Zeitpunkt noch nicht vorausahnen konnte: «Anfang Dezember verkündete mir der Kommandant offiziell meine Strafe: Dunkelarrest wegen Überschreitung der Gefängnisordnung. Er begründete kurz, daß ich im Oktober dem Pfarrer auf dem Hof die Hand gegeben hätte, wohl wissend, daß ein solches Verhalten nicht erlaubt sei. Dunkelhaft? Kann es denn noch dunkler sein als in meiner Arrestzelle? Es kann, aber noch erfahre ich es nicht, erst einmal bleibe ich dort. In der Nacht träume ich. Von der Burgfrau, an die ich nie geglaubt habe, ich bin halbwach, ein Grenzgefühl, halb Traum, halb Phantasie, schwer zu beschreiben. Zuerst sehe ich eine Feuersäule, aus ihr löst sich eine Gestalt, ich bin ganz sicher, daß es die Burgfrau ist. Sie läßt mich sehen, was mit mir geschehen wird. Ich sehe mich also, wie ich bepackt mit meinem Deckenbündel hinter einer Wachtmeisterin in den Keller gehe. Meine Mutter steht jammernd an der Seite. Ein finsteres Loch tut sich vor mir auf. Ich frage die Burgfrau, was mit mir wird. Sie sagt, das sei das Letzte, nicht lange danach käme die Freiheit. Sie geht zurück in die Flammensäule, und ich werde wach. Dieses merkwürdige Ereignis beschäftigt mich natürlich, aber als Tag um Tag vergeht, ohne daß etwas geschieht, vergesse ich es wieder.»

Engeloffenbarungen im Ungarn der Jahre 1943 und 1944 hat Gitta Mallasz aufgezeichnet. Es handelt sich um ein Dokument, in dem Gitta Mallasz eine außergewöhnliche Erfahrung festgehalten hat, die sie zusammen mit ihren Freunden Hanna, Lili und Joseph während des Zweiten Weltkrieges in Ungarn machte. In einer Zeit schwerer politischer Verfolgung eröffnete sich den vier jungen Leuten eine neue Dimension. Ein Dialog mit dem Numinosen führte sie nach eigenen Aussagen auf einen Weg zu sich selbst. Nach dem Selbstverständnis der vier Freunde handelte es sich bei den geschilderten Erfahrungen um Engelerlebnisse. Gitta Mallasz war in dieser Gruppe die einzige Nichtjüdin, und sie ist die einzige, die den Krieg überlebt hat. Sie schreibt über die Lebenssituation der vier vor den Engelbegegnungen: «Wir hatten die Bibel, die Bhagavad Gita und Lao Tse gelesen. Keiner von uns übte seine Religion aus. Wir standen ratlos vor einer Welt der Lüge, der brutalen Niedertracht und dem anscheinenden Sieg des Bösen. Aber wir sagten uns, daß der Sinn unseres Lebens irgendwo verborgen sein mußte, und wir dachten, daß die Hindernisse, ihn zu finden, in uns selbst zu suchen seien.»

Hanna wird sich am 25. Juni 1943 zum erstenmal und unvermittelt plötzlich bewußt, daß ihre Stimme einer unbekannten Macht als Werkzeug dient. Dieser Zustand wiederholt sich über einen Zeitraum von fast anderthalb Jahren, in denen sich mehrere, von den vier Freunden als solche bezeichneten Engel über das Medium Hanna äußern. Die Gespräche mit den Engeln hat Gitta Mallasz nach eigenen Aussagen sofort mitgeschrieben. Über die Zustände, in denen diese geführt wurden, schreibt sie: «Während der Gespräche waren wir von einem spürbaren Kraftfeld umgeben, das von einer bisher ungekannten Intensität war und jede Zelle unseres Körpers zu erfassen schien. Wir fühlten uns von einer ungeahnten Kraft durchdrungen. Manche Worte hatten beinahe greifbare Qualität und prägten sich uns so tief ein, daß es unmöglich war, sie zu vergessen ...»

Auch in weniger tragischen oder dramatischen Lebenssituationen werden persönliche Erfahrungen des Durchkommens mit Engeln in Verbindung gebracht, oft in einer sehr individuellen Sprache. Agnes Kunze ist eine Frau, die 1961 als Sozialarbeiterin nach Indien ging, um dort in der Mission tätig zu werden. Sie lebte mit Aussätzigen zusammen und gründete eine Weberei-Genossenschaft. Nach fünfundzwanzig Jahren Indienerfahrung schreibt sie in ihrem Weihnachtsbrief an Freunde: «... unter der Erde wandern die Engel und tragen den Weg.» Und sie erläutert diesen Satz: «Das gab mir Zuversicht damals in der Zeit des Nicht-wissens, wohin mein Weg gehen wird, und auch heute noch, weil ich weiß, daß damals und immer die Engel meinen Weg getragen haben. Mein kindlicher Engelglaube war niemals auszurotten. Ein Glaube an Märchen-Engel war es nie gewesen. Es war und ist ge-blieben der Glaube an eine reale Gegenwart der guten und heilen-den Kräfte in einer chaotischen Welt, in der es den Menschen nach allen Seiten reißt, hin- und hertreibt zwischen Licht und Dunkel, Güte und Bosheit, auf Wegen, deren Lauf und Ziel uns oft verborgen sind.»

Der Psychotherapeut und Theologe Helmut Hark nimmt einen eigenen Engeltraum, den er im Alter von sechsundfünfzig Jahren hatte, zum Anlaß, über sein Leben unter neuen Fragestellungen nachzudenken und ein Buch über Engel als «spirituelle Begleiter» zu schreiben. Allerdings hatten schon seit seiner Kindheit Engel in lebensbedrohlichen Situationen für ihn eine große Bedeutung, und er bemerkt, daß sich dies auch in seiner therapeutischen Arbeit niederschlägt: «Meine Ehrfurcht vor den Engeln und meine Offen-heit für ihre Erscheinungen hat sicher auch dazu beigetragen, daß mir im Verlaufe der letzten 20 Jahre zunehmend mehr Freunde und Analysanden und Analysandinnen von ihren Begegnungen und Träumen mit Engeln erzählten.»

Helmut Hark hat sich auch mit den Berichten von Gitta Mallasz befaßt und kommentiert sie seinem Engelverständnis entsprechend: «Dieser Aufbruch der spirituellen Dimension in der Seele ist tiefen-psychologisch ein Stück weit sicherlich aus der spirituellen Lebens-krise der jungen Leute zu erklären und dann vor allem durch die existentielle Lebensbedrohung angesichts des Konzentrationslagers. Doch darüber hinaus möchte Gitta Mallasz mit ihrem Zeugnis von den Engeln, ohne dies theologisch oder psychologisch aufzulösen, auf eine spirituelle Dimension im Menschen verweisen, die viele vergessen haben.»

Es fällt auf, daß in vielen autobiographischen Berichten über Engelerfahrungen von *Träumen* oder *traumähnlichen Zuständen*, von *Grenzgefühl*, einem *schwer zu beschreibenden Zustand wie «halb Traum, halb Phantasie»*, die Rede ist. Oft werden solche Erfahrungen *der Anstoß* zum Überdenken der eigenen Lebenssituation, zum Weg zu sich selbst, und sie führen zu ganz neuen Fragestellungen. Die äußere Situation, in die hinein Engelerfahrungen geschehen, ist oft eine von existentieller Bedrohung oder zumindest Bedrängnis. Die Erfahrungen werden unterschiedlich, aber immer als sehr intensiv beschrieben, manchmal, wie bei Gitta Mallasz, unter Beteiligung des ganzen Körpers. Nicht alle Engelerfahrungen beinhalten eine konkret benennbare Botschaft. Wo aber etwas Bestimmtes aus diesem Erlebnis heraus verstanden wird, ist es die Erfahrung von *Überleben und Bewahrung,* bisweilen sogar vorausblickend die Ahnung bevorstehender *Rettung.*

So selbstverständlich wie hier von Engeln geredet wird, so groß scheint andererseits die Scheu zu sein, eine solche Erfahrung mit *Gott* in Verbindung zu bringen. Dies dürfte ein typisches zeitgenössisches Phänomen sein. Es scheint für eine zunehmende Zahl von Menschen leichter zu sein, Engel als die sinnliche Erfahrung Gottes zu benennen, als ein u.U. ungewöhnliches Erlebnis unmittelbar mit Gott in Verbindung zu bringen.

14. ENGEL AM ENDE DES LEBENS

> Der Engel geht anders fort als er gekommen ist. Es sind nicht dieselben Augen, die den Engel fortgehen sehen, wie die, die ihn kommen sehen. Das Entscheidende geschah dazwischen: Ihre Augen wurden aufgetan.
>
> Claus Westermann

Auch in einer Zeit des «Engel-Booms» ist es nicht selbstverständlich, daß Menschen – selbst in der Seelsorge – jemandem anzuvertrauen wagen, wie sie von der Vorstellung von Engeln berührt sind. Es bedarf einer bestimmten Atmosphäre, um Erfahrungen dieser ganz eigenen Art mitteilen zu können. Um über Engel zu reden, brauchen Menschen in besonderer Weise Raum und Zeit. Raum meint hier die innere Weite der Gesprächssituation, die Möglichkeit, alles zu sagen, es so oder anders zu benennen, dabei gehalten und geschützt zu sein, sich nicht schämen zu müssen. Eine gut begründete Vertrauensbasis ist dazu nötig. Denn Engel verbinden sich mit verletzlichen Gefühlen, mit Grenzerfahrungen und existentieller Bedrohung ebenso wie mit überraschenden Erfahrungen von Beschütztsein, Geborgenheit und Überleben. Insofern handelt es sich immer auch um ein sehr intimes Erleben. Die persönliche Betroffenheit macht das Reden darüber schwer. Das Berührtsein von Engeln wird selten mit letzter Sicherheit vorgetragen, eher anfragend, als Möglichkeit, als «fast-wie»-Erfahrung. Menschen sprechen darüber in der Hoffnung auf Bestätigung, daß es «wirklich» eine Engelerfahrung war. Engel repräsentieren eine eigene Art von Wirklichkeit, die einer eigenen Umgangsweise bedarf.

Menschen, die in einer dafür geeigneten Atmosphäre nach Engeln gefragt werden, fangen plötzlich dankbar an, Erstaunliches zu berichten. Selten drängen sie von sich aus darauf. Die Tatsache, daß die Theologie die Engel eher in Randbereiche verdrängt hat, mag wohl auch dazu beitragen, daß sogar in der Seelsorge nur wenig Offenheit für solche Erfahrungen vorliegt – übrigens in gleicher Weise auf Seiten der Seelsorger wie ihrer Gesprächspartner. Wenn z.B. Gemeindeglieder erleben, daß Engel in Predigten kein Thema mehr sind, werden sie eher Hemmungen haben, das eigene Berührtsein von Engeln noch anzusprechen.

Hier scheint ein ähnliches Problem vorzuliegen wie im Umgang der Seelsorgerinnen und Seelsorger mit dem Gebet. Engel und Gebet werden bisweilen schamhaft tabuisiert, was mit der durch beide tangierten Verletzlichkeit der Menschen zu tun haben muß. Es scheint sich deutlich abzuzeichnen, daß die schamhafte Reaktion auf Engel und Gebet damit zusammenhängt, daß in der Seelsorge – und vielleicht noch viel genereller – der unmittelbare Zugang zu dieser besonderen Art von Wirklichkeit zwischen Innenwelt und Außenwelt beziehungsweise gerade auch der spezifisch religiöse Übergangsraum fast verlorengegangen ist.

Umso überraschender und bewegender ist der Bericht von einem Seelsorgegespräch, das Kurt Lückel in seinem Band «Begegnung mit Sterbenden» wiedergibt. Der Verlauf dieser Unterredung zeigt eindrücklich, wie der zulassende und empathische Umgang eines Seelsorgers einer sehr bedrängten Frau dazu verhilft, eine einschneidende Erfahrung gegen Ende ihres Lebens für sich als Engelerfahrung anzunehmen und damit innerlich wachsen zu können.

Eine 78-jährige Dame sucht zu einem für diesen zunächst sehr ungelegenen Zeitpunkt ihren Pfarrer auf. Vor Aufregung kann sie nicht wahrnehmen, daß er mit einer kaum aufschiebbaren Arbeit beschäftigt ist. Er muß sich innerlich erst darauf einstellen, daß er unerwartet dringend gefragt ist und signalisiert der Frau dann klar, daß er Zeit für sie hat. Die Frau und der Pfarrer kennen sich schon lange. Vor vier Jahren war sie in ein sehr enges, kleines Zimmer ins Altersheim umgezogen. Abschied, Heimatverlust und Verkleinerung der eigenen vier Wände waren immer wieder ihre Themen. «Was danach kommt, ist dann ja noch kleiner ...», hatte sie seinerzeit bei ihrem Schritt ins Altersheim geäußert. Inzwischen ist die Frau sehr gebrechlich geworden, das fällt dem Pfarrer besonders an ihrer körperlichen Haltung auf.

An diesem Tag setzt sie sich nur auf die Sesselkante, als wollte sie gleich wieder gehen. Dabei ist sie auffällig klar und präsent. Nachdem sie sich der uneingeschränkten Aufmerksamkeit und Zeit des Seelsorgers sicher wähnt, äußert sie, ohne gleich zu sagen, worum es eigentlich geht, ihre zeitweiligen Befürchtungen, irre zu sein, auch die Tatsache, merkwürdige Träume zu haben, einen regelmäßig – schon viermal – wiederkehrend, schließlich die abweisende Reaktion der Umgebung, bis hin zu Äußerungen, sie sei verkalkt und «nicht mehr ganz klar im Kopf». Aber daneben bringt sie auch Dankbarkeit für die Reaktion eines Mannes zum Ausdruck, der sie getröstet habe, er kenne das und das ginge wieder weg.

Sie redet also von einer Wirklichkeit, die sich schwer teilen läßt, weil sie nicht in das normale Alltagserleben hineinpaßt, andererseits *ihre* Normalität *ist*. «Und jetzt wollte ich einmal mit Ihnen darüber sprechen ...» So ringt sie sich zu einem Versuch durch, im Gespräch mit dem Seelsorger zu verstehen oder von ihm zu hören, was ihr geschieht. Jetzt folgt ein Gesprächsabschnitt, in dem die Frau durch sehr einfühlsame Reaktionen des Pfarrers einen Raum bekommt, auszusprechen, was sie so beschäftigt. Ich gebe den Bericht des Seelsorgers zu der Einstiegsphase des Gesprächs wörtlich wieder.

Als ich ihr sage, daß ich selber sehr auf meine Träume achte und sie ernst nehme als Botschaften meiner Seele – und wenn ein Traum mehrmals wiederkehrte, so sei dies eine sehr wichtige Botschaft für mich – und als ich anfüge, daß ja in der Bibel oft Träume als Botschaften von Gott verstanden würden ..., nickt sie zustimmend und lehnt sich erleichtert und aufatmend im Sessel zurück, fragt aber noch einmal vergewissernd: «Sie meinen also nicht, daß ich irre bin, wenn ich immer dasselbe träume ...».

Ich sage: «Ganz im Gegenteil. Ich denke, daß Sie sehr klar bei sich selber sind, wenn Sie so auf Ihre Träume achten. ... Aber vielleicht erzählen Sie jetzt einmal, was Sie geträumt haben».

Der Seelsorger stellt die ersten, verschreckten Äußerungen der Frau in den Horizont des christlichen Glaubens. Damit läßt er zwischen sich und der Frau einen Raum entstehen, in dem das, was sie bis jetzt noch nicht ausgesprochen hat, wovon sie aber schon deutlich gesagt hat, wie es sie ängstigt und verwirrt und an sich selbst zweifeln läßt, sein darf. Indem sie Botschaften ihrer Träume als Botschaften ihrer Seele nehmen darf, die gleichzeitig Botschaften von Gott sein könnten, muß sie nicht mehr auf Abstand zu ihren eigenen Träumen gehen, nur um nicht als verrückt dazustehen. Weil sie vom Seelsorger sozusagen zugesprochen bekommt, daß Sie «klar bei sich selber» ist, muß Sie sich nicht mehr ent-selbstet, verrückt fühlen. Hatte sie sich schon bei dem Hinweis auf Gott erleichtert gefühlt und aufatmend in den Sessel zurückgelehnt, so nimmt sie an dieser Stelle wieder genau die Position ein, die auch der Ort ihres Traumes ist: auf der Sesselkante, halb sitzend, halb im Aufbruch; und genau darin ist sie ganz bei sich, so daß sie bewegt den Wiederholungstraum erzählen kann.

Erst klopft es an die Außentür, dann an die Innentür. Dann tritt jemand in mein Zimmer, bleibt an der Tür stehen – und wartet. Ich kann nicht erkennen, ob Mann oder Frau.

Er (!) bleibt an der Tür stehen, kommt nicht näher, steht da und wartet.

Ich erschrecke –, mache Licht und rufe: Hinaus! (Sie fährt dabei im Sessel hoch und schleudert den Arm hinaus in abweisender Gebärde.)

Eine kurze Weile ist er noch da – dann verschwindet er. Ich bin ganz erschrocken. Mir ist unheimlich. Ich rufe ihm noch nach: Was willst du von mir?! Laß dich nicht mehr hier blicken! ...

Aber einschlafen kann ich dann nicht mehr ...

Der Traum handelt von der *Begegnung mit einem Fremden.* Sie findet zwischen Außen und Innen statt, in einem nicht benennbaren Zwischenbereich. Das Geschlecht des Fremden spielt anscheinend keine Rolle. Er löst Angst und Erschrecken aus und das Bedürfnis nach Licht. Im Traum kann die Frau den Fremden mit Licht und abwehrender Geste verscheuchen; aber der Traum kehrt wieder. Die Frau ist nicht fertig mit ihm. Sehr sensibel werden vom Seelsorger ihre Emotionen, die er beim Erzählen des Traumes an der Frau wahrnimmt, registriert und festgehalten:

Sie erzählt das, als hätte sie das soeben noch einmal erlebt. Der Schrecken steht ihr noch im Gesicht. Aber es ist auch ein Leuchten in ihren Augen. Ich sage ihr, daß mich ihr Traum sehr beeindruckt. Ich hätte ihn jetzt regelrecht miterlebt und ich hätte auch etwas von dem Schrecken gespürt. Ja, sagt sie, ich auch! Das Ganze erschreckt mich so. Am meisten diese stumme Gestalt. Die klopft und kommt herein – und steht da.

«Ich muß auch tagsüber oft an diese Gestalt denken.» (Sie hält inne, schaut zur Tür.)

Der Schrecken im Gesicht und das Leuchten in den Augen der Frau gehören zusammen; das Erlebnis ist ambivalent. Die Frau fürchtet den Traum und hängt an ihm, denn sie muß ihn wieder und wieder träumen. An dieser Stelle des Berichts deckt sich das Gefühl in der Erzählung des Traums mit den Emotionen, die der Seelsorger an der Frau wahrnimmt. Die Frau erlebt hier, wie der Seelsorger sehr feinfühlig und besonnen auf sie reagiert, indem er nun das Geschehen in der Gegenwart in Worte faßt und sie damit *im Übergangsraum der Seelsorgesituation mit ihm ihr Erleben teilen kann.*

Ich: Sie schauen zur Tür? Sie: Ja, es kommt mir vor, als stünde er (!) da. – Da an der Tür! (Sie ist eher erstaunt als erschrocken.) Ich setze mich neben sie und sage: Ich bin jetzt bei Ihnen – können Sie etwas erkennen? Sie: Ja, in Umrissen ... Ich: Vielleicht reden Sie ihn einmal an und sagen ihm, wie Ihnen zumute ist ...

Sie: (etwas forsch) Jetzt bist du wieder da! Du hast (!) mich erschreckt in der Nacht mit deinem Klopfen –, und wenn du hereinkommst und stehenbleibst ... (ihre Stimme klingt ab, als ob dieser Vorwurf jetzt nicht mehr angemessen sei).

Ich: Und jetzt? – Ist da etwas verändert? Sie: Ja, es ist anders, heller, nicht mehr wie ein Schatten. Ich: Sagen Sie es ihm! Sie: Du bist jetzt so anders ..., du bist heller. – Du bist nicht mehr so unheimlich ... (nach einem Zögern) Ich kenne dich jetzt schon. – Ich muß ja auch dauernd an dich denken! Ich: Er ist Ihnen schon vertraut? Sie: (mit unverwandtem Blick zur Tür) ... Ja, du bist mir schon vertraut. – Ich: In der Nacht haben Sie «hinaus!» gesagt ... Sie: (schüttelt den Kopf) Nein, das geht jetzt nicht. – Ich – (sie schaut vergewissernd zur Tür) ich – du ... äh (stockt).

Ich: Ich und du? ... Ist das jetzt schon wie eine vertraute Beziehung zwischen «ich und du»?

Sie: (atmet tief aus) ... Ja – (unverwandt zur Tür blickend) ja, du bist sogar tagsüber bei mir in meinen Gedanken. Ich denke dauernd an dich! (sie stößt mit dem Stock auf den Boden) Du hast mir Angst gemacht! Abends, bevor ich einschlief, habe ich Angst gehabt, daß du wiederkommst ... und dastehst und wartest! (Pause – und dann mit veränderter Stimme) Aber ich habe auch ein bißchen auf dich gewartet. Ich glaube, ich fühlte mich sogar geehrt ... Du warst ja mein Gast ... irgendwie ... du hast ja angeklopft – (stockt). Ich: ... Sie haben auf ihn gewartet ...? – Er hat auf Sie gewartet? Sie: ... Ja – ja, ich hab auf dich gewartet ... und du hast auf mich gewartet (sie ist sichtlich gerührt).

Es ist faszinierend, zu spüren, wie die Frau durch das empathische innere Mitgehen des Seelsorgers und das behutsame Aussprechen seiner Wahrnehmungen in die Lage versetzt wird, aus der erschreckenden Begegnung mit einer undefinierbaren, angstmachenden und stummen Gestalt einen Dialog zwischen «Ich» und «Du» werden zu lassen, und zu sehen, wie darüber die Angst zurücktritt und die andere Seite der Ambivalenz, das *Gefühl des Geehrtseins durch den «Gast»* von ihr erlebt und angesprochen werden kann.

Die Frau hatte erlebt, wie der Seelsorger sich zu Beginn dieser Gesprächspassage neben sie gesetzt und damit erlebbar gemacht hat, was er auch in Worte faßt: «Ich bin jetzt bei Ihnen». So gehen wir auch um mit Kindern, die – noch nicht ganz der Sprache mächtig – vor etwas Angst haben. «Können Sie etwas erkennen?» Was man gemeinsam ansieht, kann nicht in dem Ausmaß Angst machen wie das, was man allein im Dunkeln ansehen muß. Die Frau kann sich so auf das einlassen, was sie erschreckt. Und von dem Seelsorger bekommt sie Hilfe, dafür Worte zu finden, wobei er nie mehr formuliert, als sie ihrerseits für sich aufnehmen und stammeln kann. Ihre Art, den Fremden anzureden, wird auf diese Weise immer selbstsicherer:

«Jetzt bist du wieder da! Du hast mich erschreckt in der Nacht mit deinem Klopfen –, und wenn du hereinkommst und stehenbleibst». ...

«Du bist jetzt so anders ..., du bist heller. – Du bist nicht mehr so unheimlich. Ich kenne dich jetzt schon. Ich muß ja dauernd an dich denken!»...

«Ja, du bist mir schon vertraut.» ...

«Ich denke dauernd an dich! Du hast mir Angst gemacht! Abends, bevor ich einschlief, habe ich Angst gehabt, daß du wiederkommst ... und dastehst und wartest! Aber ich habe auch ein bißchen auf dich gewartet. Ich glaube, ich fühlte mich sogar geehrt ... Du warst ja mein Gast ... irgendwie ... du hast ja angeklopft.» ...

«Ja – ja, ich hab auf dich gewartet ... und du hast auf mich gewartet.»

Nachdem die positive Seite der Ambivalenz für die Frau erlebbar geworden ist neben dem Schrecken, muß die Traumbegegnung nicht mehr nur abgewehrt werden. Hier bekommt die Frau vom Seelsorger nun Hilfe in ihrem Bemühen um Verstehen des Ganzen. Das geht erst, nachdem sie sicher sein kann, daß die ganze Bandbreite der Emotionen, die mit diesem Traum verbunden sind, von ihm geteilt werden. Sie können nun von beiden, von der Frau und von dem Seelsorger in der Gegenwart nacherlebt werden.

Ich: Er ist viermal gekommen – hat sich nicht abhalten lassen – vielleicht hat er ja etwas Wichtiges zu sagen ... – eine Botschaft oder so ... Sie: (unvermittelt zu mir hin) Vor dem Sterben (!) hab ich ja eigentlich keine Angst! Ich: Sie meinen, seine Botschaft hätte etwas mit dem Sterben zu tun ... Und dazu wäre er so oft gekommen ... und hätte sich nicht abweisen lassen ...?

Es entsteht eine lange Pause und dann sagt sie sehr zögernd und doch bestimmt: Dann würde er mir wohl sagen wollen: Mach dich bereit – es ist bald so weit – ich warte auf dich ... (Sie ist sehr bewegt und ich mit ihr.)

Sie: (schaut noch einmal zur Tür) ... Und ich hätte jedesmal «hinaus» gesagt ... (sie schüttelt den Kopf). Ich: Vielleicht möchten Sie ihm jetzt etwas anderes sagen ...? Sie: ... Ja, ich möchte dir sagen: Ich habe dich erwartet ... Bitte nimm doch Platz – . Ich sage nicht mehr ‹hinaus!› – Ich hab dich verstanden – .»

Jetzt ist die Frau so weit, das Thema, das sie eigentlich beschäftigt und das wohl auch den Traum ausgelöst hat, anzuschneiden: ihr Sterben. Die Themen der Traumgestalt sind die, die sie mit ihrem Sterben verbindet, und die Ambivalenz des Traumes ist die, die sie ihrem nahenden Ende gegenüber empfindet. Nachdem es ihr gelungen ist, die Traumgestalt anzunehmen, gelingt ihr das auch gegenüber der Aussicht auf das eigene Sterben. Der Seelsorger hat ihr nur die Möglichkeit einer solchen Deutung eröffnet mit dem Stichwort «eine Botschaft oder so ...». Das reichte für die Frau, um wieder ganz zu sich selbst zu kommen, zu ihrem eigentlichen Thema.

Die Traumgestalt steht nun für die Möglichkeit, die letzte Erfahrung von Fremdem, das ins Leben einbricht, anzunehmen und in ihr Selbstbild zu integrieren. Sie kann sich nun annehmen und bejahen als eine, die bald stirbt. Damit wird aber auch die Traumgestalt, die diese letztgültige Botschaft vermittelt, zu einer *religiösen Mittlergestalt*. Und hier erleben die Frau und der Seelsorger im Gespräch, *wie sozusagen ein Engel ersteht*. Eine Bewegung aus dem Inneren der Frau heraus trifft zusammen mit dem nahenden Tod als dem Fremden, das integriert wird in ihr Selbsterleben. Indem dieser Vorgang verstanden wird als einer von letztgültiger Bedeutung, wird die Traumgestalt zum Engel.

Sie ist sehr nachdenklich geworden und sagt nach einer Weile zu mir hin: Sie hätte heute morgen an Josef, den Vater Jesu gedacht. Dem erschiene ja auch (!) ein Engel (!) im Traum. Aber das wäre ja wohl zu vermessen – an so etwas zu denken.

Wir beginnen das gemeinsam zu erwägen: «Angenommen es wäre so ...» Sie: ... Dann hätte Gott mir einen Engel geschickt ...? Ich: ... Einen Boten mit einer Botschaft für Sie ... Sie: Mh – gedacht habe ich das schon öfter. (längere Pause) Ich kann das natürlich keinem in unserem Haus sagen. Die denken dann: Jetzt ist sie völlig übergeschnappt – –. Aber eigentlich fänd ich das sehr schön. Und warum soll immer nur eine Predigt

«Gottes Wort» sein? Ich: *Genau das denke ich auch ... Warum sollte Gott nicht durch die Sprache unserer Träume mit uns sprechen ...?*

Sie ist ganz tief beeindruckt davon. Und beginnt noch einmal, den Traum durchzuspielen. Sie: ... Dann wäre er also ein Gottesbote ... Und ich wäre jedesmal erschrocken ... und hätte jedesmal «hinaus» gesagt. Ich: Er hat ja auch eine Botschaft, die zum Erschrecken ist – auch wenn man keine Angst vor dem Tod hat ... Sie: «Ja, das habe ich vorhin gesagt: Vor dem Tod habe ich keine Angst –.»

Und an dieser Stelle kann die Frau nun, nachdem sie für sich die Traumgestalt zum «Gottesboten» gemacht hat, davon sprechen, wie sehr sie selber erlebt, daß ihre Existenz sehr unmittelbar von äußeren und inneren Zerfallsprozessen bedroht ist.

Aber manchmal erschrecke ich doch. Dann sehe ich mich im Spiegel und denke: Was hängst du doch an deinem klapprigen Leben, an den paar Möbeln, an den Bildern, an den Buchfinken vor deinem Fenster ... Dabei habe ich doch eigentlich keinen Menschen mehr. Die Schwester wohnt weit weg –, ich hab sie doch alle überlebt –, wem bin ich denn noch was wert? (Sie weint.) Gehen kann ich nur noch mit dieser Krücke (fährt sie fort), mein Körper ist hinfällig. Manchmal denke ich, wär's schön, wenn's überstanden wäre ...

Hier bekommt sie nun noch einmal die Möglichkeit, diese Erfahrung ganz für sich anzunehmen und als Gotteserfahrung zu interpretieren und zu erleben:

Ich: Und nun kommt ein Bote – wie ein Engel Gottes – und sagt: Ich warte auf dich ... Ich bereite dich vor ..., du bist mir etwas wert ... Sie: Ja, das ist zum Weinen schön ... Ich fühle mich sehr geehrt. Ich glaube: Ich soll nicht allein gehen. (Nach einer Pause, mit Blick zur Tür): Er ist aber nicht mehr da! Ich: ... Ich denke, er hat ja auch seinen Auftrag erfüllt ... Sie nickt. Ich: Vielleicht möchten Sie ihm trotzdem noch etwas sagen – zum Abschied? Sie: O ja – das möchte ich! Danke, möchte ich sagen! Gott, ich danke dir ...

Der Auftrag des Todesboten, des Engels, ist beendet, als die Frau verstanden hat, daß das Erlebte eine *Gotteserfahrung* war. Diese Gotteserfahrung war nur möglich durch den Engel. Die Traumgestalt war zu fremd, zu erschreckend, um sie unvermittelt annehmen zu können. Der Tod ist zu fremd und zu erschreckend, um unmittelbar bejaht zu werden. Die Aufgabe des Menschen, das Fremde, das Anderssein des Anderen hinnehmen zu können, beginnt zwar schon in der frühen Kindheit in der Zeit der Begründung des Übergangsraumes und des frühen Dialogs, dauert aber das ganze Leben an. Sie endet erst in der letzten Begegnung mit dem äußersten Fremden, dem Tod. Um diese Begegnung in eine Gotteserfahrung zu verwandeln, bedarf es hier offenbar des Todesengels als Vermittler.

Am Schluß dieses Berichtes über diesen sehr bewegenden und ungewöhnlichen Seelsorgekontakt sitzen zwei Menschen beieinander, die gemeinsam ein tief existentielles Gespräch als Dialog miteinander und mit dem Fremden, dem Tod und einem Todesboten, erlebt haben.

Wir haben noch eine Weile so nebeneinander gesessen, bis sie sagt: Das Ganze kommt mir noch einmal wie ein Traum vor. Ich sage: Mir sei zumute, als hätten wir gemeinsam ihren Traum zuende geträumt, und als hätten wir gemeinsam eine Begegnung mit Gott erlebt.

Beim Abschied sagte sie: Ich weiß jetzt, wo es hinausgeht –. Und ich weiß, «daß einer mit mir geht» – heißt es nicht so im Lied?

Sie starb nach einem knappen halben Jahr. Die betreuende Schwester sagte: «Ohne Kampf – sanft hinübergeschlummert». Ich traf sie vorher noch einige Male. Der Traum wiederholte sich nicht. Sie hatte «verstanden».

Kurt Lückel, der Seelsorger in diesem Gespräch, kommentiert das Erlebte im nachhinein, indem er über die Frau schreibt: «Sie war ‹sich selbst› begegnet, ihrem Schrecken, ihrer Angst. Sie war ‹ihrem Tod› begegnet. Sie hatte ‹ihn›, den Tod, angeredet und dabei – Gott entdeckt! ... Sie hatte die unheimliche Botschaft nicht mehr wie bisher abgewiesen (hinaus!), auch nicht mehr bagatellisiert wie bisher (vor dem Tod habe ich keine Angst). Indem sie sich ihm stellte, wurde der Schreckensbote eine Freundesgestalt, ein ihr schon vertrauter Begleiter – jenes ‹Du›, in dem offenbar ihre ‹Sterbegestalt› verkörpert war.»

Er formuliert die Verwandlung, die im Laufe des Gesprächs stattgefunden hat: «Er war nun samt seiner Botschaft in ihr Selbst-Bewußtsein integriert. ‹Ich weiß jetzt, wo es hinausgeht ...›. Er machte sich überflüssig (wie das Engel so an sich haben, wenn ihre Botschaft angekommen und vom menschlichen Adressaten selbst übernommen ist) – aber der Glaube blieb. Ich könnte auch sagen: Der Gottesbote blieb ihr in der Gestalt ihres Glaubens: Nämlich, daß Gott selbst mit ihr geht auf dieser letzten Lebensstrecke. Dabei wird hier ‹Glaube› nicht ersetzt durch Erleben, sondern das Erlebte selbst ist ein Schritt gewagten Glaubens – und ist nur im Vollzug des Glaubens zu erleben».

Dieses Gespräch scheint mir sehr schön zu zeigen, wie in einem Raum, in dem Engel sein dürfen, diese auch erscheinen. *Die Engel sind da, wenn wir an sie denken.* Die Frau hat an dem Tag schon morgens an die Möglichkeit gedacht, daß ihre Traumgestalt ein Engel sein könnte, daraufhin ist sie zum Seelsorger gegangen. Und die Dringlichkeit ihres Anliegens muß für ihn spürbar gewesen sein, denn dieses intensive Gespräch fand statt zu einem Zeitpunkt, als er eigentlich ein anderes Programm hatte. Die Frau war ursprünglich ungelegen gekommen. Nichts mehr erinnert daran in dem abschließenden Kommentar des Seelsorgers:

Und sie (die ja für niemand mehr etwas wert ist) fühlte sich durch den nächtlichen Gast in einer noch unfaßbaren Weise ‹geehrt› - eine Glaubensaussage von biblischer Größenordnung: Da ihr angesichts des Todes vom Angesicht Gottes her ihr unauslöschlicher Wert zuerkannt wird! In dieses Erleben wird der Seelsorger mit hineingezogen: «Der Traum hatte ihr – aber auch mir – zu einer Gottesbegegnung verholfen, wie ich sie in dieser Intensität sonst wohl nur aus biblischen Texten kenne.»

Nehmen wir sorgfältig zur Kenntnis, was die Frau in diesem Gespräch erlebt hat, so können wir auch sagen, sie hat so etwas wie einen Anschluß an ihre Identität oder ihr Selbstsein vor Gott gefunden, das immer auch ein Sein in und mit einer bei Gott aufgehobenen Zukunft bedeutet. Die Begegnung mit ihrem Todesboten hat sie der Offenheit ihres Lebens zur Zukunft hin vergewissert: sie wird erwartet.

15. Brauchen wir die Engel wirklich?

> In der Welt gibt es Rätsel, die lange ruhen, in Reichweite
> greifbar, bis sie mit einem Mal die Menschen beschäfti-
> gen. Dann beginnt eine unmerkliche Arbeit des Fest-
> stellens und Weitersagens, und ein verstecktes Wissen
> entsteht, das sich knisternd, ohne laut zu werden, ver-
> zweigt und verbreitet. Schließlich meint jedermann, der
> davon erfährt, es zu kennen als ein offenes Geheimnis,
> denn er trifft darauf wie auf eine am Weg liegende Er-
> innerung an längst Gehörtes, längst Gewußtes.
>
> Dorothea Dieckmann

In diesem letzten Kapitel werfen wir zunächst einen kurzen Blick
auf die protestantische Theologie des 20. Jahrhunderts. Wie wichtig
sind ihr die Engel? Welche Bedeutung mißt sie ihnen bei? Dann
sollen abschließend die Ergebnisse der vorangegangenen Kapitel
unter der Fragestellung «Brauchen wir die Engel wirklich?» zusam-
mengefaßt werden.

Die Häufigkeit der Erwähnung von Engeln im Alten und Neuen
Testament steht in keinem Verhältnis zu dem «Schattendasein»,
das ihnen in der Theologie gerade noch gewährt wird. Im Alten
Testament finden wir keinerlei Bemühungen, die Natur der Engel
genau zu definieren oder Aussagen über ihr Wesen und ihren
Dienst – in ihrem Verhältnis einerseits zu Gott, andererseits zu den
Menschen – zu machen. Die «Engellehre» des Alten Testaments ist
eher eine Ansammlung von Bildern oder Geschichten darüber,
wie Gott durch «Boten» Beziehung zu Menschen knüpft und ihr
Leben berührt. Das Alte Tesament zeugt von dem Glauben, daß
Gott sich der Engel bedient, um die Geschichte und die Geschicke
der Menschen zu lenken oder zu beeinflussen. Im Neuen Testament
finden Engel ebenfalls bei wichtigen heilsgeschichtlichen Ereignis-
sen und in sonstigen Zusammenhängen Erwähnung. Aber auch
hier finden wir keine besonders ausgearbeitete und reflektierte
«Engellehre». Engel werden, als dienende Boten Gottes, vorausgesetzt. Sie sind kein eigenständiges Thema. Zum Verständnis der
Engel in den biblischen Texten hilft weder ein starres Festhalten
am Wortlaut, noch eine sie «wegerklärende» Auflösung der Idee
von den Engeln in bloße Zeichen günstiger Umstände in einer
bestimmten Lebenssituation.

Gerade im Gegensatz zur Selbstverständlichkeit des Auftretens von Engeln im Alten und im Neuen Testament fällt auf, wie sehr die Theologie die Engel heute ausgrenzt. «Es ist vom Theologen nicht gefordert, daß er in der Dogmatik positiv das Thema ‹Engel und Dämonen› behandle», lesen wir bei Heinrich Ott. Wenn auch nicht in jeder Hinsicht repräsentativ, gibt dieses Zitat den Stellenwert der Lehre von den Engeln in der Theologie der Gegenwart doch sehr treffend wieder. – Sehr zurückhaltend, aber gleichwohl mit größerer Wertschätzung der Engel, hatte sich bereits im vorigen Jahrhundert der liberale Theologe Friedrich Schleiermacher geäußert. Nach ihm sind die alten Engelerscheinungen aus einem urzeitlichen Geisteszustand zu erklären, «als der Zusammenhang des Menschen mit der Natur noch nicht geordnet und er selbst noch nicht entwickelt war». In der Gegenwart sind «Offenbarungen ihres Daseins ... nicht mehr zu erwarten», schreibt er, und die Frage, «ob Engel sind», darf «auf unsere Handlungsweise keinen Einfluß haben». Die Vorstellung von Engeln kann im Rahmen einer solchen Position allerdings «auch ferner in der christlichen Sprache vorkommen, ohne jedoch daß wir verpflichtet wären, etwas über ihre Realität festzustellen». Es wird auf die begriffliche und sachliche Unschärfe hingewiesen: alles, was ein Träger eines göttlichen Befehls ist, kann auch Engel genannt werden. In den heiligen Schriften werden sie nur vorausgesetzt, es wird nichts über sie gelehrt. Nur ein Privatgebrauch oder ein liturgischer Gebrauch der Engelvorstellung wird akzeptiert. Dem von mir in diesem Buch vertretenen Verständnis von Engeln kommt Schleiermacher in dem zurückhaltenden Charakter seiner Position sehr nahe.

Eine Ausnahme in der engellosen theologischen Landschaft des 20. Jahrhunderts bildet die ausführliche Lehre von den Engeln in der «Kirchlichen Dogmatik» Karl Barths, der souverän genug ist, die biblische Vorstellungswelt zunächst einmal einfach stehenzulassen. An seinem Beitrag wird der übergangsobjektähnliche Charakter der Engel besonders deutlich. Karl Barth, der neben aller Strenge seines Denkens auch über die Begabung spielerischen Umgangs mit Vorstellungen verfügte, konnte sich – ganz im Widerspruch zu seinen eigenen dogmatischen Aussagen – im Alter der Engel «bedienen», um im «Dankbrief an Mozart» zu sagen, was sich ohne diese nicht sagen ließe: «Stellen Sie sich vor, daß ich letzte Woche allen Ernstes von Ihnen träumte, und zwar dies: ich hatte Sie (mir unerklärlich aus welcher Notwendigkeit) zu examinieren gehabt, hätte aber zu meiner Betrübnis ... auf meine Frage: was ‹Dogmatik› und ‹Dogma› sein möchten? trotz freundlichstem Hinweis auf Ihre Messen – die ich besonders gern höre! – keinerlei Antwort von Ihnen erhalten!! Wollen wir diesen Punkt fröhlich auf sich beruhen lassen? ... Wie es mit der Musik dort steht, wo Sie sich jetzt befinden, ahne ich nur in Umrissen. Ich habe die Vermutung, die ich in dieser Hinsicht hege, einmal auf die Formel gebracht: ich sei nicht schlechthin sicher, ob die Engel, wenn sie im Lobe Gottes begriffen sind, gerade Bach spielen – ich sei aber sicher, daß sie, wenn sie unter sich sind, Mozart spielen und daß ihnen dann doch auch der liebe Gott besonders gerne zuhört». Die Sprache der Engel gewinnt – auch für Karl Barth – Bedeutung, wo die Sprache der Dogmatik verstummt. Mehr als über die Engel trifft er hier freilich eine Aussage über seine Beziehung zur Musik.

In der protestantischen Theologie der Neuzeit hat Karl Barth nun aber tatsächlich den sorgfältigsten Entwurf einer Engellehre verfaßt. Im Gegensatz zur dogmatischen Tradition fragt er nicht in erster Linie nach der «Natur» oder dem «Wesen» der Engel, sondern nach ihrem «Dienst». Er hebt mehrfach hervor, daß die Lehre von den Engeln «streng genommen keinen ihr eigenen Sinn und Inhalt hat». Die Engel sind «wesenhaft Randgestalten». Sie sind nur, «indem sie Gott und den Menschen zugewendet und in besonderer Zugehörigkeit zur Person und zum Werk Jesu Christi Gottes und der Menschen Diener sind. Sie sind nur, indem sie in diesen Dienst kommen und gehen». Und wenn er ausdrücklich vermerkt, «daß man von ihnen in der Tat nur nebenbei und insofern nur leise richtig reden kann», und daß sie eben «keine Hauptpersonen» sind, so finden wir hier Analogien zur dienenden Funktion der Übergangsobjekte und -phänomene wieder. Und fast klingt es wie aus Donald W. Winnicotts Abhandlung über dieselben, wenn er schreibt: «Sie gehören in ihrer besonderen Weise dazu: nicht als Hauptpersonen, sondern als Randgestalten und sogar als solche nicht als selbständige Subjekte, sondern gewissermaßen aufgehend, verströmend in ihrer Funktion, die ganz, die exemplarisch die des Dienstes ist».

Die Engel gehören im Rahmen dieser theologischen Position in den Bereich der historisch nicht verifizierbaren Sagen und Legenden: «Will sagen: wir befinden uns in der Bibel, wo es um die Engel geht, auf dem Gebiet der besonderen Form von Geschichte, die ihrem Inhalt und dessen Natur nach nicht nach jenen allgemeinen

Analogien verlaufen und darum nur von der divinatorischen Phantasie erfaßt und nur in der Anschauung und Sprache der in dieser Hinsicht freien Dichtung wiedergegeben und dargestellt werden kann». Und wiederum klingt es uns von der Kinderpsychologie her bekannt, wenn Karl Barth dies weiter ausführt: «Die Engel markieren gewissermaßen diesen Übergang, dieses Übergreifen des Unerforschlichen, des Geheimnisses in den Raum bekannter Möglichkeiten». So sind die Engel «die hervorgehobenen Repräsentanten des Geheimnisses der biblischen Geschichte».

Auch solche Anklänge sind bei ihm herauszuhören: «Man wollte die Engel nur nicht in der Dogmatik haben. Man eröffnete ihnen aber daneben so etwas wie ein Internierungslager (oder ist es so etwas wie eine Kinderstube?), in der sie nun doch geduldet sein sollten». Deshalb kann er behaupten, «daß wir an allen den biblischen Stellen am präzisesten über das Verhältnis der Engel zu Gott und eben damit auch über ihr eigenes Wesen und Dasein unterrichtet werden, wo das Wort Engel nicht absolut steht, sondern in der Einzahl oder Mehrzahl durch den Genetiv oder durch ein Possessivpronomen mit Gott oder Christus verbunden ist». So sieht er in der Bitte: «Dein heiliger Engel sei mit mir, daß der böse Feind keine Macht an mir finde! Amen» am Schluß des Abendsegens aus Martin Luthers Kleinem Katechismus so etwas wie «die ganze Engellehre in nuce ..., und zwar entscheidend wegen dieser Anrede ‹Dein heiliger Engel›.» Engel «haben keine eigene Geschichte, keine eigenen Zwecke, keine eigenen Erfolge. Sie haben kein eigenes Profil und keinen eigenen Charakter, keine eigene Gesinnung und kein eigenes Wollen. ... Sie sind ... nur Eigentum: sein Eigentum».

«Wo immer ein Engel erscheint, redet, wirkt, da erscheint, ist, redet, wirkt Gott selber». Aber trotz dieser so ausschließlich dienenden Funktion haben die Engel für das Sein Gottes unter den Menschen eine immense Bedeutung: «Alles echte Zeugnis von Gott lebt vom Zeugnis und so vom Dienst der Engel. Im Dasein und Wirken der Engel – ob es als solches bemerkbar und notiert wird oder nicht – ist es begründet, daß Gottes Geheimnis auf Erden Raum haben kann».

Das Geheimnis des Übergangsraumes ist das der gleichzeitigen Abwesenheit und Anwesenheit der Mutter beziehungsweise das der Tatsache, daß sie außen und innen da ist. Und analog beschreibt Karl Barth auch das das seines Erachtens entscheidende Problem der

Lehre von den Engeln: «das Problem des Geheimnisses der Gegenwart, des Redens und Tuns Gottes in unserem Bereich und also im unteren Kosmos – das Problem des Himmels auf der Erde, d.h. aber das Problem der sinnvollen Nähe und Ferne, Ferne und Nähe, ohne die Gott der irdischen Kreatur weder majestätisch noch vertraulich, weder heilig noch gnädig und also nicht als Gott begegnen würde».

Während Karl Barth von den Voraussetzungen der sogenannten «dialektischen Theologie» her, deren Ausgangspunkt der unendliche qualitative Unterschied zwischen Gott und Mensch, die Neuentdeckung der Souveränität Gottes und sein Ganz-anders-Sein ist, eine ganze «religiöse Übergangswelt» – so könnten wir sie nennen – als Raum der Engel theologisch schlüssig entfalten kann, bauen andere Theologen die Engel nur noch «irgendwie» in ihr Denkgebäude ein. Dabei entsteht der Eindruck, daß sie nicht so sehr an den Engeln selbst interessiert sind, sondern nur deshalb auf sie hinweisen, um eine ganz andere Fragestellung besonders zu beleuchten. Bei Paul Tillich finden wir die Engel im Zusammenhang mit seinen Ausführungen zum Symbolbegriff, bei Wolfhart Pannenberg im Rahmen seiner idealistischen Geisttheorie, und bei Michael Welker liegt der Fokus auf einer grundsätzlichen Kritik des Personalismus.

Dabei bleibt Paul Tillich dem neuzeitlichen Standpunkt und der wissenschaftlichen Methodik der liberalen Theologie im weitesten Sinne verpflichtet. Wie bei Friedrich Schleiermacher sind die Engel in seiner Systematischen Theologie ein Randphänomen. Allerdings entfaltet er in seiner Symbollehre Vorstellungswelten, die wir uneingeschränkt in Analogie zu Donald W. Winnicotts Übergangsraum verstehen können. Nur geht hier das Spezifische der Engel verloren: alles kann Symbol sein.

Insgesamt drängt sich der Eindruck auf, daß Paul Tillich Engel als Thema nicht wirklich im Blick hat; sie spielen in seinem Werk philosophischer Theologie nur eine sehr periphere Rolle. Umso bedeutsamer ist bei ihm der Stellenwert religiöser Symbole, zu denen er Engel zählt. Die Besonderheit des Engels im Vergleich zu anderen Symbolen als eine Art Bewahrungssymbol des menschlichen Selbst erwähnt er nicht, und sie klingt bei ihm auch nicht einmal an. Der Reichtum der religiösen Symbole hat nach Paul Tillich seinen Grund in der Dynamik des Glaubens. «Prinzipiell kann jedes Ding oder Ereignis oder jede Person zum Träger des

Heiligen werden. Die Wahl eines Symbols ist nur durch die jeweilige historische Situation bedingt. Aber nichts hat verhindern können, daß fast jeder Bereich der endlichen Welt in der religiösen Symbolik vertreten ist».

Ähnlich indifferent gegenüber den Engeln wirken Ausführungen Wolfhart Pannenbergs, der die Lehre von den Engeln dem Bereich der Pneumatologie (Lehre vom Geist) zuordnet. Daß die Engellehre in der Kirchlichen Dogmatik Karl Barths mit seiner überraschenden und intensiven Bemühung um dieses Thema keine Erneuerung der Engelvorstellung in der Theologie eingeleitet hat, führt Wolfhart Pannenberg auf den Umstand zurück, daß die im Neuen Testament festgeschriebene «Natur» der Engel als «Geister» («pneumata»; Hebr. 1,14; 12,9; Apg. 23,8f.; Apk. 1,4 u.a.), welcher Karl Barth immerhin den Charakter einer «definitions-ähnlichen Bestimmung des Wesens der Engel» zuerkennt, von diesem unterbewertet beziehungsweise verdrängt wird.

Das Bemühen um einen neuen Zugang zur alten dogmatischen Lehre von den Engeln auf dem Hintergrund einer «Beschreibung des göttlichen Geistes als Feld, das sich in seiner schöpferischen Wirksamkeit zeitlich und räumlich manifestiert», steht bei Wolfhart Pannenberg im Vordergrund. Sind Engel «Geister ...», so stellt sich die Frage nach ihrem Verhältnis zum Geist schlechthin. ... Die Frage nach dem Verhältnis der Engel zum Geist Gottes «weitet sich aus zu der nach dem Verhältnis der Engel zu Gottes Wirken überhaupt». Im Unterschied zu Karl Barth, der Engel ausschließlich in ihrer dienenden Funktion interpretiert, betont Wolfhart Pannenberg eine «gewisse kreatürliche Eigenständigkeit» der Engel.

Für sein Verständnis von Engeln ist es nicht unwichtig, daß er die Zukunft als «das Feld des Möglichen» definiert. «In der schöpferischen Macht der Zukunft als Feld des Möglichen ... äußert sich die Dynamik des göttlichen Geistes in der Schöpfung». Er betont, daß Engelvorstellungen der biblischen Überlieferung in ihrem Grundbestand «Naturmächte» sind, die in anderen Zusammenhängen auch Gegenstand naturwissenschaftlicher Beschreibungen werden. Dies legt die Möglichkeit nahe, «Naturkräfte» als «Diener und Boten Gottes» aufzufassen. «Die Bezogenheit der Erde auf den Himmel bildet dann ‹die gottoffene Seite der Schöpfung›, und der Himmel ist ‹das Reich der schöpferischen Möglichkeiten Gottes›.» Zwar unterscheidet sich das theologische Reden von der naturwissenschaftlichen Betrachtungsweise durch das Gewicht, das «die

Zukunft der Vollendung der Schöpfung im Reiche Gottes» hat, aber es gilt, daß das schöpferische Wirken des Gottesgeistes «als Kraftfeld in seiner Wirkungsweise mit Eigenschaften der Zeit und des Raumes verbunden» ist. Auf diesem Hintergrund sind Engel nicht in erster Linie als «personale Gestalt», sondern als «Macht» zu verstehen. Die Vorstellung von Engeln als personhaften Geistwesen beziehungsweise Subjekten hat nach Wolfhart Pannenberg ihren Ursprung «in der Erfahrung, von der Einwirkung nicht voll durchschaubarer Mächte betroffen zu sein», die sich als «Wille» kundtut. Er hält diese Vorstellung aber für sekundär gegenüber der einer Erfahrung von Machtwirkungen.

Die Formulierungen Wolfhart Pannenbergs kommen wohl einem Verständnis am nächsten, nach dem der göttliche Geist, der sich in seiner schöpferischen Wirksamkeit als «Feld» räumlich und zeitlich manifestiert, einem «religiösen Übergangsraum» analog zu interpretieren wäre. Sind Engelerfahrungen in erster Linie «Machterfahrungen» mit einer «gewissen kreatürlichen Eigenständigkeit», so dürfte hierin eine Analogie zu Übergangsphänomenen zu sehen sein. Zur Erinnerung: Im Unterschied zu Übergangsobjekten sind Übergangsphänomene von nichtmaterieller Art, aber doch wirksam wie die Übergangsobjekte. Es sind z.B. Schlafmelodien, die dem Kleinkind stellvertretend die Anwesenheit der Mutter erlebbar machen. Auf jeden Fall vertritt Wolfhart Pannenberg ein viel spezifischeres Engelverständnis als es die beliebige Austauschbarkeit der Engel im Symbolverständnis Paul Tillichs signalisiert. Es wäre von hier ausgehend weiterzufragen, wie weit die Pneumatologie (Lehre vom Geist) von Überlegungen Donald W. Winnicotts her neue Impulse bekommen könnte. Diese Fragestellung kann aber nicht Gegenstand der vorliegenden Abhandlung sein.

Mit einer zunehmenden Aufgeschlossenheit gegenüber der Frage, «welcher Wirklichkeit die Engel angehören, ob die überlieferten Aussagen über die Engel einen Begriff von Subjektivität und Person gewinnen lassen, der über den auf den individuellen Menschen zentrierten Personbegriff hinausführt», rechnet Michael Welker. Ferner stellt er die Frage: «Was ist charakteristisch für Gottes Offenbarung gerade durch Engel?» Dieser Frage nach der besonderen Wirklichkeit der Engel versucht er mit der Formulierung zu begegnen, sie seien «‹existentiale› Gestalten»: «Ihre Realität ist die des einmaligen Ereignisses». Sie sind keine «natürlichen Geschöpfe» im herkömmlichen Sinn, nicht empirisch fixierbar und reproduzierbar. Durch die Engel findet «eine relative Selbstverendlichung Gottes» statt. Da sie nicht auf Dauer und Wiederholbarkeit abgestellt ist, bestimmen «Verschwinden und Nicht-Wiederkommen» ihr Sein.

Wichtig ist für Michael Welker, was mit der Erscheinung eines Engels einhergeht: «Aufhebung von Grenzen der Verständigung zwischen dem Irdisch-Geschöpflichen und Sensibilisierung für Grenzen und Gefahren, die sich im Irdisch-Geschöpflichen nicht selbstverständlich zu erkennen geben». «Die Augen werden geöffnet – für eine differenziertere und zugleich integrativere Sicht der Wirklichkeit, als sie die gängige natürlich-geschöpfliche Wirklichkeitswahrnehmung ermöglicht, und diese ... Realitätswahrnehmung wird zugleich relativiert».

Dieser letzten Aussage Michael Welkers kann ich, von meiner Sicht der Engel als religiösen Übergangsobjekten und -phänomenen her, uneingeschränkt zustimmen. Für problematischer halte ich die Reduktion der Bedeutung der Engel auf *einmalige* Ereignisse. Zwar treten sie tatsächlich oft nur einmal im Laufe einer individuellen Biographie auf, aber doch längst nicht immer. Ihr Charakter als potentiell dienstbereite «*Hintergrundswesen*», die jederzeit wieder «erscheinen» können, wird hier m.E. sowohl aus psychologischer wie aus theologischer Sicht fälschlicherweise ignoriert. Wenn Michael Welker von einer «Selbstverendlichung Gottes» spricht, so läßt sich dies durchaus in Analogie zu den Abgrenzungen der frühen Mutter verstehen, die nach der symbiotischen Einheit mit dem Säugling zunehmend weniger permanent verfügbar ist. Genau in dieser Situation, in der sie anfängt, für das Kind spürbar, wieder ein Eigenleben zu führen, sich also für das Kind zu «verendlichen», bedarf dieses der Übergangsobjekte. Insofern ist diese theologische Argumentation Michael Welkers auch psychologisch nachvollziehbar.

Die protestantische Theologie des 20. Jahrhunderts vermittelt – trotz der benannten «angelologischen Einspielungen» – alles in allem nicht den Eindruck, die Engel für besonders wichtig oder gar notwendig zu halten. Sobald wir religionspsychologische Einsichten berücksichtigen, können wir aber bei einer so weitgehend desinteressierten Haltung nicht stehenbleiben. Ausgangspunkt meines Interesses, mich ausführlicher mit Engeln zu befassen, war die für mich als Theologin zunehmend befremdliche Beobachtung, daß wir seit einiger Zeit außerhalb oder ganz am Rande der christlichen

Gemeinden eine Art «Engel-Boom» erleben, während zur gleichen Zeit diese Tradition in den Kirchen verlorengeht. Schon vor langer Zeit wurden die Engel, wie Karl Barth es so nett beschreibt, in die «Kinderstube der Theologie» verbannt. Sie wurden von den Theologinnen und Theologen immer weniger ernst genommen. Dies fand seinen unmittelbaren Niederschlag in dem Umstand, daß über Engel nicht mehr gepredigt wurde, daß sie im Konfirmandenunterricht nicht mehr vorkamen und daß Menschen, die trotzdem nach ihnen zu fragen wagten, sich ihre Orientierungshilfen außerhalb der Gemeinden suchten.

Erich Nestler zitiert aus einem Interview mit einer jungen Frau, in dem es um ihre religiöse Entwicklung geht. Sie spricht dort über einen Pfarrer, der im Religionsunterricht auf Engelerfahrungen ehemaliger Gemeindeglieder zu sprechen kommt. Diese gibt er vor der Klasse der Lächerlichkeit preis. Auf Grund dieser Erfahrung wendet sich diese Frau vorerst von der Kirche ab, weil sie sich in ihrem eigenen religiösen Empfinden nicht verstanden und aufgehoben fühlt: «Und er erzählte eines Tages eine ganz lustige Geschichte. Also wir ham damals brüllend gelacht. Und, äh, nach ner Weile find ich sie gar nicht mehr so lustig, aber damals, ich dachte, das ist typisch. ‹Also Leute›, sagte er, ‹als Pfarrer hab ich so einige Sachen erlebt. Es, es ... ihr könnt euch nicht vorstellen, wenn erwachsene Bauern, also gestandene Bauern, wenn die da kommen und sagn: Herr Pfarrer, ich hab heut nacht nen Engel gesehen. Also, da is man von den Socken, was sich die Leute da für nen Quatsch erzählen›. Und da hat er also brüllend gelacht und hat gesagt: ‹So'n Quatsch, Engel und so›».

Auch diese theologische Marginalisierung oder Preisgabe der Engel ist eine Erklärung dafür, daß uns Engel heute gerade in verschiedensten *säkularen* Bereichen begegnen. Hat dieser Ansturm von Engeln, der sich inzwischen als «*lauter Markt*» gebärdet, etwas mit Glauben zu tun? Mit Gott? Oder aber: Welche Fragen stellen Menschen – vielleicht unausgesprochen –, wenn sie von Engeln reden oder Engel «erschaffen»? Welches Erleben meinen sie? Was haben die Engel in der Literatur, Lyrik, Malerei und anderswo mit Gott zu tun? Warum finden viele, zum Teil sehr unseriöse weltanschauliche Angebote, die sich der Engel zu «bemächtigen» versuchen, so große Resonanz?

Der Maler Paul Klee hat in seinem letzten Lebensjahr 1939/40 nach jahrelanger tödlicher Erkrankung Engel zu einem – fast serienmäßig – bevorzugten Thema seiner Malerei gemacht. Sein Sohn Felix ließ Worte auf den Grabstein Paul Klees meißeln, die diesem zeitlebens so etwas wie ein Programm waren und die von dem Menschen Paul Klee viel offenbaren:

> *Diesseitig bin ich gar nicht faßbar*
> *Denn ich wohne grad so gut bei den Toten*
> *wie bei den Ungeborenen*
> *Etwas näher dem Herzen der Schöpfung als üblich*
> *Und noch lange nicht nahe genug.*

Aus diesem Erleben entstanden seine Bilder. Der Text scheint mir etwas von einer ahnungsweise gestellten Gottesfrage zu erfassen, die als solche zwar nicht ganz deutlich wird, die aber Menschen dazu bringen kann, sich mit Engeln zu befassen.

Engel gibt es auch für Menschen, für die es schon lange keinen Himmel mehr gibt. Das gehörte für mich als Theologin zu den spannendsten Beobachtungen. Das ist ein «kulturelles Paradox», wie es Walter Sparn genannt hat. Was meint er damit? «Da gibt es etwas, was es eigentlich nicht (mehr) gibt – jedenfalls ist es höchst wirksam. ... Denn die Engel, die älter sind als die monotheistischen Religionen Judentum, Christentum und Islam, haben auch deren Krisen bislang mühelos überstanden, weil sie sich erfolgreich der dogmatischen Disziplinierung entzogen haben.» Wenn heute wieder zunehmend die Frage nach Engeln auftaucht, so haben wir es keineswegs mit ungebrochener christlicher Tradition zu tun. Nicht Predigt, Seelsorge, Religionsunterricht oder die Theologie haben den Engeln im Leben der Frömmigkeit der Menschen ihren Platz gehalten. Die Engel – wenn auch nie ganz aufgegeben, so doch eher über Jahrzehnte schamhaft an den Rand des Theologietreibens gedrängt – haben in der Gegenwart ihre «Heimstatt» in der Literatur, Lyrik, Bildenden Kunst, Film und Musik gefunden. Das sind all jene Bereiche, die von «Vorstellungen» leben oder diese gestalten. Daneben haben Engel mit ungeahnter Heftigkeit in weltanschaulichen Ausrichtungen, die im weitesten Sinne dem New Age, der Renaissance der Esoterik oder dem modernen Spiritismus zuzuordnen sind, Bedeutung gewonnen. So vielfältig die Beschreibungen oder Darstellungen von Engeln in der Gegenwart sind, so unterschiedlich werden sie benannt: «Schutzengel», «Genius», «kosmisches Bewußtsein» oder «Höheres Selbst» sind

Beispiele für Namen, die zu erfassen suchen, was einerseits wohl noch durch einen kleinsten gemeinsamen Nenner verbunden, andererseits kaum noch in einem Atemzuge benennbar scheint.

Der Vielfalt der Engel in der Gegenwart sind keine Grenzen gesetzt. War ihre Darstellung über Jahrhunderte immerhin so uniform, daß Stilepochen und zeitbedingte Theologie in ihnen ihren unverkennbaren Niederschlag fanden, so sind Engel heute in erster Linie gekennzeichnet durch die je eigene Individualität, die ihnen ihr Gepräge gibt. Heute ist kein Engel wie der andere. Wer heute einen Engel erschafft oder beschreibt, der zeigt etwas sehr Persönliches, fast Intimes von sich selbst. Engel rühren an die ureigene Verletzlichkeit von Menschen. Deshalb bedürfen sie immer einer ganz besonderen Atmosphäre, um Bedeutung gewinnen zu können beziehungsweise «in Erscheinung zu treten».

Hier möchte ich bereits Gesagtes noch einmal *zusammenfassen:* Wenn Menschen Engel erscheinen oder begegnen, dann sind dies eindeutig «besondere Erfahrungen» oder «ungewöhnliche Erfahrungen». Diese sind immer durch eine *Doppeldeutigkeit* oder *Widersprüchlichkeit* gekennzeichnet, die offenbar hingenommen werden muß. Die Frage nach der Art der Wirklichkeit der Engel schwingt fast immer mit, genauso deutlich wird sie aber als unberechtigt oder überflüssig von all denen verworfen, die von persönlichen Engelerlebnissen berichten oder für die es Engel unhinterfragbar gibt. Häufig sind die Menschen, denen Engel begegnen, allein, genauer: allein und doch nicht allein, das ist das *Paradox.* Das gilt nicht nur für Menschen des Alten Testaments und des Neuen Testaments, denen Engel begegneten. Das gilt auch für zeitgenössische Engelerlebnisse, wie zaghaft auch immer sie überhaupt noch mit dem Namen «Engel» benannt werden. Engel «leben» unverkennbar, und sie «überleben» auf eine geradezu frappierende Art und Weise, durch alle Kulturbereiche und - epochen hindurch.

Folgen wir dem «Hinweis» der Engel, so bringen sie uns unmittelbar mit der Frage nach dem, was Leben trägt, nach dem Grund, der Tiefe oder den Ursprüngen unseres Seins – und wir können auch sagen: mit der Gottesfrage – in Berührung. Sie verweisen auf Erfahrungen dieser Art in bilderreicher, sinnlicher Sprache. In heutiger, postmoderner Zeit, in der das Leben immer mehr in Einzelaspekte zerfällt und ein übergeordneter Zusammenhang des Lebens nicht mehr deutlich wird, stellt sich die Frage nach dem Grund und Sinn des Lebens umso drängender, und dies dürfte auch das zeitgenössische immense Interesse an Engeln erklären. Menschen brauchen heute Engel. Das ist nicht zu übersehen oder zu überhören. Das Faszinierende an Donald W. Winnicotts Ausführungen und deren Anwendung auf die Auslegung von Engeln liegt gerade in der Eröffnung einer Interpretationsmöglichkeit mit wechselnden Deutungsperspektiven, die uns die menschliche Grundbedingung erschließt, daß *Selbstwerdung und Gottesbeziehung zwei Sichtweisen der Tiefe unseres Seins* ausmachen und letztlich nicht voneinander zu trennen sind. ... Wo Engel erscheinen, wo Engel erlebt und gestaltet werden, begegnen wir Themen, die mit dem Ergreifen und Zerfallen der dem Menschen Sicherheit vermittelnden Einheit im Sinne eines «Urgrunds» zu tun haben. Diese Themen werden in der frommen Phantasie als «Lehre von den Engeln» abgehandelt und gewinnen im Engelerleben Gestalt.

Situationen, in denen Engel Bedeutung gewinnen, zeichnen sich immer dadurch aus, daß es Extrem- oder Grenzsituationen sind. Sie haben durchweg mit Erfahrungen der Liebe, der sich überraschend öffnenden Zukunft und des Vertrauens, aber auch des Scheiterns von Liebe, des Schmerzes, der Trennung und des Sterbens zu tun. Engel werden also überall dort relevant, wo Menschen mit zentralen Fragen konfrontiert sind, die ihre Existenz, die Welt und Gott betreffen. Es sind Fragen nach dem Ziel unseres Lebens, nach unserer Identität und nach der Wahrheit. Und es sind auch Fragen nach unserem «religiösen Selbst»: Wer sind wir vor Gott?

Donald W. Winnicott hat das Selbst als eine «Kontinuität des Seins» beschrieben. Sie entsteht, wenn der «spontanen Geste» des Kindes, die er als «das wahre Selbst in Aktion» versteht, oft genug empathisch begegnet wird. Das «Selbst in Aktion» braucht also eine bestätigende Antwort seitens der Umwelt. «Übergriffe», die nicht bewältigt werden können, unterbrechen die Prozesse des Selbst. Auch im Leben Erwachsener gibt es solche «Übergriffe» in Form von Schicksalsschlägen unterschiedlichster Art. Auch Erwachsene sind in Krisen, die Entselbstungsprozessen gleichkommen (können), auf eine «haltende Umgebung» angewiesen. Sie brauchen die Erfahrung, daß ihren «spontanen Gesten» adäquat, in selbststärkender Weise begegnet wird. Nur so eröffnen sich – erneut – Wege, das eigene Selbst zu rekonstruieren. In solcher Weise hilfreiche Begegnungen zeichnen sich dadurch aus, daß sie einen Übergangsraum zur Verfügung stellen, in dem diese erneute Selbstfindung gelingen kann. Möglichkeiten des Rückgriffs auf den persönlichen Übergangsraum werden also nie überflüssig, auch wenn er sich ausweitet und verwandelt und sich die Art des Rückgriffs auf ihn ändert.

Die Fragen, die die Systematische Theologie mit der Lehre von den Engeln zu beantworten versucht, scheinen auf den ersten Blick ganz andere zu sein. Bei näherem Hinsehen zeigt sich aber, daß auch die Theologie die Themen behandelt, die aus der Fachdiskussion über Phänomene im Übergangsbereich bekannt sind. Nur tut sie das eben in theologischer Terminologie und – dies ist allerdings sehr auffällig – unter Umgehung jener sehr dunklen Seiten des Lebens, die Rückversicherungen des Selbst im Übergangsbereich immer wieder erforderlich machen. So schreien Literatur, Lyrik und bildende Kunst frech hinaus, was die Theologie schuldig bleibt: daß die «Kinderstube» der Theologie ihre Engel verloren hat, weil sie nicht mit ihnen «erwachsen» wurde in dem Sinne, daß sie die Tragik, die Brüchigkeit und Verletztheit des Lebens nicht in ihr Gebäude einlassen, nicht sehen und nicht wahrhaben wollte. Auch Karl Barth nimmt ausschließlich die bejahende oder einfach Gottes Wirklichkeit vermittelnde Seite der Engel wahr. Die dunklen, abgründigen Aspekte zeitgenössischer Wirklichkeits- und Engelerfahrung, ihr besonderer Zusammenhang mit der Fragilität des Menschseins und ihre Bedeutung als auf Ganzheit und Selbstsein gerichtete Sehnsuchtssymbole tauchen auch bei ihm nicht auf. Insofern ist seine Wiederentdeckung der Engel beziehungsweise ihr Aufspüren innerhalb des Gesamtgebäudes der Theologie ausschließlich in der «Kinderstube» derselben auch ein Dokument der Ausgrenzung des Negativen und Abgründigen aus dem Zentrum des Glaubens.

Das wachsende Interesse so vieler Menschen für Engel, das sich in den letzten Jahren immer weiter herausbildete, stellt einen direkten Reflex auf gegenwärtig erlebbare Bedrohungen des Selbst dar. Die hier, wenn auch nur sehr knapp, vorgestellten systematisch-theologischen Beiträge zur Lehre von den Engeln erfassen jeweils Teilaspekte der Engelerfahrung. Die in anthropologischer Hinsicht grundlegende Dimension der Bewahrung als Grundlage menschlichen Lebens überhaupt und als Erlebnisqualität, die in ganz besonderer Weise mit Engeln in Zusammenhang gebracht wird, findet in der zeitgenössischen Theologie keine Resonanz.

Natürlich läßt sich Theologie auch ohne Engel treiben. Aber was geht ihr dann verloren? Mir scheint, einer Theologie, die die Engel ausklammert, geht genau die Dimension verloren, die einen ureigenen, selbst-orientierten Glauben und dessen Ausprägung in individueller, an persönlichen Vorstellungswelten erprobter Gestalt ermöglicht und theologischer Reflexion zugänglich macht. Das aber bedeutet, die Theologie muß dort, wo sie von den Engeln handelt, die *Bedeutung unserer Phantasie* in ihre Reflexion einbeziehen. Dies betrachte ich als ein wesentliches Ergebnis der vorliegenden Untersuchung zeitgenössischer Engel.

Auch wenn die Themen der theologischen Lehre von den Engeln denen der künstlerischen Gestaltungen grundsätzlich gleichen, so hat sich doch gezeigt, daß die zeitgenössischen Engelgestaltungen von Künstlern insgesamt einen viel direkteren Reflex auf Zeitströmungen und Gegenwartsprobleme darstellen. Die Engel unserer Zeit entstehen fast ausnahmslos aus gebrochenen Situationen heraus und lassen eine den Übergangsraum tragende Macht eher ahnen als ihrer gewiß sein. Auch stellen sie eher mit letzter Unsicherheit die Frage nach Gott als daß sie Gott unmittelbar «dienten». Insofern können wir als ein doppeltes Ergebnis festhalten: die zeitgenössische Engelwelt ist zwar erheblich vielfältiger und individueller gestaltet als die traditionelle, aber sie ist «poröser», weniger tragend, weniger schutzbietend. Wir haben es eher mit *Sehnsuchtsbildern* als mit Gewißheiten zu tun.

Darin sind die Engel ein unmittelbarer Reflex der gegenwärtigen Befindlichkeit der Menschen. Hartmut Heuermann hat in seiner Untersuchung «Medienkultur und Mythen» regressive Tendenzen im Fortschritt der Moderne analysiert. Er zeigt archaische Erfahrungsmuster auf, die wir für geistig tot hielten und die sich mit Macht zurückmelden. Geht es in diesem Zusammenhang auch nicht um Engel, so bestätigt seine zeitkritische Analyse doch sehr überzeugend die Ergebnisse der vorliegenden Untersuchung. Sehr treffsicher skizziert er die «pathologischen Züge der Zeit»: «Primär bedeutsam ist die Tatsache, daß dem gesellschaftlich-zivilisatorischen Problem- und Anpassungsdruck immer weniger Zeitgenossen standzuhalten willens oder imstande sind, so daß Fluchtmanöver sich vervielfältigen und beschleunigen. ... Die Stichwörter Verkehrsinfarkt, Umweltvergiftung, Nuklearkatastrophen, Klimaveränderung, Hochrüstung, Gentechnologie, Apparatemedizin reichen wohl auch aus, um die wichtigsten angstbesetzten Problemfelder zu markieren».

Noch deutlicher und zutreffend ist seine Analyse der psychischen Folgewirkungen dieser Entwicklung. Er beschreibt genau die

Situation, die in den vorangegangenen Kapiteln unter den Stichwörtern «innere und äußere Zerfallsprozesse» benannt wurde und die als die klassische Engelsituation, d.h. die Situation, die der Engel bedarf und die sie hervorruft, bezeichnet werden kann: «Nun macht gerade die Phänomenologie der postmodernen Kultur leicht verständlich, weshalb ihre Angebote von der zeitgenössischen Gesellschaft nicht unterschiedslos willkommen geheißen, vielmehr in weiten Kreisen ignoriert oder abgewehrt werden. Denn die Postmoderne ist – bewußtseins-philosophisch – die konsequente Weiterführung der Spaltung in Richtung auf Zersplitterung.» Diese führt «letztendlich zu einer Situation, wo die Konzepte gleichsam aus ihrer geistigen Verankerung gerissen und beliebig zur Disposition gestellt werden. Kritisch betrachtet, ist Postmodernismus die begriffliche Formel für eine soziokulturelle Lagerung, in der sich Bilder, Informationen und Ideologeme nahezu in dem Maße wuchernd vervielfachen, in dem Gewißheiten und Überzeugungen zerbröselnd schwinden. Wo Welt und Weltgefühl sich aber auflösen in eine Vielzahl von Vorstellungen und Vergegenwärtigungen, die unterschiedslos gültig und sämtlich konkurrenzfähig sind, wo Pluralität zum allgegenwärtigen Begleitumstand geistiger und gesellschaftlicher Erfahrung wird, der den Abschied von sinnstiftenden Systemen erzwingt, hat die Psyche es zunehmend schwer, im Labyrinth pluraler Werte und Weltbilder ihre Integrität zu wahren».

Situationen, in denen die Psyche ihre Integrität nicht mehr bewahren kann, sind Situationen unmittelbarer Bedrohung des Selbst. Hier müssen zu seiner Bewahrung dieselben Mechanismen in Kraft treten, die ursprünglich der Konstituierung des Selbst förderlich waren. So erklärt sich der Rückgriff auf innere Bilder des frühkindlichen Übergangsraumes oder die Notwendigkeit, in die besondere Wirklichkeit des Übergangsraumes einzutauchen. Darin liegen auch die Gründe für die Notwendigkeit eines den Selbstwerdungsprozeß fördernden oder stabilisierenden Übergangsobjekts. Die Engel Rafael Albertis waren ein typisches Beispiel für einen inneren Zerfallsprozeß, der durch äußeren Druck und schicksalhafte Ereignisse ins Rollen kam und den Dichter dazu brachte, seine Engel aus sich herauszusetzen. Sie haben gleichzeitig die Fragmente seines Selbst ansehbar und deutlich gemacht und zusammengehalten. «Zersplitterung der äußeren Wirklichkeit korrespondiert mit Fragmentierung der inneren Erfahrung. Überschreitet der Grad an Unsicherheit eine kritische Grenze im Außen, folgt auf dem Fuße die Gefahr der Wahnhaftigkeit im Innen». So beschreibt das Hartmut Heuermann. Grenzenlose Maximierung der Erfahrungsangebote und immer schnellere Differenzierung der Welt sind Kennzeichen der Gegenwart. Sie führen keineswegs nur zu mehr Freiheit oder noch mehr Glück, sondern immer auch zu einer tiefen Verunsicherung der Menschen, und sie haben Prozesse der Entselbstung zur Folge.

Engel gewinnen vor allem da Bedeutung, wo Menschen in ihrem Selbstwerdungsprozeß vor der Aufgabe der Realitätsbewältigung stehen, sei es aus schicksalhaften Gründen, sei es an den äußeren Endpunkten des Lebens, Geburt und Tod. Engel tauchen dementsprechend auf in Trennungs- und Grenzsituationen. Sie verbinden sich mit einem «Auftrag», der wiederum meistens mit irgendeiner Art verborgener Schutzsymbolik zusammenhängt. Engel helfen Menschen, sich der Realität zu stellen und sie zu bewältigen. Insofern weisen sie immer vorwärts. Engel sind keine Regressionssymbole, die die Menschen in einen symbiotischen, entselbstenden Zustand «zurücklocken» wollen.

Häufig ist es ganz deutlich, daß Engel – theologisch gesprochen – als Boten Gottes so etwas wie seine Stellvertreter sind, Gottes Art, Menschen zu begegnen bei gleichzeitiger Abwesenheit oder Ferne. In den Engeln ist Gott ganz da und doch nicht da. Also bedeutet dies: *Engel sind in gleicher Weise Symbole der Trennung des Menschen von Gott wie der Verbindung zu ihm.*

Manchmal – so scheint es – wird die schützende Bedeutung der Engel von der Mutter «genährt». Das hängt wohl damit zusammen, daß in der frühen Kindheit die Mutter auch die Liebe Gottes repräsentieren kann und Gott umgekehrt in der Mutter dem Kind nahekommt. So wage ich das als Theologin jedenfalls zu sagen. Ohnehin liegt die Bedeutung von Kindheitsengeln in diesem gleichzeitig mütterlichen wie göttlichen tragenden Hintergrund. Engel garantieren, daß das Kind in der Welt, im Kosmos, nicht allein ist, auch wenn es allein ist. Sie stehen für ein Vertrauen, eingebunden zu sein in ein übergreifendes, schutzbietendes Ganzes. Diese Erfahrung macht realitätsfähig!

Engel markieren einen bestimmten Punkt auf dem Entwicklungsweg des Menschen zur Selbstwerdung, wir könnten auch sagen: zur Ganzwerdung. Sie erfüllen ihren Auftrag in einer ähnlichen (nicht gleichen) Weise wie Übergangsobjekte. Das heißt sie wahren die Grenze zwischen dem Ich und dem anderen, indem sie sie zunächst überhaupt als Grenze zu setzen helfen, dann stabilisieren und schließlich deren Verinnerlichung fördern. Auf diesem Wege machen sich die Übergangsobjekte ebenso überflüssig, wie sich die Engel nach Erfüllung ihres Auftrags verflüchtigen oder zurückziehen. Das heißt, sie verschwinden nicht einfach, sondern sie gehen über in eine andere Gestalt.

Bis ins Erwachsenenalter hinein leisten die Übergangsobjekte ihren Dienst, indem der von ihnen markierte Übergangsraum sich immer mehr ausweitet auf die verschiedensten Bereiche der Kultur: Kunst, Religion, Philosophie. Wir leben sehr oft im Übergangsraum oder in diesem dritten Bereich, der ein Zwischenbereich neben Innenwelt und Außenwelt ist. Wo sind wir, wenn wir uns «im siebenten Himmel» befinden oder «in Gedanken schweben»? Engel, die Menschen begegnen, sich ihnen in den Weg stellen oder sie herausfordern, begleiten immer einen wesentlichen Schritt der Selbstwerdung. Wenn sie ihren «Auftrag» erfüllt haben, behalten sie Bedeutung als eine Art «Hintergrundswesen». In Situationen, die es erforderlich machen, können diese jederzeit wieder erscheinen.

Engel, einmal ins Gespräch gebracht – und hier denke ich unter anderem auch an Seelsorgesituationen – sind immer Signale eines sehr tiefen Wunsches, den Prozeß der Selbstwerdung neu in Gang zu bringen oder überhaupt zu eröffnen. Unser Selbst, der Kern unseres Personseins, befindet sich ständig in einer nach vorn ausgerichteten Entwicklung. Wir müssen immer wieder neu herausfinden und gewahrwerden, wer wir sind und werden. Das sind Vorgänge von letzter Bedeutung. Da ist die Dimension angesprochen, in der Menschen auch von Gott reden. Dieser Prozeß der ständigen Selbstinterpretation oder Selbstvergewisserung bedarf der Übergangsobjekte und -phänomene beziehungsweise der Engel, um sich ständig neu der tragenden Macht oder der Tiefe seines Seins zu vergewissern. Diese Entwicklung zur Integration und zur Ganzwerdung wird freilich nie abgeschlossen, sondern behält immer einen für Gottes Wirken in der Zukunft offenen Aspekt. So werden Engel immer erforderlich in Situationen, in denen das *Unterwegssein auf dem Wege der Selbstwerdung* als solches besonders deutlich und akut ist.

Engel haben – ihrem Wesen als religiösen Übergangsobjekten oder -phänomenen entsprechend – ihren Ort genau auf der Grenze zwischen Sprachlosigkeit beziehungsweise Vorsprachlichkeit und

Sprachfindung. Letztere hat sehr unmittelbar etwas zu tun mit der Konturierung eines eigenen Selbst, mit dem Erkennen und Anerkennen des Anderen als Anderem und mit der Setzung von inneren und äußeren Grenzen. Sie haben ihren Ort dort, wo das Kleinkind aufhört, sich nur als einen Teil der Mutter zu erleben. Sprachfindung steht also in der menschlichen Entwicklung an der Stelle, an der wir anfangen, innere Strukturen zu entwickeln, indem wir äußere Strukturen erleben und wahrnehmen. Deshalb begegnen Engel vor allem in zwei Situationen: am Anfang des Lebens zum Zeitpunkt der Struktur- und Sprachfindung und am Ende des Lebens, wo wir mit unserem ganzen Erleben zurückkehren in vorsprachliche, weniger strukturierte Gefilde.

> *Sie reden*
> *die Luft*
> *zwischen den Wörtern,*

heißt es – dezent auf vorsprachliche Kommunikation verweisend – in einem der oben vorgestellten Engelgedichte Peter Härtlings.

Kindliche Verlassenheitsängste beim Schlafengehen haben wir als Erwachsene längst hinter uns gelassen. Wir haben sie vielleicht sogar vergessen. Oder wir sind froh darüber, das Leben heute besser zu verstehen: nach jeder Nacht folgt ein neuer Morgen. Für Kinder kann eine Nacht unvorstellbar lang sein; das Morgen ist nicht automatisch denkbar, es ist zugänglich nur im Vertrauen auf die Erwachsenen, die da sind. Oder: im Vertrauen auf die Stellvertreter der Erwachsenen: die Teddys, Puppen, Bettzipfel oder Schlafmelodien. Und wenn Kinder das Glück haben, irgendwie mit ihnen Bekanntschaft gemacht zu haben, dann auch im Vertrauen auf die Engel, vielleicht sogar die «vierzehn Engel».

Soweit weg diese Erlebnisse auch sein mögen, denken wir auf unserer Lebenslinie weiter in die Zukunft hinein, so kehren sie an einem Punkt wieder: sozusagen vor der Schwelle endgültiger Nacht. Tod: das ist zunächst einmal die Nacht, der nicht – jedenfalls nach dem, was unserem Verstande denkbar ist – der nächste Morgen folgt, wie gut auch immer wir dies einst begriffen haben mögen, als kindliche Einschlafängste allmählich reifender Vernunft und tröstender Anwesenheit von Schutzgebern wichen. An todkranken und sterbenden Patienten erleben wir plötzlich wieder, was kindliche Einschlafängste sind. Ein aidskranker junger Mann sagte mir einmal: «Ich kann doch nie wissen, ob morgen noch ein Tag sein wird, den ich lebendig erlebe». In einem anderen Zusammenhang konnte er aber auch sagen: «HIV ist mein Engel. Ich habe erst durch meine Krankheit gelernt, mein Leben zu ergreifen». In sehr ernsten Lebenssituationen bedarf es in Einzelfällen erst des Anstoßes durch das ganz und gar Andere, den Tod, um den Prozeß der Selbstwerdung (wieder) in Gang zu bringen.

Es macht viel Sinn, daß die Engel so im Leben der Menschen zweimal fast vorhersagbar in den Vordergrund treten können, ihren Auftrag bekommen und uns schließlich über die Grenze am «Abend des Lebens» geleiten müssen. Die Kunstgeschichte bietet Zeugnisse dieser Sehnsucht nach dem «Engel am Abend des Lebens», der so oft als «Todesengel» zur Schreckensfigur verkommt, in seinen Ursprüngen aber wohl als Bote Gottes, im Tod oft des verborgenen Gottes, verstanden werden kann. Er, der Engel, hält Gott in unserem Leben und Sterben seinen Platz.

Ich möchte an dieser Stelle von einer Seelsorgesituation berichten, die mir zu dem Gedicht Peter Härtlings «Haben alle Engel Flügel?» wieder eingefallen ist. Es ging in dem Gedicht ja darum, daß die Engel fliegen können, wenn wir denken, daß sie es können. Eine befreundete Kollegin, eine Pfarrerin, erzählte mir von einem Besuch bei einem todkranken Mann, bei dem sie – so wörtlich – eine «wahrhaftige Engelbegegnung» miterlebt habe. Sie war zum letztenmal bei diesem Mann. Noch ein paar wenige Worte haben sie miteinander gewechselt, dann ging er fort von seinen Worten, ganz nach innen, und verfolgte mit den Augen eine Spur von der Tür durch das halbe Zimmer herum zum Fenster, schaute dort hinaus, legte seinen Kopf zur Seite – und starb in diesem Augenblick.

Für meine Kollegin gab es keinen Zweifel, daß dieser Mann seinem Todesengel begegnet war. Sie hat ihrerseits in dieser Situation an Engel gedacht. *Engel sind in dem Moment da, wo wir an sie denken.* Die Verschränkung von etwas, das von außen an uns herankommt – und sei es der Tod! – und unseren eigenen Gedanken und unserem Erleben schafft eine besondere Art der Wirklichkeit, die sich nur auf eine Art und Weise mitteilt, die den Gesetzen des «intermediären Raumes» folgt, den Gesetzen einer paradoxen Wirklichkeit. Dies ist auch die Wirklichkeit der Engel, eben die Wirklichkeit, in der Gott für Menschen spürbar und wahrnehmbar Gestalt annimmt und behält.

Sterbende Menschen verlieren schrittweise ihre innere Struktur. Vieles wird unwichtig. Oft verlieren sie in einem langen und mühevollen Prozeß auch einen Teil ihrer Sprache; sie wird einfacher, schlichter, undifferenzierter. Hier helfen die Engel, loszulassen, was einst zum Leben befähigt hat, innere und äußere Ordnung aufzugeben und sich auf eine andere, höhere Ordnung zu verlassen. Peter Härtling hat auch hierzu das oben zitierte Gedicht «Aus dem Gedächtnis» verfaßt (vgl. S. 65).

Engel sind der sinnliche Ausdruck von Glauben, mit Worten Friedrich Schleiermachers: eine «*Versinnlichung der Vorstellung von höherer Bewahrung*». Sie sind auf der Ebene von Vorstellungen «*Materialisierungen von guten Erfahrungen*». Da der Mensch aber nicht über sie verfügen kann, gibt es – auf der Ebene der Auseinandersetzung – bisweilen auch strafende und böse Engel, gestürzte Engel oder Teufel. So repräsentieren sie auch die frühe Auseinandersetzung zwischen Gut und Böse. Sie wehren sozusagen dem Zugriff auf den Grund des Lebens und auf die Unterscheidung von Gut und Böse. Wir haben nicht den Zugriff auf das, was unser Leben trägt, und auch nicht auf Gut und Böse. Wir haben immer nur einen mittelbaren Zugang dazu. Engel sind die Wesen, die die Kommunikation zwischen dem Menschen und seinem Urgrund herstellen. Dabei werden sie durchaus auch vom Menschen gestaltet, aber nicht ausschließlich (sonst würde es sich anstelle von Engeln um Fetische handeln, über die der Mensch die volle und alleinige Gewalt hat). Sie verweisen immer auf eine Dimension der Wirklichkeit jenseits des Faktischen, auf eine Dimension, die auf Gott verweist. Dies geschieht – wenn auch oft in einem sehr verborgenen Sinn – selbst bei Engeln aus ganz «säkularen» Kontexten. Wir können auch sagen, sie verweisen auf die existentielle Grundfrage: Wir sind getrennt von Gott oder vom Ursprung unseres Seins; und wir haben doch gleichzeitig gute, tragende, schützende und bewahrende Erfahrungen. Diese finden als Phänomene ursprünglich sehr frühen Erlebens Sprache in der Lehre von den Engeln.

Immer kennzeichnet das Engelerleben ein ganz eigenes atmosphärisches Element. Die Menschen, denen sie begegnen oder für die sie Bedeutung gewinnen, geraten in Verwunderung: andächtig fromm bis ironisch-komisch, aber dieses Element ist da. Sie werden in großes Erstaunen – manchmal an der Grenze zur Furcht – versetzt. Dieser außergewöhnliche Zustand ist durch eine große Dichte des Erlebens gekennzeichnet, ein inniges Vertieftsein, einen Zustand von gleichermaßen Nähe wie Zurückgezogenheit. Das ist dem inneren Zustand eines sich sicher fühlenden, hingegeben und mit hoher Konzentration vor sich hin spielenden Kindes vergleichbar. Menschen, für die Engel Bedeutung gewinnen, sind ganz bei sich. Sie sind in besonderer Weise sie selbst oder sind dabei, mehr sie selbst zu werden. Theologie und Psychologie wissen beide etwas von den Versuchen des Menschen, mit dem Verlust der Ursprungseinheit oder dem Verlust der Gottesbeziehung fertigzuwerden. In den vorliegenden Ausführungen ging es primär darum, aufzuzeigen, wie die Theologie in diesem Zusammenhang Phänomene reflektiert, die die Psychologie beziehungsweise die Psychoanalyse zwischenmenschlich auszusagen versuchen. Wir können an den Engeln besonders gut erkennen, daß die Psychologie hier etwas *nach*-denkt, was die Religion schon lange gewußt hat, nämlich: wie sich das Selbst gründet und wie es zusammengehalten wird. *Jede Aussage über Engel ist beides: eine Aussage über unsere Gottesbeziehung und unsere Beziehung zu uns selbst.*

Allerdings machen nicht alle Engel, die gestaltet und erlebt worden sind, auf Anhieb deutlich, wie weitgehend sie Materialisierungen von guten Erfahrungen sind. Viele erscheinen eher als letzte Erinnerungsreste daran. Oder es sind Sehnsuchtssymbole, die sich auf gute Erfahrungen richten. Aber wie vielfältig die Engel auch erscheinen mögen, in keinem Fall könnten sie aussagen, was sie aussagen, wenn ihre tiefste und eigentliche Bedeutung nicht die wäre, die wir aus den Ursprüngen des Übergangsraumes im frühkindlichen Erleben kennen. Sie sind in ihrer tiefsten Bedeutungsschicht *Materialisierungen von Erfahrungen einer tragenden und haltenden Macht, sei sie Mutter oder Gottheit.* In diesem Sinne können wir dann wirklich sagen: Ja, wir brauchen die Engel. Wir brauchen Engel, weil durch sie Gottes Geheimnis auf Erden Raum haben kann.

ANHANG: KINDERBÜCHER ÜBER ENGEL

Die hier vorgestellten Kinder- und Jugendbücher stehen beispielhaft für die vielfältigen Möglichkeiten, mit Kindern über Engel zu reden. Der Natur der Sache entsprechend haben die Autorinnen und Autoren sich ganz unterschiedlicher Bilder, Geschichten und Erklärungsmodelle bedient. Ich möchte davon absehen, einzelne Bücher als «brauchbar» oder «unbrauchbar» zu bewerten. Dies sei den Leserinnen und Lesern überlassen. Wohl aber soll aufgezeigt werden, wie weit die jeweilige Sicht der Engel das kreative Zusammenspiel von Phantasie und Wirklichkeit im Bereich des Glaubens eröffnet, oder ob sie vielmehr solche Wege verschließt. Letzteres ließe dann pädagogische und theologische Zurückhaltung gebotenen sein.

Ich stelle hier Bücher für verschiedene Altersstufen vor: A. Bilderbücher für Kleinkinder; B. Kinderbücher; C. Jugendbücher. Dabei wird deutlich, daß die Engel «mitwachsen». Die Engel der Sechzehnjährigen sind nicht mehr die der Kleinkinder. Sie stehen für andere Konflikte, für andere Wege der Konfliktbewältigung und für ein anderes Schutzverständnis und -bedürfnis. Sie stehen normalerweise auch für unterschiedliche Stadien des Selbstwerdungsprozesses. Die Engelbücher für ältere Kinder enthalten zum größeren Teil auch anthropologische und theologische Grundaussagen, die im Horizont der Kleinkinder noch keinerlei Bedeutung haben.

A   Bilderbücher für Kleinkinder

1. *Anna Höglund (in Zusammenarbeit mit Otto, 3 Jahre alt):* Am Anfang war es dunkel. Aus dem Schwedischen von Angelika Kutsch. Hamburg 1991 (Carlsen Verlag GmbH), 50 Seiten.

Dieses Bilderbuch für Kleinkinder ist eine Gutenachtgeschichte. Am Anfang ist alles dunkel: ein schwarz bewölkter Himmel. Irgendwann «kommt», in einzelnen Schritten, die Welt. Jedem Schritt ist ein Bild gewidmet: die Erde – der Mond – der Morgen mit der Sonne. Und dann erscheint «ein kleiner dicker Mann». Was dieser auf der Erde erlebt, bestimmt die nächsten, jeweils durch ein Bild vertretenen Schritte: Regen kommt – da braucht der Mann einen Schirm – und ein Schiff – dann kommt der Wind – danach kommt der Mann zu einer Insel – dort wohnt ein mächtiger Baum – da nimmt der Mann einen Stock – «Hilfe!» schreit der Baum – «Entschuldigung!» sagt der Mann. Auf der Insel gibt es eine Eisbude und einen Baum, das Meer und einen Stock. Dort baut sich der kleine dicke Mann ein Schloß. Und er findet einen Freund. Der heißt Erikson.

Erikson ist ein Engel. Auf leuchtend rotem Untergrund kommt er mit zwei Eistüten in beiden Händen angeflogen. Da sitzen der Mann und der Engel dann zusammen unter dem Baum und genießen ihr Eis. Der Baumstamm hat ein Gesicht, das dem des kleinen Mannes und dem des Engels sehr ähnlich ist. Überhaupt ist alles sehr «verwandt» dargestellt, der Engel wie ein verwandeltes Spiegelbild des kleinen Mannes. Schließlich wird es Abend. Erikson fliegt «nach Hause». Der Mann macht die Lampe aus. Da kommt der Schlaf. Und der Mann träumt, bis es wieder Morgen wird. Nun wird die kleine Insel mit dem Baum und der Eisbude wieder sichtbar und erscheint in neuem Sonnenglanz.

2. *Dominique Falda:* Der Engel und das Kind. Eine leise Begebenheit in zwölf Szenen. Aus dem Französischen von Anne Frère. Zürich / Hamburg / Salzburg 1995 (Nord-Süd-Verlag), 24 Seiten.

Ein kleiner Engel mit kurzem Struppelhaar, auf einer Concertina musizierend, sitzt auf einer Wolke, während ein Vogel auf seinem Kopf herumhüpft. Und es heißt dazu: Engel sind ewig. Der kleine Engel lernt zu musizieren. Dafür hat er viel Zeit, und der kleine Vogel begleitet ihn. Wenn so ein kleiner Engel dann auf die Erde kommt, sieht ihn niemand, selbst wenn er auf einer Concertina spielt und von einem kleinen Vogel begleitet wird. In mehreren Bildern wird deutlich: ein Engel geht vorbei und keiner sieht ihn. Auch als er ein Bäumchen gepflanzt hat, bemerkt das niemand.

Die Nähe der Engel zu den Kindern ist das zentrale Thema des Buches: Ein Kind, dem kleinen Engel sehr ähnlich, nur ohne Flügel, entdeckt den Baum mitten auf dem Platz. Es entdeckt auch die grüne Gießkanne, die der Engel dort gelassen hat, und es hört ein leises Flüstern: «Jeden Tag eine Kanne Wasser, und dies, solange du lebst». Und das Kind weiß: «Das ist nicht schwer. Ich habe Zeit, hab alle Zeit» – ein Refrain, der anfangs schon aus dem Munde des Engels kam. Irgendwann schläft das Kind, und der Engel behütet seinen Schlaf und möchte das Kind mit einem Geschenk überraschen. So geht er in den Wald und spricht mit den Vögeln. Die Vögel sind in diesem Buch ganz wichtig: «Wenn alle Vögel singen, hört man die Weise von der Erde, vom Himmel, von Wind und Sternen, von Nacht und Leben. Wenn alle Vögel singen, dann ist's die Welt, die singt, die sich regt und bebt und lebt ...»

Schließlich muß der Engel gehen – für mindestens «hundert Jahre». Er schenkt dem Kind ein Geheimnis in einem versiegelten Brief. «Es ist ein Geheimnis, das wir Engel mit den Vögeln teilen. Wenn du traurig bist, wenn dir das Herz schwer wird und du nicht mehr lächeln magst, dann öffne den Umschlag und denk an mich und denk an die Vögel!» Hier folgt die vorletzte Szene des Buches. Unter dem Baum sitzt das Kind und fühlt sich allein. Ihm kommen die Tränen, und da öffnet es schnell den Brief. Der Engel hat ihm eine kleine Feder als «Zeichen» zurückgelassen. Niemand sieht es, als das Kind damit seine Nasenspitze kitzelt. Aber die letzte Szene zeigt, wie der Engel und alles, was das Kind mit ihm erlebt hat, das Vogelkonzert und das Lächeln, auf ganz eigene Weise präsent bleiben und eine eigene Wirklichkeit im Leben des Kindes begründen: «Unter einem Baum sitzt ein Kind und hört von ferne eine leise Weise. Es schaut, lauscht und lächelt».

3. *Eva M. Spaeth / Marlene Reidel:* Die Reise des kleinen Engels. Eching bei München 1988 (Sellier Verlag GmbH), 19 Seiten.

Weil gerade der Mond auf seinem Wolkenesel vorbeireitet und laut i–aah schreit, wird ein kleiner Weihnachtsengel im Himmel wach. Eigentlich kehren die kleinen Engel nach Weihnachten in den Himmel zurück, um dort in ihren Wolkenbetten zu schlafen, bis wieder Weihnachten ist. Nun nimmt ein Sturmwind diesen einen kleinen Engel mit hinunter zur Erde, obwohl die Feiertage gerade erst vorbei sind. So erlebt der kleine Engel ein ganzes Jahr auf der Erde: das Wintervergnügen auf einem Schlitten, das Frühjahr und die ersten Blumen, eine Hochzeit, den Sommer und die Ferien der Kinder, die kleinen Tierkinder, mit denen er spielen kann, den Herbst mit den sich verfärbenden Blättern und den Laternenumzügen. Dann ist wieder Winter – Advent. «Da tippt jemand dem Englein auf die Schulter: Da bist du ja, du Herumtreiber! Es ist der heilige Nikolaus. Komm, sagt er, im Himmel braucht man dich jetzt! Steig in meinen Sack, er ist schon leer. Und während der Nikolaus himmelwärts stapft, erzählt ihm das Engelchen, was es alles gesehen hat in diesem Jahr auf der Erde».

4. *Nathan Zimelman / Anette Bley:* Melwins Stern. Eine weihnachtliche Geschichte. Aus dem Amerikanischen ins Deutsche übertragen von Hans Georg Lenzen. München 1994 (arsEdition), 25 Seiten.

Der kleine unbedeutende Engel Melwin steht im Mittelpunkt dieser Weihnachtsgeschichte. Mit einem winzigen Eimer und Besen putzt er den Himmel rein, wann immer ein kleines Stäubchen auftaucht – was nur selten geschieht. Am liebsten wäre Melwin Sternputzer. Aber immer, wenn Sternputzerstellen im Himmel frei werden, stellt es sich heraus, daß Melwin für die Schrubber und Putztücher viel zu klein ist. Trotzdem: eines Tages ist er der erste und einzige Engel, der sich auf eine Sternputzerstelle bewirbt. Und der «Engel vom Dienst» schickt ihn los zu seinem Stern, dem neuen Arbeitsplatz.

Tatsächlich ist Melwins Stern «sehr, sehr klein» und glänzt nur matt. Deshalb haben alle anderen diese Arbeit abgelehnt. Aber er ist alles, was Melwin sich je gewünscht hatte. Mit Leidenschaft und Eifer putzt Melwin seinen Stern und kann sich kaum von ihm trennen, immer und immer wieder wischt er mit dem Ärmel noch einmal darüber, bis der

Stern «ganz allmählich, nach und nach, viele Tage, viele Jahre, vielleicht sogar zweitausend Jahre später», anfängt zu glänzen. Der Himmelsstrich, in dem der kleine Stern sich befindet, wird allmählich heller.

Und eines Tages erfährt Melwin zufällig von einem Stern-Wettbewerb und nimmt teil. Ein Sternputzer nach dem anderen zieht an Gott vorbei, kein Stern ist der richtige. Nicht einmal der Erzengel Gabriel, der jeden Wettbewerb gewinnt, hat Erfolg. Denn Gott sieht an ihm vorbei. Er sieht Melwin da stehen und warten, und er sagt: «Komm, Melwin. Zeig mir deinen Stern». Und dann nickt Gott und lächelt und sagt: Du hast es verstanden, Melwin. Das ist der richtige Stern». Gott zieht mit Melwin los und zeigt ihm schließlich ein dunkles, weites Wolkenloch: «Stell ihn hierher, Melwin.» Und dann findet Gott, während er zusammen mit Melwin herunterschaut: «Wie gut er dahin paßt. ... Sein Licht macht alles froh, was er bescheint. Sieh nur, Melwin. Sieh nur». Melwin gibt seinem Stern noch einen letzten Wischer mit dem Ärmel. Und dann, während der Stern noch strahlender und heller aufleuchtet, sieht er hinab – auf die kleine Stadt Bethlehem.

Bewertung: In dem Buch «*Am Anfang war es dunkel*» von Anna Höglund hütet der Engel Erikson den Übergang zwischen Tag und Nacht, Nacht und Tag. Er ist Garant gegen die Angst vor Dunkelheit und gegen Einsamkeit. Er sorgt für orale Befriedigung, indem er Eis vom Himmel bringt, und bewahrt so vor Einschlafängsten. Insgesamt garantiert er den gewohnten Tagesrhythmus, indem er alle Tagesübergänge begleitet. Phantasie und Realität werden in einem Wechselspiel angeboten. Das betrachtende Kind kann spüren, daß hier Tag und Traum, Realität und Phantasie als zwei Wirklichkeiten nebeneinander und ineinander spielen, einander gegenseitig bedingen und prägen. Das schauende und mitgehende Kind kann so eine Sicherheit des Übergangs von einer Wirklichkeit in die andere gewinnen. Es kann sich mit Hilfe eines solchen Buches den Übergangsraum, der die Einschlafphase bestimmt, als vertrauten inneren Ruheplatz leichter aneignen.

In «*Der Engel und das Kind*» von Dominique Falda ist die Unsichtbarkeit der Engel geradeso wie ihre Nähe zu Kindern zentrales Thema. Engel und Kinder verbindet ein Geheimnis, das sich bisweilen in der Weltoffenheit der Kinder, in ihrem Lachen, offenbart. Insofern ist ihre Welteinstellung tatsächlich noch «engelhaft», sie haben die Kraft des Entdeckens, und sie sind fähig, im leisen Flüstern die Engel zu vernehmen, von denen wir nur «leise reden» können. Was Engel und Kinder verbindet, ist die Zeit, die sie haben – viel Zeit. Und sie haben sich einen unmittelbaren Zugang zur Schöpfung erhalten. Deren Sprache, hier symbolisiert im Gezwitscher der Vögel, ist ihnen vertraut. Das ist die Übergangsprache, die in die Lage versetzt, die Dinge und das Vorfindliche aus der Kraft der eigenen Phantasie heraus so zu beleben, daß dies einer eigenen Schöpfung gleichkommt. Dieses Buch thematisiert auf zarte und liebevolle Weise, wie Kinder noch den Zugang zu den Engeln und ihrer Wirklichkeit haben: durch schauen, lauschen, lächeln. Es zeugt von einer tiefen Verwandtschaft zwischen Kindern und Engeln.

Die größte Selbstverständlichkeit ihres Daseins genießen Engel für Kinder wie Erwachsene zu Weihnachten. Insofern sind viele Kinderbücher über Engel gleichzeitig Weihnachtsbücher. Das Buch «*Die Reise des kleinen Engels*» von Eva M. Spaeth und Marlene Reidel durchbricht diese Selbstverständlichkeit auf interessante Weise. Es verdeutlicht, daß Engel das ganze Jahr über Bedeutung haben. Dieses Buch lädt gezielt ein zum Kennenlernen des Jahresrhythmus. Und gleichzeitig vermittelt es: Überall kann ein kleiner Engel anwesend sein. Auch dieses Buch unterstützt so die Schaffung einer Übergangswelt. Und es hilft, Abschied und Neuanfang im Wechsel der Jahreszeiten zu erleben in einer Kontinuität, die die Identifikation mit dem kleinen Engel nahelegt. Weihnachten ist hier zwar immer noch der Höhepunkt des Jahreskreises, an dem die Engel auf die Erde kommen. Aber diese Engführung wird durchbrochen: immer ist «Engel-Zeit», durch alle Jahreszeiten hindurch. Die Engel verschwinden nicht einfach nach Weihnachten. Sie verschwinden überhaupt nicht, das dürfte für Kinder die entscheidende Botschaft dieses sehr liebevoll bebilderten Büchleins sein.

In «*Melwins Stern*» von Nathan Zimelman und Annette Bley dreht sich alles um den Engel Melwin. Sein Berufswunsch «Sternputzer», die Kleinheit, das Zurückschrecken vor dem Können der Großen, der Eifer angesichts der eigenen Aufgabe bestimmen dieses Buch. Das alles kennen Kinder von sich. Über dieses Identifikationsangebot wird vor allem eine zentrale Aussage dieses Buches getroffen: Weihnachten wird zum Fest der Kinder, einem Fest ihrer «Größenordnung». So wird zwischen Gott und Kind vermittelt: Gott entscheidet sich für die Kleinen. In diesem Buch ist Gott zu allererst ein Gott der Kinder, der ihr Dasein, ihre Begabungen und Bemühungen in besonderer Weise anerkennt.

Zusammenfassung: In Bilderbüchern für Kleinkinder werden zentrale Themen dieser Altersgruppe (3–6 Jahre) angesprochen. Engel sind zunächst *Garanten der Zeitstruktur*, bieten also Orientierung und Übergangshilfe im Tagesrhythmus («Am Anfang war es dunkel»), im Jahresrhythmus («Die Reise des kleinen Engels») und in der Weltzeit («Melwins Stern»). Engel sind ferner *Garanten für emotionale Rückversicherung*. Sie lösen gute, tröstende Erlebnisse aus («schauen, lauschen, lächeln»), sichern den Geheimnischarakter der Kinderwelt und ein vertrautes Verhältnis zur ganzen Schöpfung («Wenn alle Vögel singen, hört man die Weise von der Erde, vom Himmel, von Wind und Sternen, von Nacht und Leben ...»). In diesen Bilderbüchern werden Engel wie Kinder dargestellt. Sie sind also nicht nur Vermittler einer ganz *eigenen Wirklichkeit*, sondern auch *Identifikationsangebote*. So kann ein Engel ein Eis bringen und selber Eis genießen. Er gleicht der kindlichen

Hauptfigur des Buches. Er kann kurzes Struppelhaar haben, er kann ein kleiner «Herumtreiber» sein oder als «kleiner unbedeutender Engel» bezeichnet werden. Und schließlich müssen auch Engel etwas lernen. Das Eingebundensein in eine besondere Kinderwelt und zugleich die ersten eigenen Schritte aus dieser heraus zu eigenen selbst-orientierten Erfahrungen bestimmen also vorrangig die Inhalte der Engelbücher für diese Altersgruppe.

B Kinderbücher

1. *Hilda Herklotz:* Die Erdenreise des kleinen Engels. 9. Aufl., Stuttgart 1990, 30 Seiten.

Zentrales Thema dieses Bilderbuches mit anthroposophischem Hintergrund ist die Entstehung der Welt aus der Sicht eines kleinen Engels, der schon vor der Schöpfung da war. Er hat alles gesehen, was es im Himmel gibt. Da guckt er durch die Wolken und hält Ausschau, was sonst noch zu erkunden ist. «Das große Dunkle da unten, das ist die Welt», sagt ihm ein größerer Engel. Der kleine Engel möchte hinunter, aber er wird zurückgehalten: «Die Welt ist noch dunkel und leer, und du wärest da ganz allein». Nun wird die Entstehung der Welt in Farben geschildert. Zuerst kommt das Rot und das Gelb; und das Bild zum Text zeigt eine große rote Sonne. Aber hinunter kann der Engel noch nicht: «Warte noch ein Weilchen, es ist noch zu früh», heißt es.

Das Gelb fliegt hinein in die Welt, und das Blau hilft dem Rot, sie einzuhüllen. Das Bild zeigt Himmel und Erde. Aber: «es ist noch zu früh». Da zieht auch das Blau in die Welt hinein, und als es auf das Gelb trifft, entsteht das Meer. Das ganze Meer hat in dem Rot Platz. Wir sehen auf dem Bild Muscheln, Fische und Quallen im Meer, aber: «es ist noch zu früh». Da verwandelt sich das Rot in einen Vogel, der fliegt hinein in die Welt und über das große Wasser hinweg, in dem nun Fische schwimmen. Aber: «es ist noch zu früh». Nun kommen immer mehr Vögel in die Welt, fliegen spielend durch die Luft, der Sonne entgegen. Gerne würde der kleine Engel mitspielen. Aber: «es ist noch zu früh». Immer mehr Tiere kommen, deren Bild sich immer bunter gestaltet. Und schließlich spannen alle Farben einen großen Bogen über die ganze Welt. Auf der Erde stehen nun große Bäume, und kein Tier fehlt mehr. Ein wunderschöner Regenbogen umrahmt alles.

«Kann ich jetzt hinunter?» drängt der kleine Engel. Und diesmal sagt der größere Engel: «Ja, jetzt darfst du hinunter. Aber du kannst kein Engel bleiben, sondern mußt ein Menschenkind werden, wenn du auf die Welt kommen willst. Gib mir deine Flügel, ich hebe sie dir auf, bis du wiederkommst». Da betritt der kleine Engel den Regenbogen, der sich wie eine farbige Brücke zwischen Himmel und Erde spannt, und wandert langsam der Erde zu. Unterdessen gibt es Geflüster unter den Tieren, auf der Erde werde bald ein Wunder geschehen. Die Tiere benachrichtigen sich gegenseitig: die Eidechse den Elephanten, ein bunter Vogel den Löwen, die Fliegen summen es der Kuh in die Ohren, der Rabe ruft es dem Reh, dem Hirsch und dem Fuchs im Wald zu, und der Wind bläst es den Pferden in die Ohren: «Lauf schnell, dann wirst du ein Wunder erleben!» Am Abend treffen sich alle Tiere im Wald. Nun sehen sie das Wunder: das Kind, das über die leuchtende Brücke gekommen ist. Sie umringen es voller Freude, denn jetzt erst ist die Welt fertig, und alle sind glücklich und zufrieden.

2. *Angela Sommer-Bodenburg / The Tjong Khing:* Julia bei den Lebenslichtern, München 1989 (C. Bertelsmann), 29 Seiten.

Julia, die Hauptakteurin dieses Buches, versucht auf eigene Faust, sich der Realität des Todes anzunähern, und ihr kommen dabei Phantasien zu Hilfe. Die Großmutter, die sich immer um sie gekümmert hat, sagt nichts mehr und antwortet nicht mehr. Sie sieht anders und fremd aus. Später erklärt die Mutter, daß die Oma tot ist – «für immer eingeschlafen». Sie versucht, Julia zu erklären, was das bedeutet. Zur Beerdigung darf Julia nicht mitkommen, die Mutter meint, die sei «viel zu traurig für ein Kind». Julia bekommt mehr und mehr das Gefühl, ihre Mama verstehe nichts vom Traurigsein, da sie alle Fragen der Tochter abwehrt. «Jetzt nicht, Julia, bitte!» – Als Julia allein in der Wohnung ist, geht sie in Omas Zimmer und träumt von ihr, und dabei kommt ihr die Idee, Omas Grab zu besuchen. Während Julia am Grab die Texte auf den Kranzschleifen liest, fängt sie an, mit der Oma zu reden. Das Rascheln der Blätter vermischt sich mit Gedanken an das Streicheln der Oma – als hätten die Blätter «eine Botschaft für Julia».
Die Zweige über dem Grab teilen sich, und eine Gestalt tritt heraus: ein Kind mit einem blassen, fast durchsichtigen Gesicht. Es ist ein Kind wie ein Engel. Der Text läßt die Frage offen, wer das ist. Das engelhafte Kind summt das Lied aus Omas Spieldose, und es verspricht Julia, ihr zu zeigen, daß die Oma trotz allem immer noch bei ihr ist. Julia schließt die Augen und hört Omas Lied. Jetzt ist Julia in ihrer Phantasiewelt. Das Kind bringt sie zum «See der Lebenslichter» und erklärt: Jedes Licht auf dem See ist ein Menschenleben. Wenn ein Mensch sterben muß, stirbt auch sein Licht. Aber: «Solange du sie liebst, wird ihr Lebenslicht nicht untergehen. Wenn niemand mehr da ist, der deine Oma liebt – dann sinkt ihr Licht auf den Grund des Sees. Und aus den Lichtern, die dort unten ruhen, werden eines Tages neue Lebenslichter». Das Kind deutet auch an, daß es Julia erst zu ihrer Oma bringen kann, wenn auch ihr eigenes Lebenslicht erloschen ist.
«Dann bist du der Tod?» fragt Julia, und unbestimmt antwortet das Kind: «Ich habe viele Namen. ... Ich komme in vielerlei Gestalt zu den Menschen.» «Vor dir brauche ich keine Angst zu haben» sagt Julia. Und

bald darauf hört sie wieder Omas Melodie. Sie öffnet die Augen und ist wieder allein – und wieder in der Realität. «Ich weiß jetzt, daß du noch immer bei mir bist», sagt sie leise und geht.

3. *Maurice Druon:* Tistou mit den grünen Daumen. Mit Zeichnungen von Jacqueline Duhème. 16. Aufl., München 1991, 144 Seiten.

Tistou ist ein besonderer Junge. Was er berührt, fängt an zu grünen und zu blühen, er hat «grüne Daumen». Das hat er mit Hilfe des alten Gärtners Schnurrebarbe erkannt, den Tistous Eltern beauftragt haben, ihrem Jungen Unterricht in Gartenkunde zu geben. Der alte Gärtner, der Tistous Freund wird, gibt ihm einen Rat: «Behalt es für dich und gib acht, daß es unser Geheimnis bleibt». Nur seinem Pony wagt Tistou es anzuvertrauen.

Aber die neu entdeckte Fähigkeit treibt ihn um: Wie wäre es, wenn er den Gefangenen im Gefängnis ein paar Blumen wachsen ließe? Sollte er nicht das Elendsquartier der Stadt in eine blühende Vorstadt verwandeln? Vielleicht würde ein schwerkrankes Mädchen gesund, wenn er sein Zimmer mit Blumen zuwachsen ließe? Heimlich führt er seine Pläne aus und bewirkt Wunder, die sich niemand außer dem Gärtner Schnurrebarbe erklären kann.

Als ein Krieg ausbricht, erfährt Tistou, daß in der Fabrik seines Vaters Waffen, Kanonen und Munition hergestellt werden. Beide kriegführenden Seiten kaufen ihre Waffen bei «Monsieur Papa». Gegen so viel Unsinn entwickelt Tistou seine «großartige Idee». Über Nacht haben daraufhin kletternde, kriechende und rankende Pflanzen in sämtlichen Waffenbehältern Wurzel gefaßt. Aus den Kanonen fliegen nur noch Blumen. Der Krieg kann nicht stattfinden. Eine peinliche Sache für «Monsieur Papa». Niemand will mehr mit ihm Geschäfte machen. Und da gesteht Tistou: «Das war ich, mit den Blumen im Barackenviertel. Und die Sache mit dem Gefängnis, das war ich auch. Und das Blumenzimmer für das kranke Mädchen habe ich gemacht.» Die Erwachsenen ändern sich. Es gibt keine Waffenfabrik mehr.

Trotzdem erfahren wir am Schluß des Buches, daß niemand Tistou je völlig gekannt und verstanden hat. Als der Gärtner Schnurrebarbe stirbt, muß Tistou das Geheimnis des Todes kennenlernen: Der Krieg liefert nur mehr Todesmöglichkeiten als der Frieden. Schnurrebarbe ist tot, weil er schon sehr alt war. Jedes Leben geht zu Ende. Keine noch so schöne Blume auf dem Grab weckt Schnurrebarbe wieder auf. Und Tistou erkennt: Der Tod macht sich nichts aus Rätseln – *er* ist es, der *uns* Rätsel aufgibt. Und das Pony Turner weiß anzumerken: «du hast entdeckt, daß der Tod das einzige Übel ist, gegen das man sich sogar mit Blumen nicht wehren kann».

Da läßt Tistou eine Blumenleiter wachsen, zwei riesige Bäume, zwischen denen Blumen ranken, immer höher. Und eines Tages steigt er hinauf. Immer höher. Die Leiter ist zu Ende, aber er steigt weiter und weiter, ohne Anstrengung und ohne müde zu werden. Ein großer Flügel streift ihn, eine große weiße Wolke. Und irgendwann hört Tistou eine Stimme, die an Schnurrebarbe erinnert: «Ah, da bist du ja». Und damit verschwindet Tistou für immer «in eine Welt, von der nicht einmal die Geschichtenschreiber etwas wissen». Am nächsten Tag steht im Gras in goldgelben Butterblumen zu lesen: *Tistou war ein Engel.*

Bewertung: Der Engel in dem Buch «*Die Erdenreise des kleinen Engels*» von Hilda Herklotz ist kein (religiöses) Übergangsobjekt oder -phänomen, sondern eine vorgeburtliche Existenzweise des Menschen. Erst mit der Erschaffung des Menschen ist die Schöpfung fertig. Jeder Mensch ist jenseits seiner irdischen Gestalt auch ein Engel. Die Geburt, als die Ankunft des Menschen und damit jedes Menschen auf der Erde wird als Wunder verstanden, das von der ganzen Schöpfung als solches wahrgenommen wird. Dies alles entspricht anthroposophischer Denkweise. Für Kinder, die nicht in dieser Denktradition aufgewachsen sind, wird es schwierig sein, Inhalte dieses Buches nachzuvollziehen. Allerdings ist die Vorstellung, verstorbene Kinder würden nach dem Tod zu Engeln, auch in protestantischen Kreisen weit verbreitet.

«*Julia bei den Lebenslichtern*» von Angela Sommer-Bodenburg und The Tjong Khing gehört zu den Kinderbüchern über den Tod, wie sie seit den siebziger Jahren immer häufiger erscheinen. Nachdem die Tabuisierung des Todes schrittweise durchbrochen wurde, nehmen Kinderbuchautorinnen und -autoren zunehmend die Erklärungsbedürftigkeit des Todes gegenüber Kindern wahr. Der Tod als Thema gehört inzwischen zu den favorisierten Gegenständen der Fachdebatte über Kinderbücher. Der Tod begegnet in diesem Buch in Gestalt eines phantasierten Kindes, das aussieht wie ein kleiner Engel. Das Leben ist symbolisiert als Lebenslicht, das auch nach dem Tod durch Liebe «über Wasser» gehalten wird. Der Tod bricht ein in die Realität des Kindes, äußert sich im Erleben unendlichen Traurigseins, so daß zunächst nichts das Mädchen Julia trösten zu können scheint. Im Zwischenbereich, zwischen Innen und Außen, in ihren Phantasien oder im «Übergangsraum» findet Julia Trost über den Tod ihrer Großmutter. Als sie die Augen schließt, «hört» sie «Omas Lied». Dies ist ihr offenbar so vertraut, da es bereits vor Omas Tod zu Julias Leben ganz selbstverständlich dazugehörte. Wahrscheinlich hat diese Melodie sie schon oft beruhigt oder getröstet. Das Lied steht für eine imaginierte Anwesenheit der Oma. So kann Julia, indem sie die Augen schließt und so die Realität vorübergehend ausblendet, auch mit der Oma sprechen. Die Oma ist dann da ohne da zu sein. «Ich weiß jetzt,» sagt Julia, «daß du noch immer bei mir bist.» Aus verschiedenen Untersuchungen über Trauerprozesse wissen wir, daß das ein häufiger Bewältigungsmechanismus ist. Kinder, die das Buch lesen und betrachten, werden solche Phänomene aus eigener Anschauung kennen. Das Motiv der Verwandlung ist ein weiterer Versuch, Trauer in der Phantasie zu bewältigen. «Ich komme in vielerlei Gestalt zu den Menschen», sagt das plötzlich auftauchende Kind zu Julia. Es wird deutlich, daß die Gestalt des engelhaften Kindes Julia die Angst nimmt. Aber auch das Motiv der Verwandlung kann über die letzte Endgültigkeit des Todes nicht mehr hinwegtäuschen.

Dies ist nicht im eigentlichen Sinne ein Buch über Engel. Es bleibt bis zum Schluß unklar, ob das Kind, dem Julia auf dem Friedhof begegnet, überhaupt ein Engel, oder einfach ein Kind ist. Diese Offenheit wirkt sich keineswegs störend, sondern eher hilfreich aus. Die Darstellung läßt dem betrachtenden Kind viel Spielraum für eigene Phantasien, mit denen es, unter Umständen in einer Situation eigener Trauer über einen Todesfall, diese Gestalt nach eigenen Vorstellungen besetzen kann. Für manches Kind mag es tröstlich sein, hier wirklich ein religiöses Übergangsphänomen, einen Engel, zu entdecken. Anderen Kindern könnte gerade die unverhoffte Anwesenheit eines weiteren Kindes eine hilfreiche Vorstellung sein. Das hängt von den bisherigen Erfahrungen und der Lebensgeschichte des kindlichen Lesers oder der Leserin ab. Insofern wird dieses Buch der besonderen Wirklichkeit der Engel in Text und Gestalt auf behutsame Weise in Andeutungen und in der Bereitstellung großer innerer Spielräume in vorbildlicher Weise gerecht.

Eine ganz andere Kategorie von Kinderbüchern über Engel arbeitet mit der Vorstellung eines unter einem ausgewählten Aspekt idealisierten Kindes, das in seinem Sosein nur zu verstehen ist, wenn wir in ihm einen Engel sehen. Gleichzeitig spielt der Gedanke der Verborgenheit der Engel in die Darstellung dieses Kinderbuchtyps hinein. Das Buch «Tistou mit den grünen Daumen» von Maurice Druon gehört zu dieser Art.

Einerseits handelt auch dieses Buch vom Tod. Die letzte Erkenntnis, die Tistou auf der Erde dämmert, ist die, daß der Tod uns Rätsel aufgibt, die wir hier nicht zu lösen vermögen. Tistou besiegt mit seinen grünen Daumen alles Böse, gegen den Tod hingegen sind auch die Blumen machtlos. Zugleich geht es dabei auch um Engel. Tistou wird schließlich von einem Engelflügel gestreift, bevor er verschwindet. Was Tistou als Engel charakterisiert, ist sein Anderssein, seine kritische Haltung gegenüber allem, was die Erwachsenen stereotyp weitergeben als vermeintliche Lebensweisheiten, und was in Wirklichkeit Unfrieden, Ungerechtigkeit und Chaos schafft. Tistous Medium, dagegen zu handeln, sind die Blumen, sie stehen ihm durch seine «grünen Daumen» unbegrenzt zur Verfügung. Blumen sind ein Mittel gegen alles Böse, gegen Krankheit, gegen Armut und gegen Krieg. Sie erweisen sich letztlich als stärker als eine ganze Waffenfabrik. Daß Tistou ein Engel ist, dürfte in erster Linie ein Hinweis darauf sein, daß Frieden, Gesundheit und Gerechtigkeit für alle nicht mit menschlichen Mitteln allein zu erwirken sind. Der Engel Tistou ist hier der «bessere», fähigere oder konsequentere Mensch, darin allerdings auch ein Vermittler. Diese

Rolle des Engels als Vermittler wird in diesem Buch aber nur sehr dezent angedeutet.

Zusammenfassung: Werden Engel in den Bilderbüchern für Kleinkinder als selbstverständliche und gegebene Wirklichkeit dargestellt, so verhandeln die Engelbücher für ältere Kinder (6–11 Jahre) auf sehr unterschiedliche Weise alle implizit die Fragen: *Gibt es Engel?* Und: *Wer sind die Engel?* In dem Buch «Die Erdenreise des kleinen Engels» von Hilda Herklotz ist der Engel ein noch ungeborenes Kind. Er muß mit der irdischen Geburt sein Engelwesen ablegen. Bis dahin erlebt er die Schöpfung aus «himmlischer Sicht» und vermittelt so von Schöpfungstag zu Schöpfungstag, wie der Mensch schließlich zur Krone der Schöpfung wird. Für Kinder, die nicht in dieser anthroposophischen Sichtweise erzogen werden, ist dies kaum nachvollziehbar. Die Erklärung, die das Buch «Julia bei den Lebenslichtern» auf die Frage, was ein Engel ist, anbietet, lautet: das ist der Tod oder ein Todesbote. Die Antwort bleibt letztlich in der Schwebe, sogar auf die Frage, ob es überhaupt Engel gibt. Die lesenden Kinder bekommen Raum, eine eigene Antwort zu finden. «Tistou mit den grünen Daumen» behandelt zunächst eine andere Frage: Wer ist ein so ungewöhnliches Kind? Erst am Ende wird deutlich: Ein Engel ist ein Kind, das mit ungewöhnlicher Begabung bewirkt, was den Erwachsenen nicht gelingt: Frieden, Gesundheit, Überwindung des Bösen. Wir erkennen diese Engel normalerweise nicht. Das Buch eignet sich sicher für die Vermittlung friedensethischer Gedanken, weniger für ein Gespräch über Engel. Die Gleichsetzung von Kind und Engel ist für den eigenen Umgang der Kinder mit Engeln hinderlich, weil sie ihnen die Möglichkeit nimmt, diese wirklich als Vermittler zu phantasieren und hilfreich zu erleben.

C Jugendbücher

1. *Jostein Gaarder:* Durch einen Spiegel, in einem dunklen Wort. München/Wien 1996 (Carl Hanser Verlag), 153 Seiten.

Cecilie, ein todkrankes, zeitweise im Fieberwahn phantasierendes Mädchen, ist mit dem Geheimnis von Leben und Tod, der menschlichen Existenz und deren Eingebundensein in den unendlichen Kosmos konfrontiert. Im Dialog mit ihrem im Traum oder Fieberwahn immer wieder erscheinenden Schutzengel Ariel nähert sie sich dem Mysterium menschlichen Lebens und der ganzen Schöpfung immer mehr an. Ariel hilft ihr, einen Blick hinter die vertraute Fassade zu werfen, die Spiegel uns zeigen. Über bruchstückhafte Erkenntnisse gelangt sie nicht hinaus, lernt diese aber in ihrer Begrenztheit als zum Wesen menschlicher Existenz gehörig verstehen. Ein Text aus dem ersten Brief des Paulus an die Korinther (1. Kor.13,12) gab das Leitmotiv für dieses Buch ab: «Wir sehen jetzt durch einen Spiegel, in einem dunklen Wort; dann aber von Angesicht zu Angesicht. Jetzt erkenne ich stückweise; dann aber werde ich erkennen, gleichwie ich erkannt bin.»

Vom Bett aus beobachtet Cecilie am Fenster das Leben. Eines Tages nimmt sie eine Träne auf die Fingerspitze und malt damit einen Engel an die Fensterscheibe. «Als ihr aufging, daß sie den Engel mit ihren Tränen gezeichnet hatte, mußte sie wieder lachen. Was war denn eigentlich der Unterschied zwischen Engelstränen und Tränenengeln?» Ariel, so stellt sich ihr Schutzengel in der Weihnachtsnacht vor, hat viel Ähnlichkeit mit Cecilie, der er sich von da an in vielen nächtlichen Dialogen behutsam annähert. Sie werden immer vertrauter miteinander – der Engel und das sterbende Mädchen. Ihre nächtlichen Dialoge und Unternehmungen schließen die betrübten, sorgenvoll wachenden Erwachsenen – Mutter, Vater, Grossmutter – immer mehr aus Ceciles Leben aus. Ein behutsamer, durch den Engel begleiteter und erleichterter Abschied eines Kindes aus dem Leben wird hier geschildert.

«Wir wissen fast alles über euch», offenbart ihr Ariel, «das ist genau wie bei einem Spiegel. ... Ihr seht nur euch selbst. Ihr könnt nicht sehen, was sich auf der anderen Seite befindet». Ein anderesmal erklärt er ihr: «Ihr versteht immer nur Bruchstücke. Ihr seht alles durch einen Spiegel, in einem dunklen Wort ...» Immer tiefer weiht Ariel Cecilie in die Geheimnisse menschlicher Existenz ein: «Engel und Menschen haben beide eine Seele, die Gott geschaffen hat. Aber ihr habt auch einen Körper, der seinen eigenen Weg geht. Ihr wachst und entwickelt euch wie Pflanzen und Tiere. ... Du bist ein Tier mit einer Engelseele, Cecilie. Und von beiden hast du gerade das Beste. Klingt das nicht toll?»

Unterdessen läßt Cecilie ihre Mutter wissen: «Manchmal schlafe ich, manchmal bin ich wach. Ich kann das eine nicht mehr vom andern unterscheiden. ... Aber ich hab das Gefühl, jetzt, wo ich krank bin, verstehe ich alles besser. Die ganze Welt scheint schärfere Umrisse zu bekommen». Und manchmal wird auch ihre ganze Wut über die Krankheit deutlich, etwa wenn sie der Mutter anvertraut: «Ich finde manchmal, daß Gott ein großer Dussel ist. Der ist ja nicht mal allmächtig!» In ihr Tagebuch, das sie unter dem Bett aufbewahrt, schreibt Cecilie Sätze, in denen sie sich verschlüsselt mit Leben und Tod auseinandersetzt: «In jeder Sekunde werden funkelnagelneue Kinder aus dem Jackenärmel der Natur geschüttelt. ... In jeder Sekunde verschwinden auch viele Menschen. Gott schickt seine Menschen aus, er schickt Cecilie zum Tor hinaus. ... Nicht wir kommen auf die Welt, die Welt kommt zu uns. Geboren zu werden bedeutet, daß uns eine ganze Welt geschenkt wird». Dabei ist es ihr ganz wichtig, daß die Engel nicht die Zerbrechlichkeit der Menschen teilen; und gleichzeitig staunt sie immer wieder über die eigene Lebendigkeit: «Die Engel im Himmel können niemals zerbrechen. Sie haben nämlich keinen Körper aus Fleisch und Blut, von dem sich ihre Seele trennen kann. So geht es in der Schöpfung nicht zu.

Hier kann alles ganz leicht kaputtgehen. Sogar ein Berg wird langsam abgeschliffen und schließlich zu Erde und Sand. Alles in der Natur ist wie ein langsamer Brand. Die ganze Schöpfung scheint gewissermaßen im Moos zu schwelen. ... seltsam: daß ich lebendig bin!»

Unterdessen fährt Ariel fort: «Ihr seid für uns Schattenbilder, Cecilie, nicht umgekehrt. Ihr kommt und geht. Ihr seid diejenigen, die nicht von Bestand sind. Plötzlich taucht ihr auf, und jedesmal, wenn ein neugeborenes Kind auf den Bauch seiner Mutter gelegt wird, ist es von neuem wunderbar. Aber ebenso plötzlich seid ihr dann wieder verschwunden. Als wärt ihr Seifenblasen, die Gott fliegen läßt».

Bevor der Engel schließlich mit Cecilie im Arm eine nächtliche Winterreise unternimmt, kommentiert er die merkwürdigen Gespräche: «Das hier ist eine seltene Begegnung zwischen Himmel und Erde. Ich könnte dir eine Menge über die himmlischen Geheimnisse erzählen, wenn du mir sagen könntest, wie es ist, aus Fleisch und Blut zu sein». Und während Cecilie etwas über die menschlichen Sinne erzählt, erklärt Ariel ihr die verschiedenen Arten von Wirklichkeit, z.B. das, was er «geistige Anwesenheit» nennt. «Wenn du träumst, daß du an einem fremden Strand bist, kannst du dann nicht nachher behaupten, in gewisser Hinsicht an diesem Strand gewesen zu sein?» Und solche Ausführungen geraten immer wieder auch zu einer Unterrichtung über die Engel: «Ich habe vielleicht nicht erzählt, daß es zwei verschiedene Formen von Engelsbesuch gibt. In der Regel sitzen wir einfach nur bei euch, ohne uns zu erkennen zu geben. Doch ganz selten offenbaren wir uns, so wie jetzt». – Wo ist Cecilie, als der Engel mit ihr spricht? Sie findet auch dafür eigene Worte: «Wenn wir einschlafen, sind wir doch nicht wach. Das heißt, wir befinden uns im Grenzland. Deshalb weiß niemand genau, wie Einschlafen geht».

Immer wieder dreht sich das Gespräch um die Träume. Und Cecilie findet für sich heraus: «Sicher, im Traum ist alles möglich, jedenfalls fast alles. Auch wenn ich hellwach bin, kann ich meine Gedanken fliegen lassen». Und Ariel stimmt ein: «In Gedanken könnt ihr alles tun, was Engel mit dem ganzen Körper machen. Wenn ihr träumt, könnt ihr in euren Köpfen genau dasselbe machen wie die Engel in der ganzen Schöpfung. ... Dann seid ihr so unverwundbar wie die Engel im Himmel. Dann ist alles, was ihr erlebt, pures Bewußtsein, und ihr benutzt die fünf Sinne eures Körpers nicht». Und da dämmert Cecilie eine neue Erkenntnis: «Dann ist unsere Seele vielleicht unsterblich! Dann ist sie vielleicht so unsterblich wie die Engel im Himmel.»

Unterdessen hört Cecilies Mutter von der Tochter: «Ich glaube, wir müssen träumen, weil wir uns wegträumen müssen». Den Engel erwähnt Cecilie nicht, bei niemandem. Lediglich eine vorsichtige Bemerkung läßt sie der Mutter gegenüber fallen: «Du darfst nur keinen Schock kriegen, wenn du hörst, daß ich Selbstgespräche führe». Sie ahnt immer mehr, daß der Weg, den sie geht, einer ist, den sie allein gehen muß. Den Engel erlebt sie oft wie einen «Zwillingsbruder». Die Eltern spüren, daß sie sich verändert und daß sie komplizierten, tiefen Gedanken nachhängt. Angerührt lauschen sie ihren Worten: «Wenn wir geboren werden, wird uns eine ganze Welt geschenkt. ... Ich hab das Gefühl, daß mir die ganze Welt gehört, Papa. ... Mir gehören Sonne und Mond und alle Sterne am Himmel. Denn ich habe alles gesehen. ... Das alles kann mir niemand mehr wegnehmen. Es wird immer meine Welt sein. In alle Ewigkeit wird es meine Welt sein».

Eines Tages fängt Cecilie an, sich mit der Beziehung ihres Engels zu Gott zu beschäftigen. «Kennst du Gott eigentlich? Persönlich, meine ich?» Und Ariel geht auf ihre Fragen ein: «Ich sitze einem kleinen Zipfel von ihm von Angesicht zu Angesicht gegenüber. Denn was ich mit dem kleinsten seiner Kinder gesehen und gesprochen habe, das habe ich mit ihm gesehen und gesprochen». Manchmal wünscht Cecilie, der Engel würde mehr wissen über die «andere Seite». Aber dann sagt er nur: «Wir sehen alles in einem Spiegel. Jetzt hast du durch das Glas einen Blick auf die andere Seite tun dürfen. Ich kann den Spiegel nicht ganz sauber putzen. Dann würdest du vielleicht etwas mehr sehen, aber du könntest dich nicht mehr selbst erkennen». Kurz darauf bittet Cecilie ihre Großmutter, für sie etwas in ihr Tagebuch zu schreiben. Und sie diktiert: «Schöpfung und Himmel sind ein großes Mysterium, das weder die Menschen auf der Erde noch die Engel im Himmel fassen können. Aber etwas im Himmelsraum stimmt nicht. Mit der ganzen großen Zeichnung scheint etwas schiefgegangen zu sein. ... Alle Sterne fallen irgendwann einmal. Aber ein Stern ist doch nur ein kleiner Funke des großen Feuers am Himmel».

Danach stirbt Cecilie. Der Engel Ariel fliegt mit ihr davon, und sie kann sich selbst auf ihrem Bett liegen sehen. Im Flug kündigt Ariel ihr an: «Und wenn wir uns auf Gottes rechte Hand setzen, werden wir ihm alles erzählen, was wir gesehen haben». Bei einem letzten Blick in ihr Zimmer sieht Cecilie die Sonnenstrahlen auf ihr Tagebuch unter dem Bett fallen: ihr Vermächtnis.

2. *Angela Sommer-Bodenburg:* Hanna, Gottes kleinster Engel (Roman). 2. Aufl., München 1998, 159 Seiten.

Der fiktive Schreiber dieses sehr sensiblen und aufrüttelnden Kinderromans ist Hannas älterer Bruder Wolfgang. Hanna wächst in einer lieblosen und gefühlskalten Familie auf, gegen deren Gleichgültigkeit sie immer wieder ihre Phantasie und emotionale Stärke setzt. Das Buch schildert die vielen hoffnungslosen Versuche des Mädchens, die Welt, in der es lebt, zu erwärmen und menschlich zu gestalten, letztlich ein zum Scheitern verurteiltes Unterfangen. Der einzige Mensch in der Familie, der Hanna versteht, ist der Bruder, dessen tagebuchähnliche Notizen wir vor uns haben. Er kennt und liebt seine kleine Schwester und versucht immer wieder, sie vor den Erwachsenen zu schützen. Er kann aber nicht mehr, als sie bisweilen zu ermutigen und ihrem Bemühen einen Sinn zu verleihen. Letztlich scheitert er an diesem Versuch.

Er muß einen Aufsatz über Engel schreiben und hat eine Idee: «Hanna ist Gottes kleinster Engel». Dieser Gedanke drängt sich ihm geradezu auf: «Hanna spricht so viel über Gott, daß ich bestimmt genug Material für meinen Aufsatz zusammenbekomme». Immer weiter steigert er sich in diese Idee hinein. Und Hanna fängt ihrerseits an, sich mit der Rolle eines Engels zu identifizieren – der einzigen, die ihr bleibt. Hanna, die ständig Opfer ungerechter Attacken ihrer Mutter ist, verbringt viel Zeit im dunklen Badezimmer, einem engen, fensterlosen Raum. Jeder Anlaß kommt der Mutter recht, sie dort einzusperren. Im dunklen Badezimmer wird sie «Hanna Unsichtbar». Die ist blind und taub und stumm. Wie sie die Zeiten im Badezimmer überlebt, zeigt ein Dialog mit ihrem Vater: «Vati, weißt du, wie man fliegt? ... Paß auf: Du nimmst deine Hände und wackelst mit den Daumen. Jetzt hast du zwei Elefanten mit langen Rüsseln. Und wenn du deine Hände hochflattern läßt, können die Elefanten fliegen. ... Und nun mußt du ihnen deine schweren Gedanken aufladen. ... Elefanten sind stark.»

Der Bruder hat in der Schule gelernt, es gäbe drei himmlische Ebenen von Engeln: Erste Ebene: Seraphim, Cherubim, Throne; sie sind Gott am nächsten. Zweite Ebene: Herrschaften, Gewalten, Fürstentümer; sie verwalten das Universum. Dritte Ebene: Mächte, Erzengel, Schutzengel; sie sind Streiter des Lichts gegen die Finsternis. Dazu erfindet er in seinem Aufsatz eine vierte Ebene: Die ganz kleinen Engel, so wie Hanna. Sie bringen Gottes Liebe auch zu den Familien, die die reinste Hölle sind – und dann verbessert er: die sie besonders nötig haben. Immer wieder setzt er sich mit der Rolle der kleinen Schwester auseinander, und als sie wieder einmal ins Badezimmer eingesperrt wird, schreibt er: «In solchen Momenten kommt Hanna mir immer ganz besonders überirdisch vor. Ich glaube, nur Engel können so zart und zerbrechlich und gleichzeitig so stark sein».

Irgendwann erzählt er Hanna von seinem Aufsatz und von der vierten Ebene: «Und zu der gehörst du. ... Auf der vierten Ebene sind die ganz kleinen Engel. Sie kommen zu den Familien, die sie besonders nötig haben. ... Weil sie viel mehr von Gottes Liebe abbekommen haben als die Menschen. ... Du bist ... viel dichter an Gott dran als Mutti oder Vati oder ich». Hanna reagiert sehr nachdenklich auf die Rollenzuschreibung des Bruders, mal fasziniert, mal erschrocken ängstlich: «Aber die ganz kleinen Engel brauchen auch Liebe. ... Es gibt doch auch hoffnungslose Fälle, ... Familien, in denen selbst die kleinen Engel nichts mehr ausrichten können». So hört der Bruder sie eines Tages weinen: «Weil ... weil ich gar kein Engel sein will». «Aber du bist ein Engel!» «Mutti sagt, ich bin ein Satansbraten». «Das sagt sie nur, weil ihr Herz gefroren ist. – Und weil du es noch nicht aufgetaut hast. ... Wir haben es ja versucht. Aber es hat nicht geklappt. Und da hat Gott dich geschickt, seinen kleinsten Engel». Die Bewunderung des Bruders für die kleine Schwester gerät immer mehr zu deren Überforderung, und sie kann nicht aufhören, zu ergründen, wer sie in dieser Familie eigentlich ist. «Glaubst du, Engel können besser fliegen als Elefanten?» «O ja!», antwortet der Bruder, «Engel können tausendmal besser fliegen. Elefanten fliegen nur bis nach Indien und zurück. Aber Engel fliegen zwischen dem Himmel und der Erde hin und her». «Dann möchte ich doch ein Engel sein!» flüstert Hanna.

Lange konnte Hanna sich mit ihrer Puppe Petrea trösten, einer alten, geschenkten Puppe, die die Mutter eines Tages auf den Müll beförderte. Als Hanna dem Bruder erklärt, Petrea sei jetzt im «Puppenhimmel», versucht er, sie mit Angeboten zu trösten: eine neue Puppe? sein Teddy «Brummi»? Aber Dinge sind für Hanna wertlos geworden: «Nein, es ist besser, mit Elefanten zu spielen. ... Rate, wohin wir heute morgen geflogen sind! ... wir waren im Himmel. ... Ich wollte sehen, was aus Petrea geworden ist. Und stell dir vor: Sie saß auf einer goldenen Wolke, zusammen mit ganz vielen anderen Puppen. Die meisten waren noch älter und abgenutzer als Petrea. Bei manchen guckte das Stroh heraus, bei manchen fehlte ein Arm oder ein Bein, und eine Puppe hatte keine Augen mehr. Aber alle lachten und waren glücklich. ... weil niemand mehr auf sie zeigte und sagte: ‹Ist das aber eine häßliche alte Puppe, die gehört auf den Müll›. Das ist nämlich das Schöne am Himmel: daß man so sein darf, wie man ist. ... Aber weißt du, was das Allerschönste ist? ... Daß sie dich trotzdem liebhaben im Himmel!» Dem Bruder fehlen die Worte, ihr zu sagen, daß er sie schon jetzt lieb hat, hier auf der Erde.

Hanna ist überfordert – mit der familiären Rolle gerade so wie mit der vom Bruder liebevoll zugedachten Rolle als Gottes kleinstem Engel. «Und wenn man sich wünschen würde, kein Engel mehr zu sein – müßte man dann trotzdem ein Engel bleiben?» – Immer mehr beschäftigt Hanna sich mit den Engeln, die in den Himmel zurückgekehrt sind. Sie kennt Bilder von vielen Engeln im Himmel, die dort nicht allein sind. Und der Bruder meint: «Sie sind so glücklich, weil sie auf der Erde gewesen sind und den Menschen geholfen haben!» «Und was» – interessiert Hanna sich – «passiert mit den Engeln, die bei den hoffnungslosen Fällen waren? ... Familien, in denen sogar die kleinen Engel nichts mehr ausrichten können. ... Glaubst du, daß diese Engel im Himmel trotzdem glücklich sind, auch wenn sie es nicht geschafft haben, den Menschen beizubringen, wie man sich liebhat?» «Im Himmel sind alle Engel glücklich, ganz gleich, bei welchen Familien sie vorher gewesen sind!» Die so liebevoll begonnene Rollenzuschreibung des Bruders entgleitet ihm, er ahnt nicht, wie unglücklich Hanna ist. Die gegenseitigen Mitteilungen werden mehr und mehr zum stummen Dialog.

Hanna ist nun immer häufiger in ihren Phantasien im Himmel bei ihrer Puppe Petrea und sinniert: «... wenn ich erst mal wieder im Himmel bin, werde ich den lieben Gott fragen, warum er mir keine leichtere Aufgabe gegeben hat». Das sagt sie am Geburtstag des Bruders. Die Krönung der Geburtstagsfeier ist ein Ausflug auf den Wasserturm. Hanna macht sich selbständig – ganz oben auf der Plattform der Brüstung. «Hanna, nicht!» will der Bruder rufen. In ihm verschwimmen plötzlich Phantasie und grausam in sein Leben einbrechende Realität: «Aber dann ... dann sehe ich ihr himmlisches Gefieder! Ja, ich kann wirklich ihre Flügel sehen. Sie sind weiß, an den Spitzen rosa und nicht sehr groß, gerade richtig für Gottes kleinsten Engel. Und als Hanna sich jetzt in die Luft erhebt und davonschwebt, sehe ich noch etwas: ein leuchtendes, goldenes Licht, von dem sie ganz umhüllt ist. Und das Sonnenlicht kann es nicht sein, denn die Sonne ist längst wieder hinter den Wolken verschwunden». Als der Vater auf die Plattform folgt und nach Hanna fragt, da sagt der Bruder nur: «Hanna? ... Hanna ist wieder beim lieben Gott, wo sie hingehört!»

3. *Rudolf Braunburg:* Der Engel auf der Wolke. Ein Märchen. 3.–4. Aufl., München 1989 (Schneekluth), 94 Seiten.

Der Ich-Erzähler dieses zeitgenössischen Märchens ist Pilot. Beim Anflug auf Island macht er eine Entdeckung: die weiße Wolke, die genau auf dem Kurs seines Flugzeugs aufragt, ist ein Engel. Aber er muß mitten durch Wolke und Engel hindurchfliegen. «Als wir die Wolke berührten, zitterten die Tragflächen, als sei irgendetwas in der Wolke erschrocken zusammengezuckt. Dann wurde es düster, und als es wieder hell wurde, saß der Engel neben mir am Fenster». Helligkeit überstrahlt das Gesicht des Engels: «Ich bin gesehen worden! Ist das nicht wundervoll?» «Ich werde kaum noch gesehen. Daran kannst du erkennen, wie es um die Welt bestellt ist.» Nun folgt das erste von vielen Gedankengesprächen zwischen dem Engel und dem Piloten. Sie tauschen sich aus über das – für den Engel langsame – Fliegen mit einem Flugzeug im Gegensatz zum Dahinbrausen mit den Hilfsmitteln «Windharfe, ... Wolkenlaute, ... Luftleier, ... Regentrommel, ... Sterngeige ... Sonnengong». Von da aus kommen sie auf Grundfragen der traditionellen Engellehre zu sprechen: «Weißt du, wenn ihr Menschen denkt, dann könnt ihr etwas erfinden, mit dem ihr irgendwohin fliegen könnt. Wenn ich denke, dann bin ich schon da. ... Du weißt doch: Wenn Menschen gute Gedanken denken, können sie Engel sehen. Wenn wir Engel richtig denken, sehen wir Gott».

Seit dieser Begegnung in der Wolke erscheint der Engel dem Piloten an den verschiedensten Orten in verschiedenster Gestalt. Mal ist er ein Steinengel, mal ein geflügelter Löwe, mal aber auch eine Birke. Im Suchen und Finden seines Engels kommt der Erzähler dem «dunklen Geheimnis» des Erscheinens von Engeln auf die Spur: Wer Engel finden will, muß sie suchen, aber es hängt vom Engel ab, ob er sich finden läßt.

«Engel kommen von innen heraus», sagt der Engel. Auch der explizit theologische Gehalt der Engelvorstellung findet sich in diesem Märchen. «Wohin wir Engel auch fliegen – wir fliegen immer zu Gott!» Nachdenklich fügt der Engel hinzu: «Das gilt auch für die Menschen. Du brauchst dich nur fallen zu lassen», eine Bemerkung, die er dann nochmal korrigiert: «Ihr nennt das ja steigen! Aber du fällst immer zu Gott, und er fängt dich auf, wenn du dich nicht sträubst».

Was aber ist ein Engel? Und wer ist der Mensch? Am Ende des Buches nähert sich der Dialog zwischen Erzähler und Engel diesen Fragen. «Hast du keine Angst, du könntest eines Tages vergessen, daß du ein Engel bist?» Der Engel sieht den Fragenden erstaunt an. «Aber du», – leise und wie ein großes Geheimnis sagt er das – : «du hast es doch auch vergessen!» In vielen Verwandlungen hat der Erzähler seinen Engel gesehen, als Engel, als Tier, als Baum. Nie aber hat er die Verwandlung selber beobachten können. Und so meint er, als ihm der Engel in Gestalt eines Löwen begegnet: «Aber Engel, ... man sieht dir doch gar nicht mehr an, daß du ein Engel bist!» Und nun berichtet der Engel, was er eigentlich alles will: «Mein Kummer ist: Ich möchte springen wie eine Gazelle. Schwimmen wie ein Fisch. Brüllen wie ein Löwe. Stark sein wie ein Büffel, gewaltig wie ein Elefant. Geschmeidig wie eine Schlange, starkäugig wie ein Adler. ... Mein Problem ist: Ich kann immer nur eines gleichzeitig!» Es entspinnt sich eine fast philosophische Diskussion, in der der Erzähler dem Engel auf sein «Problem» zu antworten versucht: «... es gibt ein Wesen, das alles ist: Löwe, Fisch, Frosch, Vogel. ... Es kann alles: springen, kriechen, schwimmen, graben, sehen, riechen, schmecken, alles. Nur: es kann das alles nicht ganz so gut». Und dem Engel kommt eine lange gehegte Ahnung: «Du meinst ...?» «Ja ... Ich meine den Menschen». Am Ende möchte der Engel ein Mensch werden.

Das Märchen endet mit der letzten Begegnung zwischen dem Erzähler und seinem Engel: «Ob ich den Engel nie mehr gesehen habe? Doch – während ich in die Stratosphäre stieg, sah ich ihn zum letzten Mal. Ich sah den Engel hinunterstürzen, Feder um Feder seine Schwingen verlierend ... Und einen Atemzug lang waren wir auf gleicher Höhe, der Engel und ich. Einen Herzschlag lang war ich dem Engel gleich. Er auf dem Wege, ein Mensch zu werden. Ich bei dem Versuch, mich von der Erde zu erheben, um zu erkennen, was darüber ist. ... Ich nahm mir vor, ihn gleich nach der Landung zu suchen. Er muß ja unter uns sein! Ich weiß: Es ist manchmal schwer, hinter den Augen der Menschen einen Engel zu sehen.»

Rudolf Braunburg hat sein modernes Märchen mit eigenen Aquarellen versehen, sie spiegeln wider, was er in seinem Märchen mitzuteilen versucht hat: Wer es will, kann die Engel sehen, wer es nicht will, wird sie auch in den Bildern nicht erkennen. Ihre Existenz bleibt in der Schwebe, das Reden von ihnen ein Paradox.

Bewertung: Jugendbücher über Engel setzen sich mit Grenzfragen des Lebens auseinander, sehr häufig mit dem Tod. «Tränenengel» und Gespräche im «Grenzland» – das sind die Schlüsselworte des Jugendromans «*Durch einen Spiegel, in einem dunklen Wort*» von Jostein Gaarder. Der Engel gehört hier in eine Zwischenwelt, die durch Fieberwahn, Grenzerfahrung und Todesnähe entstanden und bestimmt ist. Das Mädchen, dem der Engel Ariel erscheint, ist durch ihn in einer schweren Zeit allein, ohne allein zu sein. Er begleitet sie in der Zeit der Bewältigung der Krankheit, des inneren Reifens und des Abschiednehmens. Er hilft ihr beim Sterben, indem er ihr das Besondere des menschlichen Lebens im Zeitraffertempo beibringt. Was bedeutet Lebendigsein? Was ist geschichtliche, also durch Geburt und Tod begrenzte Existenz? Das sind die zentralen Fragen, um die es geht. Cecilie ahnt, daß ihre Gespräche mit dem Engel aus der Optik der anderen Menschen «Selbstgespräche» sind. Sie finden statt in einem Zwischenbereich, der mit Träumen verglichen wird. Die tiefen theologischen und psychologischen Gedanken wecken bei den Leserinnen und Lesern in einer sensiblen, bilderreichen Sprache Sinn für die besondere Wirklichkeit der Engel.

Mensch und Engel stehen in dem Märchen «*Der Engel auf der Wolke*» von Rudolf Braunburg in einer Wechselbeziehung: Menschen möchten engelgleich werden, Engel möchten wie Menschen werden. Die Engel müssen unter uns sein, wir müssen sie nur finden. Aber: «Es ist manchmal schwer, hinter den Augen der Menschen einen Engel zu sehen.» Der Zusammenhang zwischen dem überraschenden Vorfinden und eigenen Gestalten der Engelvorstellung begegnet uns ebenfalls, als der Engel fragt: «Weißt du, was Geigenspiel eigentlich ist? ... Man hat die Gesänge der Engel auf Saiten gereiht und wartet darauf, daß sie jemand erlöst und zum Klingen bringt.» Engel sind hier Vertreter eines kosmischen Spiels. Konsequent zu Ende gedacht, ist dieses Weltbild nicht ohne Gott zu denken, aber Menschen sehen bestenfalls Engel: «Von Gott keine Spur. Wenn es ganz hoch kommt, sehen wir Engel.» Die Vorstellung, daß Engel auf Gott verweisen, steht hier neben dem aus der Anthroposophie entlehnten Gedanken, Engel seien die jenseitige Existenzform der Menschen und umgekehrt. So läßt dieses Buch schließlich das «dunkle Geheimnis», von dem es spricht, als solches stehen.

Vom Fehlen beziehungsweise der Zerstörung eines kindlichen Übergangsraumes und den tragischen Konsequenzen handelt «*Hanna, Gottes kleinster Engel*» von Angela Sommer-Bodenburg. Daß Hannas Mutter nicht in der Lage ist, ihren Kindern einen Übergangsraum erlebnismäßig zu gewähren oder zu lassen, wird brennpunktartig deutlich in der Beseitigung von Hannas Lieblingspuppe Petreia. Sie hatte das Mädchen immer wieder getröstet und stellt ein klassisches Übergangsobjekt dar. Auch der Bruder ist sich seines Teddys Brummi nicht mehr sicher, als er sich moralisch verpflichtet fühlt, ihn schweren Herzens der kleineren

Schwester als Ersatz für Petreia anzubieten. So überrascht es aus psychologischer Sicht nicht, daß der Bruder die Schwester zum kleinen Engel ernennen muß und daß diese die Rolle gedanklich immer mehr annimmt trotz aller damit verbundenen Überforderung: Eine Zwischen, einen Übergangsraum, der der inneren Ruhe und Selbstfindung dienen könnte, gibt es für diese Kinder nicht. Der Bruder kann zwar die Phantasie aufrecht erhalten, die kleine Schwester sei ein Engel, sie aber bricht darunter zusammen und gibt ihr Selbstsein endgültig auf im selbst gewählten Tod. Die Thematik dieses Buches erinnert sehr stark an Ilse Aichingers Erzählung «Engel in der Nacht».

Zusammenfassung: In den Jugendbüchern sind Engel also ein Thema der *Grenze und der Grenzerfahrung.* Das Buch «Durch einen Spiegel, in einem dunklen Wort» ist ein psychologisch sehr sensibler Einfühlungsversuch in das Erleben eines sterbendes Kindes. Der Engel wird zum liebevoll geistreich und tröstend begleitenden Todesengel. In «Der Engel auf der Wolke» wird einerseits ganz deutlich, wie letztlich alles zum Engel werden, also auch auf Gott verweisen kann, andererseits wird das Verhältnis Mensch–Engel in einem weltanschaulich stark an das Denkgebäude der Anthroposophie erinnernden Rahmen zu lösen versucht. So gibt das Buch den Lesern und Leserinnen Hilfestellungen, zugleich aber Rätsel auf. «Hanna, Gottes kleinster Engel» ist zunächst und vor allem ein sozialkritischer Kinderroman. Es ist darüber hinaus ein Lehrstück über das Nichtstandhalten einer kindlichen Übergangswelt angesichts überfordernder, brutaler Familienrealität. Der Versuch, einen Menschen zum Engel zu machen oder als Mensch ein Engel zu werden, ist zum Scheitern verurteilt. Die Phantasie wird übermächtig gegenüber der Realität, sie verselbständigt sich bei gleichzeitigem Verlust einer Zwischenwelt – mit tragisch-tödlichem Ausgang.

Zum Schluß sei noch kurz auf *explizit christliche Kinder- und Jugendbücher* über Engel hingewiesen: Der Überblick über Bilderbücher für Kleinkinder, Kinderbücher und Jugendbücher, die sich schwerpunktmäßig mit dem Thema «Engel» beschäftigen, zeigt, daß bei diesem Thema auf christliches Traditionsgut fast vollständig verzichtet werden kann – jedenfalls wird dieses nicht erwähnt. Kinderbücher, die sich explizit mit der christlichen beziehungsweise biblischen Vorstellung von Engeln auseinandersetzen, gibt es beispielsweise von Detlev Block («Engelgeschichten»), Paolo Brenni und Paul Nussbaumer («Erzähl mir von den Engeln») und Dietrich Steinwede («Er sendet seinen Engel vor dir her»). Im Gegensatz zu den beiden erstgenannten Büchern beschränkt sich Dietrich Steinwede nicht auf das Nacherzählen biblischer Engelgeschichten, sondern ergänzt seine Sammlung durch zeitgenössische Engelgeschichten sowie einen Buchteil, in dem er er potentielle Fragen von Kindern und Jugendlichen zum Thema Flügel, Schutzengel, Himmel, Tod beantwortet.

LITERATURVERZEICHNIS

Abrams, Samuel / Neubauer, Peter: Transitional Objects: Animate and inanimate, in: Between Reality and Fantasy. Transitional Objects and Phenomena, edited by Simon A. Grolnick and Leonard Barkin, New York / London 1978, S. 133–144.

Aichinger, Ilse: Der 1. September 1939, in: *Dies.:* Kleist, Moos, Fasane, S. 23–27.

Dies.: Der Engel. Erzählung, in: *Dies.:* Meine Sprache und ich, S. 154–160.

Dies.: Die größere Hoffnung, Frankfurt am Main 1991.

Dies.: Die Vögel beginnen zu singen, wenn es noch finster ist, in: Samuel Moser (Hrsg.): Ilse Aichinger, S. 23f.

Dies.: Engel in der Nacht. Erzählung, in: *Dies.:* Meine Sprache und ich, S. 38–45.

Dies.: Kleist, Moos, Fasane, Frankfurt am Main 1991.

Dies.: Meine Sprache und ich. Erzählungen, Frankfurt am Main 1987.

Dies.: Verschenkter Rat. Gedichte, Frankfurt am Main 1991.

Alberti, Rafael: Der verlorene Hain. Erinnerungen, aus dem Spanischen von Joachim A. Frank, Frankfurt am Main 1991.

Ders.: Über die Engel. Gedichte spanisch und deutsch, Übertragung und Nachwort von Fritz Vogelgsang, Stuttgart 1981.

Almanach deutscher Schriftsteller-Ärzte 91, 13. Jahrgang, Marquartstein 1990.

Arnold, Heinz Ludwig: «Schlechte Wörter», in: Samuel Moser (Hrsg.): Ilse Aichinger, S. 204–207.

Auchter, Thomas: Winnicott – oder: Psychoanalyse mit menschlichem Gesicht, Vorwort in: Donald W. Winnicott: Die menschliche Natur, Stuttgart 1994.

Bacal, Howard A. / Newman, Kenneth M.: Objektbeziehungstheorien – Brücken zur Selbstpsychologie, Stuttgart-Bad Cannstatt 1994.

Bachmann, Helen I.: Malen als Lebensspur. Die Entwicklung kreativer bildlicher Gestaltung. Ein Vergleich mit den frühkindlichen Loslösungs- und Individuationsprozessen, Stuttgart 1985.

Bannach, Klaus / Rommel, Kurt (Hrsg.): Religiöse Strömungen unserer Zeit. Eine Einführung und Orientierung, Stuttgart 1991.

Barth, Karl: Die Kirchliche Dogmatik, II. Bd., Dritter Teil: Die Lehre von der Schöpfung, Zürich 1950.

Ders.: Wolfgang Amadeus Mozart 1756/1956. 13. Aufl., Zürich 1996.

Baudler, Georg: Gott und Frau. Die Geschichte von Gewalt, Sexualität und Religion, München 1991.

Baumann, Adolf: ABC der Anthroposophie, Bern 1986.

Baumgart, Hildegard: Der Engel in der modernen spanischen Literatur, Kölner Romanistische Arbeiten 11, Genf / Paris 1958.

Bechler, Margret: Warten auf Antwort. Ein deutsches Schicksal, 14. Aufl., Frankfurt am Main 1990.

Bieber-Delfosse, Gabrielle: Kinder der Werbung, Zürich 1999.

Brinker-Gabler, Gisela (Hrsg.): Deutsche Dichterinnen vom 16. Jahrhundert bis zur Gegenwart, Frankfurt am Main 1978.

Burnham, Sophy: Die Nähe deiner Engel, Solothurn / Düsseldorf 1993.

Dies.: Engel. Erfahrungen und Reflexionen, Olten 1992.

Chagall, Marc: Mein Leben, Stuttgart 1959.

Ders.: Mein Leben – mein Traum. Berlin und Paris 1922–1940, München 1990.

Dante Alighieri: Die göttliche Komödie, übersetzt von Wilhelm G. Hertz, München 1978.

Davis, Madeleine / Wallbridge, David: Eine Einführung in das Werk von D. W. Winnicott, Stuttgart 1983.

Dettmering, Peter: Dichtung und Psychoanalyse, Bd. 1: Thomas Mann – Rainer Maria Rilke – Richard Wagner, München 1969.

Ders.: Kompensatorische Strukturen in Rilkes Dichtung, in: Psyche 41 (1987), S. 539–555.

Dieckmann, Dorothea: Kinder greifen zur Gewalt, Nördlingen 1994.

Dies.: Wie Engel erscheinen, Hamburg 1994.

Dolto, Françoise: Erinnerungen in die Kindheit. Mit Photos von Alécio de Andrade, aus dem Französischen von Sylvia Koch, Weinheim / Berlin 1987.

Dorst, Brigitte: Engel als Urbilder der Seele, in: Wege zum Menschen, 46. Jg. (1994), S. 157–170.

Dunde, Rudolf (Hrsg.): Wörterbuch der Religionspsychologie, Gütersloh 1993.

Eichhorn, Manfred: Der müde kleine Schutzengel, Düsseldorf 1998.

Esser, Manuel: «Die Vögel beginnen zu singen, wenn es noch finster ist». Auszug aus einem Gespräch mit Ilse Aichinger im Anschluß an eine Neueinspielung des Hörspiels «Die Schwestern Jouet», in: Samuel Moser (Hrsg.): Ilse Aichinger, S. 41–50.

Fontane, Theodor: Meine Kinderjahre. Autobiographischer Roman mit einem Nachwort von Otto Drude, Frankfurt am Main / Leipzig 1983.

Franck, Hans: Rilkes Duineser Elegien (Frankfurter Zeitung 1924, 22. Januar), in: Ulrich Fülleborn / Manfred Engel, Materialien 3, S. 56f.

Fuchs, Rosemarie: Stationen der Hoffnung. Seelsorge an krebskranken Kindern, Zürich 1984.

Fülleborn, Ulrich / Engel, Manfred (Hrsg.): R. M. Rilkes «Duineser Elegien». Materialien, 1. Bd. Selbstzeugnisse, Frankfurt am Main 1983.

Dies. (Hrsg.): R. M. Rilkes «Duineser Elegien». Materialien, 2. Bd. Forschungsgeschichte, Frankfurt am Main 1982.

Dies. (Hrsg.): R. M. Rilkes «Duineser Elegien». Materialien, 3. Bd. Rezeptionsgeschichte, Frankfurt am Main 1982.

Fynn (Pseudonym): Hallo, Mister Gott, hier spricht Anna. Frankfurt am Main 1979.

Gadamer, Hans Georg: Mythopoietische Umkehrung in Rilkes «Duineser Elegien», in: Ulrich Fülleborn / Manfred Engel (Hrsg.): Materialien 2, S. 244–263.

Gasser, Emil: Zu den «Duineser Elegien», in: Ulrich Fülleborn / Manfred Engel (Hrsg.): Materialien 3, S. 72–79.

Gerkin, Charles V.: The living human document. Re-Visioning Pastoral Counseling in a Hermeneutical Mode, 4. Aufl., Nashville 1991.

Glaesemer, Jürgen: Paul Klee. Handzeichnungen I–III, Bern 1973–1984.

Grünewald, Friedhelm: Das Gebet als spezifisches Übergangsobjekt, in: Wege zum Menschen 34. Jg. (1982), S. 221–228.

Guardini, Romano: Rainer Maria Rilkes zweite Duineser Elegie. Eine Interpretation, in: Ulrich Fülleborn / Manfred Engel (Hrsg.): Materialien 2, S. 80–104.

Hamburger, Käte: Rilke. Eine Einführung, Stuttgart 1976.

Hark, Helmut: Mit den Engeln gehen. Die Botschaft unserer spirituellen Begleiter, München 1993.

Härtling Peter / Arnulf, Rainer: Engel – gibt's die? 28 Gedichte. 30 Übermalungen, Stuttgart 1992.

Held, Heinz Georg: Engel. Geschichte eines Bildmotivs, Köln 1995.

Heuermann, Hartmut: Medienkultur und Mythen. Regressive Tendenzen im Fortschritt der Moderne, Reinbek bei Hamburg 1994.

Hildegard von Bingen: Wisse die Wege. Scivias, 8. Aufl., Salzburg 1987.

Holthusen, Hans Egon: Rainer Maria Rilke (Rowohlts Monographien, Bd. 22), Hamburg 1990.

Jens, Walter: Ilse Aichingers erster Roman, in: Samuel Moser (Hrsg.): Ilse Aichinger, S. 138–141.

Khan, M. Masud R.: D. W. Winnicott – sein Leben und Werk. Eine Einführung, in: D. W. Winnicott: Die therapeutische Arbeit mit Kindern, S. VII– XLVIII.

Ders.: Das Werk von D. W. Winnicott, in: Die Psychologie des 20. Jahrhunderts III. Freud und die Folgen (2), Zürich 1977, S. 348–382.

Kleiber, Carine: Ilse Aichinger. Leben und Werk, Europäische Hochschulschriften, Reihe I, Sprache und Literatur, Bd. 743, Bern / Frankfurt am Main / New York 1984.

Klinger-Raatz, Ursula: Engel und Edelsteine. Die geheimnisvollen Kräfte von geschliffenen Steinen und Kristallen, 5. Aufl., Aitrang 1996.

Kommerell, Max: Rilkes «Duineser Elegien» (1943), in: Ulrich Fülleborn / Manfred Engel (Hrsg.): Materialien 2, S. 105–111.

Kübler-Ross, Elisabet / Rothmayr, Madlaina: Die unsichtbaren Freunde, aus dem Amerikanischen übertragen von Barbara Ackermann, 9. Aufl., Zürich 1999.

Kunze, Agnes: Verwobene Hoffnung. Briefe aus Indien, 2. Aufl., Mainz 1989.

Leuenberger, Hans Dieter: Engelmächte. Vom praktischen Umgang mit kosmischen Kräften, Freiburg i. Br. 1991.

Lückel, Kurt: Begegnung mit Sterbenden. «Gestaltseelsorge» in der Begleitung sterbender Menschen, München 1981.

MacLean, Dorothy: Du kannst mit Engeln sprechen, 3. Aufl., Grafing 1988.

Mahler, Margaret S. / Pine, Fred / Bergmann, Anni: Die psychische Geburt des Menschen. Symbiose und Individuation, Frankfurt am Main 1989.

Mallasz, Gitta: Die Antwort der Engel. Ein Dokument aus Ungarn, 5. Aufl., Einsiedeln 1988.

Dies.: Die Engel erlebt, 2. Aufl., Zürich 1985.

Mann, Ulrich: Das Wunderbare. Wunder – Segen und Engel, Handbuch Systematische Theologie Bd. 17, Gütersloh 1979.

Ders.: Engel Dogmatisch, in: Theologische Realenzyklopädie, Bd. IX, Berlin / New York 1982, S. 609–612.

Milner, Marion: D. W. Winnicott and the two-way journey, in: Simon A. Grolnick and Leonard Barkin (Ed.): Between Reality and Fantasy, S. 37–42.

Mon, Franz und die Klasse 4a der Schule Rothestraße: Das kleine Nilpferd und das ABC, (Projekt «Elementare Schriftkultur als Prävention von Lese-Rechtschreibschwierigkeiten», Prof. Dr. Mechthild Dehn, Universität Hamburg, Behörde für Schule, Jugend und Berufsbildung), Hamburg 1992.

Moolenburgh, H. C.: Engel als Beschützer und Helfer des Menschen, 2. Aufl., Freiburg i. Br. 1986.

Ders.: Engel – Helfer auf leisen Sohlen, Freiburg i. Br. 1993.

Moser, Samuel (Hrsg.): Ilse Aichinger. Materialien zu Leben und Werk, Frankfurt am Main 1990.

Müller, Burkhard: Außensicht – Innensicht. Beiträge zu einer analytisch orientierten Sozialpädagogik, Freiburg im Breisgau 1995.

Nestler, Erich: «Sah aus wie'n Oberarzt ...». Zur Genese und Gestalt einer modernen Engelerscheinung im Kontext der Synkretismusdeutung, in: Volker Drehsen / Walter Sparn (Hrsg.): Im Schmelztiegel der Religionen. Konturen des modernen Synkretismus, Gütersloh 1996, S. 224–251.

Neubaur, Caroline: Übergänge. Spiel und Realität in der Psychoanalyse Donald W. Winnicotts, Frankfurt am Main 1987.

Nicol, Martin: Gespräch als Seelsorge. Theologische Fragmente zu einer Kultur des Gesprächs, Göttingen 1990.

Niederland, William G.: Die Geburt von H. G. Wells' «Zeitmaschine», in: *Ders.:* Trauma und Kreativität, Frankfurt am Main 1989, S. 87–93.

Ogden, Thomas H.: On Potential Space, in: The International Journal of Psycho-Analysis, 66. Jg. (1985), S. 129–141.

Ophey, Bernward: Rafael Alberti als Dichter des verlorenen Paradieses, Frankfurt am Main 1972.

Ott, Heinrich: Die Antwort des Glaubens. Systematische Theologie in 50 Artikeln, Stuttgart 1972.

Pannenberg, Wolfhart: Anthropologie in theologischer Perspektive, Göttingen 1983.

Ders.: Systematische Theologie, Bd. 2, Göttingen 1991.

Partsch, Susanna: Paul Klee 1879–1940, Köln 1990.

Price, John Randolph: Engel-Kräfte. Ihr Zugang zu den 22 himmlischen Energieströmen, München 1993.

Pseudo-Dionysius Areopagita: Über die himmlische Hierarchie. Über die kirchliche Hierarchie, eingeleitet und übersetzt von Günter Heil, Bibliothek der griechischen Literatur, Bd. 22, Stuttgart 1986.

Reimer, Hans-Diether / Eggenberger, Oswald: ... neben den Kirchen. Gemeinschaften, die ihren Glauben auf besondere Weise leben wollen, 2. Aufl., Konstanz 1980.

Rilke, Rainer Maria: Werke, Textfassung nach der Ausgabe «Rainer Maria Rilke. ‹Sämtliche Werke›, Hrsg. vom Rilke-Archiv, in Verbindung mit Ruth Sieber-Rilke, besorgt durch Ernst Zinn», [Hrsg. vom Insel-Verlag] Frankfurt am Main 1980.

Ders.: Die Gedichte, nach der von Ernst Zinn besorgten Edition der Sämtlichen Werke, 3. Aufl., Frankfurt am Main 1987.

Ders.: Gedichte an die Nacht, mit einem Nachwort von Anthony Stephens, Frankfurt am Main 1985.

Ders.: Puppen, in: *Ders.:* Werke, Bd. III. 2., S. 532–543.

Rodman, Robert (Ed.): D. W. Winnicott. The Spontaneous Gesture. Selected Letters, Cambridge / Massachusetts / London 1987.

Schleiermacher, Friedrich: Der christliche Glaube, hrsg. von Martin Redeker, Bd. I, 7. Aufl., Berlin 1960.

Schroeder, Hans-Werner: Der Mensch als Partner des Engels, in: Flensburger Hefte Nr. 23, 1988, S. 8–53.

Schroeder, Margot: Die Engel. Erzählung, in: Anna Rheinsberg (Hrsg.): Die Engel. Prosa von Frauen, München 1988, S. 106–111.

Siegburg, Friedrich: «Die größere Hoffnung», in: Samuel Moser (Hrsg.): Ilse Aichinger, S. 131–133.

Sparn, Walter: « ... und es gibt sie wirklich – die Engel!» Anmerkungen zu einer kulturellen Paradoxie, unveröfftl. Mskr. vom 29. 5. 1995.

Steiner, Rudolf: Anthroposophie als Kosmosophie, Erster Teil. Wesenszüge des Menschen im irdischen und kosmischen Bereich. Elf Vorträge, gehalten in Dornach vom 23. September bis 16. Oktober 1921, GA 207, 3. Aufl., Dornach 1990.

Ders.: Bausteine zu einer Erkenntnis des Mysteriums von Golgatha. Kosmische und menschliche Metamorphose. Siebzehn Vorträge, gehalten in Berlin vom 6. Februar bis 8. Mai 1917, GA 175, 2. Aufl., Dornach 1982.

Ders.: Der innere Aspekt des sozialen Rätsels. Luziferische Vergangenheit und ahrimanische Zukunft. Zehn Vorträge, gehalten in Zürich, Bern, Heidenheim und Berlin zwischen dem 4. Februar und 4. November 1919, GA 193, 4. Aufl., Dornach 1989.

Ders.: Die Mission der neuen Geistesoffenbarung. Das Christus-Ereignis als Mittelpunktsgeschehen der Erdenrevolution. Sechzehn Vorträge, gehalten zwischen dem 5. Januar und 26. Dezember 1911, GA 127, 2. Aufl., Dornach 1989.

Ders.: Erkenntnis geistiger Wesenheiten in verschiedenen Epochen, in: *Ders.:* Vom Wirken der Engel und anderer hierarchischer Wesen, S. 155–171.

Ders.: Geistige Hierarchien und ihre Widerspiegelung in der physischen Welt. Zehn Vorträge, gehalten in Düsseldorf vom 12. bis 18. April 1909, GA 110, 7. Aufl., Dornach 1991.

Ders.: Menschenwerden, Weltenseele und Weltengeist. Erster Teil. Der Mensch als leiblich-seelische Wesenheit in seinem Verhältnis zur Welt. Dreizehn Vorträge, gehalten in Stuttgart, Bern und Dornach vom 16. Juni bis 17. Juli 1921, GA 205, 2. Aufl., Dornach 1987.

Ders.: Nordische und mitteleuropäische Geistimpulse. Das Fest der Erscheinung Christi. Elf Vorträge aus dem Jahre 1921, gehalten in Kristiania (Oslo), Berlin, Dornach und Basel. GA 209, 2. Aufl., Dornach 1982.

Ders.: Schicksalsgestaltung in Schlafen und Wachen (6. 4. 1923), in: *Ders.:* Vom Wirken der Engel und anderer hierarchischer Wesen, S. 73–97.

Ders.: Vom Wirken der Engel und anderer hierarchischer Wesen, ausgewählt und herausgegeben von Wolf-Ulrich Klünker, Themen aus dem Gesamtwerk Bd. 17, Stuttgart 1991.

Ders.: Was tut der Engel in unserem Astralleib? Wie finde ich den Christus? Zwei Vorträge, gehalten in Zürich am 9. und 16. Oktober 1918, Sonderdruck aus GA 182, 6. Aufl., Dornach 1981.

Stephens, Anthony: «Alles ist nicht es selbst» – Zu den Duineser Elegien, in: Ulrich Fülleborn / Manfred Engel (Hrsg.), Materialien 2, S. 308–348.

Stern, Ellen Norman: Wo Engel sich versteckten. Das Leben des Elie Wiesel, 2. Aufl., Freiburg i. Br.1986.

Stollberg, Dietrich: Therapeutische Seelsorge. Die amerikanische Seelsorgebewegung. Darstellung und Kritik mit einer Dokumentation, Studien zur Praktischen Theologie, Bd. 6, 3. Aufl., München 1972.

Stubbe, Ellen: Die Wirklichkeit der Engel in Literatur, Kunst und Religion, Hamburger Theologische Studien 10, Münster 1995.

Stubbe, Ellen: Gebet und Scham. Warum das Beten in der Seelsorge so schwierig ist, in: Nordelbische Stimmen 1996, Heft 11, S. 13–18.

Stubbe, Ellen: Zur Gemeindearbeit über Engel. Eine Einführung für Pfarrerinnen, Pfarrer und andere, in: Weltmission 96, EMW Hamburg 1996, S. 38–45.

Suckau, Arnold: Der Mensch und die Engelreiche, in: Die Christengemeinschaft, 66. Jg. (1944), S. 60–62.

Szemes, Zsuzsa: Ich werde ein Engel, in: Kursbuch Heft 110 (Dezember 1992), S.133–139.

Taylor, Terry Lynn: Warum Engel fliegen können. Lichtvolle Kontakte mit unseren Schutzgeistern, Berlin 1990.

Thomas von Aquin: Vom Wesen der Engel. De substantiis separatis seu de angelorum natura, Übersetzung, Einführung und Erläuterung von Wolf-Ulrich Klünker, Stuttgart 1989.

Tillich, Paul: Symbol und Wirklichkeit, 3. Aufl., Göttingen 1986.

Ders.: Systematische Theologie Bd. I/II, Berlin/New York 1987.

Tügel, Hanne: Kult ums Kind. Großwerden in der Kaufrauschglitzercybergesellschaft, München 1996.

Vogelgsang, Fritz: Nachwort zu: Rafael Alberti: Über die Engel, S. 159–209.

Volkan, Vamik D.: Psychoanalyse der frühen Objektbeziehungen, Stuttgart 1978.

Von Brauchitsch, Victor: Engel. Eine Anthologie, Kiel 1990.

Weber, Werner: Ilse Aichinger, in: Samuel Moser (Hrsg.): Ilse Aichinger, S. 75–82.

Welker, Michael: Über Gottes Engel. Systematisch-theologische Überlegungen im Anschluß an Claus Westermann und Hartmut Gese, in: Jahrbuch für biblische Theologie Bd. 2 (1987), S. 194–209.

Wells, H. G.: Der Besuch (Roman), Frankfurt am Main/Berlin/Wien 1984.

Westermann, Claus: Gottes Engel brauchen keine Flügel, 4.Aufl., Stuttgart 1987.

Williams, M.: zit. in: Feige, Joachim/Spennhoff, Renate (Hrsg.): Wege entdecken. Biblische Texte, Gebete und Betrachtungen, Gladbeck 1980, S. 77.

Winnicott, Clare: D. W. W: A Reflection, in: Simon A. Grolnick and Leonard Barkin: Between Reality and Fantasy, S. 17–33.

Winnicott, Donald W.: Das erste Lebensjahr. Moderne Ansichten über die emotionale Entwicklung (1958), in: *Ders.:* Familie und individuelle Entwicklung, Frankfurt am Main 1989, S. 9–26.

Ders.: Das Kind in der Familienguppe (1966), in: *Ders.:* Der Anfang ist unsere Heimat, S. 141–155.

Ders.: Das Konzept eines falschen Selbst (unvollendeter Entwurf für einen Vortrag, gehalten am 29. Januar 1964), in: *Ders.:* Der Anfang ist unsere Heimat, S. 73–79.

Ders.: Der Anfang ist unsere Heimat (1986). Essays zur gesellschaftlichen Entwicklung des Individuums, aus dem Englischen übersetzt von Irmela Köstlin, Stuttgart 1990.

Ders.: Die anfängliche Beziehung einer Mutter zu ihrem Baby (1960), in: *Ders.:* Familie und individuelle Entwicklung, S. 27–34.

Ders.: Die Beziehung zwischen dem Geist und dem Leibseelischen (1949, überarbeitet 1953), in: *Ders.:* Von der Kinderheilkunde zur Psychoanalyse, S. 165–182.

Ders.: Die Fähigkeit zum Alleinsein (1958), in: *Ders.:* Reifungsprozesse und fördernde Umwelt, S. 36–46.

Ders.: Die Frage des Mitteilens und des Nicht-Mitteilens führt zu einer Untersuchung gewisser Gegensätze (Vortrag aus dem Jahr 1962, in: *Ders.:* Reifungsprozesse und fördernde Umwelt, S. 234–253.

Ders.: Die hinreichend fürsorgliche Mutter (1966), in: *Ders.:* Das Baby und seine Mutter, Stuttgart 1990, S. 15–26.

Ders.: Die menschliche Natur, übersetzt von Elisabeth Vorspohl, Stuttgart 1994.

Ders.: Die Pille und der Mond (1969), in: *Ders.:* Der Anfang ist unsere Heimat, S. 216–233.

Ders.: Die Rolle der Illusion im analytischen Raum und im analytischen Prozeß, in: *Ders.:* Selbsterfahrung in der Therapie. Theorie und Praxis, München 1977, S. 313–335.

Ders.: Die Spiegelfunktion von Mutter und Familie in der kindlichen Entwicklung (1967), in: *Ders.:* Vom Spiel zur Kreativität, S. 128–135.

Ders.: Die Theorie von der Beziehung zwischen Mutter und Kind (1961), in: *Ders.:* Reifungsprozesse und fördernde Umwelt, S. 47–71.

Ders.: Die therapeutische Arbeit mit Kindern (1971), München 1973.

Ders.: Die Vorstellung eines gesunden Individuums (Vortrag, gehalten am 8. März 1967), in: *Ders.:* Der Anfang ist unsere Heimat, S. 23–42.

Ders.: Gegenübertragung (Vortrag vom 25. November 1959), in: *Ders.:* Reifungsprozesse und fördernde Umwelt, S. 207–216.

Ders.: Heilung (Vortrag, gehalten am 18. Oktober 1970), in: *Ders.:* Der Anfang ist unsere Heimat, S. 122–132.

Ders.: Ich-Verzerrung in Form des wahren und des falschen Selbst (1960), in: *Ders.:* Reifungsprozesse und fördernde Umwelt. Studien zur Theorie der emotionalen Entwicklung, Frankfurt am Main 1988, S. 182–199.

Ders.: Metapsychologische und klinische Aspekte der Regression im Rahmen der Psychoanalyse (1955), in: Wittschier, Sturmius M.: Mein Engel halte mich wach. Das Engelbild in der zeitgenössischen Literatur, Würzburg 1988.

Ders.: Primäre Mütterlichkeit (1954), in: *Ders.:* Von der Kinderheilkunde zur Psychoanalyse, S. 157–164.

Ders.: Psychosen und Kinderpflege (1953), in: *Ders.:* Von der Kinderheilkunde zur Psychoanalyse, S. 113–126.

Ders.: Schöpferisch leben (Vortrag aus dem Jahr 1970), in: *Ders.:* Der Anfang ist unsere Heimat, S. 43–60.

Ders.: The Spontaneous Gesture. Selected Letters, edited by F. Robert Rodman, Cambridge, Massachusetts und London 1987.

Ders.: Übergangsobjekte und Übergangsphänomene (1951), in: *Ders.:* Von der Kinderheilkunde zur Psychoanalyse, S. 300–321.

Ders.: Vom Spiel zur Kreativität (1971), 4. Aufl., Stuttgart 1987.

Ders.: Von der Kinderheilkunde zur Psychoanalyse (1958), aus dem Englischen von Gudrun Theusner-Stampa, Frankfurt am Main 1988 .

Ders.: Wie Kinder lernen (Vortrag vom 5. Juni 1968), in: *Ders.:* Der Anfang ist unsere Heimat, S. 156–164.

Wolfe, Thomas: Schau heimwärts, Engel! Reinbek b. Hamburg 1987.

Photo: Réka Nagy

Ellen Stubbe wurde 1949 in Neumünster geboren. Sie studierte Theologie und Psychologie in Bethel, Marburg und Kiel und promovierte 1977 bei Joachim Scharfenberg mit einer Arbeit über Seelsorge im Strafvollzug. Danach war sie Gemeindepfarrerin in Lübeck, über mehrere Jahre Mitarbeiterin in der Telephonseelsorge und 8 Jahre hauptamtliche Gefängnisgeistliche in Hamburg. Über 10 Jahre sammelte sie Erfahrungen in der Pfarreraus- und -fortbildung, insbesondere für Gefängnisseelsorge (als ev. Vertreterin im Leitungsgremium der Würzburger Fachtagungen «Kirche im Strafvollzug») sowie in der Seelsorgeausbildung von Vikaren. 1986–1988 engagierte sie sich als stellvertr. Vorsitzende im Vorstand der Bundeskonferenz für Ev. Pfarrer und Pfarrerinnen an den Justizvollzugsanstalten. Als Hochschulassistentin an der Theologischen Fakultät Hamburg (1988–1995) amtierte sie über mehrere Jahre als Sprecherin der Frauenkommission. Sie ist seit 1981 o. Mitglied der Deutschen Gesellschaft für Pastoralpsychologie, Sektion Tiefenpsychologie. Ellen Stubbe habilitierte sich 1995. Seit 1997 ist sie *ordentliche Professorin für Praktische Theologie und Religionspsychologie in Zürich.*

Ihre *Arbeitsschwerpunkte* sind: Fragen zeitgenössischer Spiritualität (Engel, Gebet, Schweigen u.a.); Seelsorge und Predigt in besonderen Arbeitsbereichen (Spital, Gefängnis u.a.); Kinderschutz in Kirche und Gesellschaft; religiöse Sprache im Zusammenhang mit Trauma, Trauern und Sterben. Ihre *wichtigsten Veröffentlichungen* waren neben zahlreichen Fachartikeln zur Seelsorge und Pastoralpsychologie sowie Predigten: Seelsorge im Strafvollzug 1978; als Mitherausgeberin und Mitautorin: Kirche für Gefangene 1980; Die Wirklichkeit der Engel in Literatur, Kunst und Religion 1995.